BASTEI
LÜBBE

Carol Schaefer

Ich werde dich finden, mein Sohn

Aus dem Amerikanischen von
Mechthild Sandberg-Ciletti

BASTEI
LÜBBE

BASTEI-LÜBBE-TASCHENBUCH
Band 61259

Deutsche Erstveröffentlichung

Titel der amerikanischen Originalausgabe:
THE OTHER MOTHER

Printed in Germany, April 1993
Einbandgestaltung: Manfred Peters
Titelbild: Sam Haskins
Satz: Kremerdruck GmbH, Lindlar
Druck und Bindung: Ebner Ulm
ISBN 3-404-61259-0

Der Preis dieses Bandes versteht sich einschließlich
der gesetzlichen Mehrwertsteuer.

Für meine Söhne Jack, Brett und Kip

»Kann eine Mutter ihr Kind vergessen?
Ohne Liebe sein für die Frucht ihres Leibes?
Und auch wenn sie es vergäße,
so will ich dich doch nicht vergessen.«

Jesaja 45, 15

1

Es war das Jahr 1965.

Wir saßen auf den dunklen Holzstühlen vor dem Schreibtisch der Ordensschwester. Die Sonnenjalousien am großen Fenster hinter dem Schreibtisch waren fast hanz heruntergelassen. Das Licht warf ein Muster schmaler Streifen an die Zimmerdecke. Auf Schwester Dominics schwarze Tracht fiel es nicht. Meine Mutter, die rechts von mir saß, beugte sich vor, als wolle sie unser eifriges Bemühen zeigen, das Rechte zu tun, um uns von dieser Todsünde reinzuwaschen. Ich würde mit dem Einzug in ein Heim für ledige Mütter büßen. Die Absolution würde ich erhalten, nachdem ich mein Kind zur Adoption freigegeben hätte. Die Schwester erklärte mir, ich würde alles vergessen; es würde sein, als wäre es nie passiert.

Die Querleisten des Stuhls drückten sich hart in meinen Rücken, als ich mich haltsuchend zurücklehnte. Schwester Dominic saß meiner Mutter zugewandt. Mir zeigte sie buchstäblich die kalte Schulter. Keine der beiden Frauen betrachtete mich als eigenständiges, von der Mutter getrenntes Wesen. Ich war wie gelähmt, unfähig, für mich selbst einzustehen. Ich wünschte, meine Mutter würde das Zimmer verlassen. Ich wollte so gern mit der Schwester allein sprechen, sie fragen, ob es nicht eine Möglichkeit für mich gäbe, das Kind zu behalten; ob mir nicht jemand helfen könne, Mittel und Wege dazu zu finden.

Meine Mutter hatte diesen Termin beim katholischen Sozialdienst vereinbart, um meine Aufnahme im Seton House zu beantragen. Während wir draußen vor dem Büro Schwester Dominics gewartet hatten, hatte man uns ein Formular gebracht, das vor dem Gespräch ausgefüllt werden mußte. Die meisten der Fragen hatte meine Mutter für mich beantwortet. Ich schaffte es nicht, mich zu widersetzen; schlimm genug, daß ich schwanger geworden war und die ganze Familie in Schwierigkeiten gestürzt hatte. Ich fürchtete, ihre Liebe zu verlieren. Meine Angst vor der Mißbilligung der Kirche war nicht so groß wie die meiner Mutter. Aber meine Angst, verstoßen zu werden, war so stark, daß ich stillschweigend einwilligte, mein Kind zu verstoßen.

»Möchten Sie, daß das Kind im katholischen Glauben erzogen wird?«

»Aber ja, natürlich, Schwester«, antwortete meine Mutter pflichteifrig.

»Und die Adoptiveltern sollen Akademiker sein?«

»Unbedingt.« Endlich fand ich die Kraft, ein Wörtchen mitzureden.

»Wir werden selbstverständlich dafür sorgen, daß Ihr Kind in einer Familie gleichen ethnischen Ursprungs aufwächst«, versicherte uns die Schwester. Mir wurde etwas unbehaglich dabei; wir kannten ja unsere Ursprünge gar nicht so genau. »Sie können sich darauf verlassen, daß wir ein Elternpaar mit gutem Einkommen aussuchen werden, das dem Kind alles bieten kann, was es braucht.«

Und da der Vater des Kindes – Chris – und ich blaue Augen hatten, würden natürlich auch die Adoptiveltern blaue Augen haben, fuhr sie fort und blickte mit wohlwollendem Lächeln himmelwärts, als gäbe sie den Auftrag gleich an Gott persönlich weiter.

Die Adoptiveltern, sagte sie, würden Chris und mir in allen äußeren Merkmalen gleichen. Es würde dem Kind an nichts fehlen, auch wenn es nicht bei uns aufwachsen könne. Ja, der katholische Sozialdienst werde ein Elternpaar finden, das in der Lage sein werde, weit mehr für das Kind zu tun, als Chris und ich es je könnten. Uns beiden werde damit die Chance gegeben, unsere Ausbildung zu beenden und später, falls wir einmal heiraten sollten, eine ordentliche Familie zu gründen. Ohne Zweifel sei es für mich die beste – die einzige – Möglichkeit, das Kind zur Adoption freizugeben.

Am liebsten hätte ich meine Mutter aus dem Zimmer geschickt, um mit der Schwester allein sprechen zu können. Ich wollte wissen, was geschehen würde, wenn ich es mir doch noch anders überlegen sollte. Aber meine Mutter wich mir nicht von der Seite, und ich wagte nicht, sie wegzuschicken.

Wir unterzeichneten die Papiere, und damit war es erledigt. Der genaue Zeitpunkt meiner Aufnahme im Seton House hänge davon ab, wann dort ein Platz frei werde. Das Heim nehme niemals mehr als sechzehn

Frauen auf. Ich könne aber mit meinem Einzug im Laufe des Oktober rechnen.

Schwester Dominic beugte sich etwas vor, stützte die Hände auf den Schreibtisch und stemmte sich in die Höhe. In ihren schwarzen Gewändern wirkte sie noch größer, als sie sowieso schon war, und sie schien sich förmlich über uns zu erheben.

Die Wände des Zimmers schienen zu verschwimmen, als ich aufstand. Die Stimmen meiner Mutter und der Schwester drangen wie aus weiter Ferne zu mir. Konnte das alles Wirklichkeit sein?

Wie hatte ausgerechnet mir das passieren können? Nun, wie es eben jedem Mädchen passieren kann, selbst einem anständigen katholischen Mädchen wie mir.

Ich war in meinem vorletzten Jahr an der *High-School*, als ich Chris kennenlernte. In jenem Sommer pflegten meine Freundin Jessica und ich wie alle anderen jungen Leute in unserem Städtchen in North Carolina abends mit dem Auto auf den großen Parkplatz vor dem *Boar and Castle* Drive-in-Restaurant hinauszufahren, um uns mit Freunden zu treffen oder neue Bekanntschaften zu schließen. Der Parkplatz war in zwei Hälften geteilt. Auf der linken Seite, die hell erleuchtet war, ging es laut und munter zu, da wurde die Geselligkeit gepflegt. Die rechte Seite, die wir scherzhaft die Schlangengrube nannten, war dunkel und still. Die Fenster der Autos, die dort standen, waren immer so dicht beschlagen, als seien sie zugehängt.

An jenem besonderen Abend drehten Jessica und ich erst eine Runde durch die Schlangengrube, ehe wir den großen blauen Buick ihres Vaters unter einem ausladenden Ahorn auf der linken Seite parkten, um dort auf Jessicas Freund Michael zu warten. Michael jobbte abends in einer Buchbinderei und wollte sich in seiner Pause mit uns treffen.

Er kam mit einem Freund, einem Jungen, den ich nicht kannte. Gleich nachdem sich die beiden hinten zu uns in den Wagen gesetzt hatten, fielen mir die Hände des fremden Jungen auf. Fest und kräftig lagen sie auf der Lehne des Vordersitzes, als er sich nach vorn beugte, um sich mit mir bekanntzumachen. Im Lichtschein der Lampen von draußen sah ich sein Gesicht, und sein Lächeln gefiel mir. Es hatte etwas Strahlendes, das seine Augen erleuchtete. Ich verspürte ein beinahe unwiderstehliches Verlangen, diese Hände zu berühren, die mir so vertraut schienen, aber ich tat es nicht.

Er hieß Chris und war im zweiten Jahr auf dem College. Damit hätte der Fall für mich eigentlich schon erledigt sein müssen. Freundschaften mit Studenten waren absolut tabu. *Niemals* würde mein Vater mir erlauben, mit Chris auszugehen. Aber solche Überlegungen zählten in diesem Moment nicht. Ich *wollte* Chris unbedingt kennenlernen. Ich hatte mich über beide Ohren in ihn verliebt.

Nach dieser ersten Begegnung sandten Chris und ich in aller Heimlichkeit unsere Spione aus, Jessica und Michael, um herauszubekommen, wie es um die Gefühle des anderen bestellt war. Es gab keinen Zweifel, wir hatten beide Feuer gefangen. Die Vertrautheit, die ich gleich bei der ersten Begegnung gespürt hatte, war auch noch da, als ich mich zum erstenmal allein mit Chris traf, und sie verlor sich nie. Meine Eltern fanden ihn, obwohl er älter war und nicht katholisch, sympathisch, als sie ihn kennenlernten. Während meines ganzen letzten Schuljahrs sahen wir uns regelmäßig. Beinahe jedes Wochenende kam Chris vom College nach Hause, und unsere Gefühle füreinander wurden immer intensiver.

In den sechziger Jahren herrschte unter den jungen Leuten im Süden ein strenger Verhaltenskodex, der unsere Leidenschaft füreinander in Schach hielt. Es gab nur Schwarz oder Weiß. Man war ein anständiges oder ein schlimmes Mädchen, anders gesagt, man schlief mit einem Jungen, oder man tat es nicht, auch wenn man noch so lange mit ihm befreundet war. Man wohnte in der guten oder in der schlechten Gegend, man gehörte dem richtigen oder dem falschen Country-Club an, man trug *Villager*-Blusen und Markenjeans, oder man gehörte nicht dazu. Bis zum Umzug meiner Eltern nach North Carolina hatte ich eine katholische Mädchenschule in Ohio besucht, an der man nur ›in‹ war, wenn man Leinenschuhe trug. Als ich ahnungslos in meinen Leinenschuhen in der neuen Schule aufkreuzte, geriet ich, wie Jessica mir später anvertraute, bei einigen meiner Klassenkameraden sofort in den Verdacht, arm zu sein. Und Armsein war ›out‹.

Die Lehrsätze doppelter Moral saßen tief. Wehe, ein Junge kam beim Stelldichein mit einem ›anständigen‹ Mädchen der imaginären Grenze des Bis-hierher-und-nicht-weiter zu nahe! Augenblicklich traten die

Instinkte des *Southern Gentleman* in Aktion, und die lockere Hand oder das leidenschaftliche Begehren wurden schleunigst unter Kontrolle gebracht. Das Maß an Selbstbeherrschung, das wir uns angeeignet haben, während wir geschlagene vier Stunden lang leidenschaftlich zu den Schnulzen von Johnny Mathis schmusten, ohne bis zum ›Letzten‹ zu gehen, hat uns zweifellos alle geprägt.

An dem Abend, an dem ich schwanger wurde, waren Chris und ich das zweite Mal intim miteinander, nachdem wir es uns in den zwei Jahren unserer Freundschaft wahrscheinlich hundertmal versagt hatten. Ich studierte mittlerweile am Winthrop College, einem Frauencollege in South Carolina. Wir waren beide zu den Osterferien nach Hause gekommen, nachdem wir uns wegen der Zwischenprüfungen über einen Monat lang nicht gesehen hatten. Noch nie waren wir so lange getrennt gewesen. An jenem Abend hatten wir nur wenig Zeit für uns. Es war Karfreitag, und ich mußte vorher in die Kirche.

Wir parkten beim Country-Club, in der Nähe der Tennisplätze. Alles war wie ausgestorben. Der Himmel war pechschwarz, die angemessene Karfreitagsstimmung. Nach der langen Trennung gingen Gefühl und Leidenschaft mit uns durch.

Als Chris mir hinterher sagte, daß das Kondom gerissen war, beruhigte ich ihn. Meine Periode war immer sehr unregelmäßig und schon seit vier Monaten ausgeblieben. Ich versicherte ihm, daß er sich keine Sorgen zu machen brauche.

Aber als ein weiterer Monat verging, ohne daß etwas geschah, begann *ich* mir Sorgen zu machen und wurde immer unruhiger. Da ich nicht zu einem Arzt am Ort gehen wollte, meldete ich mich bei einem Gynäkologen in Charlotte an, den mir eine Kommilitonin empfohlen hatte, obwohl den Studentinnen der ersten Semester Reisen, die über eine Entfernung von 25 Meilen hinausgingen, ohne Genehmigung der Eltern nicht erlaubt waren. Bei der Rückkehr aus Charlotte wurde ich erwischt, und man verständigte meine Eltern. Innerhalb von zwei Stunden rief meine Mutter mich an, um mir mitzuteilen, daß sie den Gynäkologen ausfindig gemacht und mit ihm gesprochen hatte. Von der ärztlichen Schweigepflicht schien der Mann nie etwas gehört zu haben.

Das Ergebnis des Tests war negativ. Zur Strafe für mein Vergehen durfte ich bis zum Ende des Semesters den Campus nicht verlassen. Es ärgerte mich, daß Schule, Eltern und Arzt mich wie ein kleines Kind behandelten, aber ich konnte mich nicht dagegen wehren.

Chris war erleichtert, als er vom negativen Ergebnis des Tests hörte. Aber ich traute dem nicht so ganz.

Infolge der seelischen Belastung, unter der ich in jenen Monaten stand, versagte ich bei den Prüfungen kläglich. Meine Eltern empfingen mich mit vorwurfsvollen Gesichtern, als ich nach Hause kam, aber besprochen wurde nichts. Meine Mutter erkundigte sich lediglich, ob ich inzwischen meine Tage bekommen hätte. Ich mußte verneinen.

Genau diese Situation hatte mein Vater immer gefürchtet, wenn er Abend für Abend im Wohnzimmer gesessen und auf meine Heimkehr von einer Verabredung gewartet hatte. Meistens hatte ich ihn dann schlafend in seinem Sessel vorgefunden, auf dem Schoß das Buch oder die Zeitung, die er gelesen hatte, um sich wachzuhalten. Kam ich nur fünf Minuten nach der vereinbarten Zeit nach Hause, wurden mir sechs Wochen Hausarrest auferlegt, wahrscheinlich weil er nach den vielen schlaflosen Nächten im Wohnzimmersessel einfach einmal wieder ruhig durchschlafen wollte. Irgendwie rührte er mich, aber gleichzeitig machte es mich unglaublich zornig, daß er meinte, mir nicht vertrauen zu können. *Mir* vertraue er ja, pflegte er zu behaupten, aber nicht den jungen Männern, mit denen ich ausging.

Jetzt verbot mein Vater mir jeden weiteren Umgang mit Chris. Wir mußten uns also in Zukunft heimlich treffen.

Ein weiterer Monat verstrich. Ich fühlte mich wohl, aber meine Regel ließ weiterhin auf sich warten. Es war Ende Juni. Chris hatte Verbindungen zum Krankenhaus; wir konnten den Test noch einmal machen lassen.

Diesmal war das Ergebnis positiv.

Den ganzen Weg vom Krankenhaus zum Parkplatz sprachen wir kein Wort miteinander. Die Sonne lag glühend heiß auf dem schwarzen Asphalt. Die Luft war so feucht, daß ich das Gefühl hatte, ich müßte ersticken. Ich wollte den Tatsachen am liebsten entfliehen.

Um sich zum Reden ins Auto zu setzen, war es zu heiß. Wir blieben draußen in der Sonne stehen. Es fiel mir schwer, die Realität dessen anzuerkennen, was mir noch immer völlig irreal erschien. Wären nicht das Ausbleiben der Periode und der Test gewesen, ich hätte keine Ahnung gehabt, daß ich schwanger war. Ich hatte keinerlei Symptome. Mein Körper hatte sich nicht verändert. Chris sah dieselbe Frau vor sich, die er immer gekannt hatte. Und doch war alles anders geworden und würde nie wieder so sein wie zuvor.

Eine Abtreibung war ausgeschlossen. Dazu hätte ich auf die Bahamas fliegen müssen, und ohne die Hilfe unserer Eltern hätten wir das Geld für die Reise unmöglich aufbringen können. Und meine Mutter, das wußte ich, wäre mit einer Abtreibung *niemals* einverstanden gewesen. Chris hatte von Heirat bisher nicht gesprochen. Aber wollte ich ihn denn überhaupt heiraten?

Während ich auf dem heißen Asphalt stand, der mir fast die Füße verbrannte, schossen mir alle möglichen Kommentare durch den Kopf, die ich über Frauen in meiner Situation gehört hatte. Die Jungen machten sich über Mädchen lustig, die beim Trampen »aufs Kreuz gelegt« worden waren. Oder man unterstellte Frauen, sie hätten den Mann ›reingelegt‹, als sie schwanger wurden, um ihn zur Ehe zu zwingen. Würde Chris sich vielleicht sein Leben lang die Frage stellen, ob ich ihn ›reingelegt‹ hatte? Würde ich ständig von Zweifeln an seiner Liebe geplagt werden? Wo hatten diese Fragen ihren Ursprung? Gewiß nicht in meinem Herzen. Aber ich traute meinem Herzen nicht.

Wir beschlossen, unseren Eltern die Wahrheit zu sagen.

Am nächsten Morgen bat ich meine Mutter in mein

Zimmer. Ich saß auf dem Boden in einem kleinen Fleckchen Sonnenlicht, als ich ihr klar und ohne Umschweife sagte, daß ich mich einem weiteren Schwangerschaftstest unterzogen hatte und das Ergebnis positiv ausgefallen war. Ich wußte, daß es sie im Grunde nicht überraschte. Sie hatte sich, ohne den geringsten Anhaltspunkt zu haben, ausgerechnet, daß ich das Reiseverbot am College gebrochen hatte, um einen Arzt aufzusuchen und feststellen zu lassen, ob ich schwanger sei. Sie hatte den Verdacht praktisch aus der Luft gegriffen. Wie hätte sie da jetzt überrascht sein sollen? Sie war es nicht. Aber sie war entsetzt.

»Du mußt betrunken gewesen sein«, sagte sie.

»Nein«, entgegnete ich. »Ich war völlig nüchtern.«

»Das glaube ich nicht. Du kannst nur betrunken gewesen sein.«

»Nein, Mutter, ich war nicht betrunken«, sagte ich mit aller Deutlichkeit. Ich war verliebt, hätte ich gern gesagt, aber die Worte wollten mir nicht über die Lippen. Warum mußte sie sich darauf versteifen, daß ich nur betrunken gewesen sein könne? Wäre ich damit automatisch entlastet gewesen? Hätte mir das meine Tugend zurückgegeben? Fürchtete sie so sehr die Todsünde, die auf meiner Seele lastete?

»Will Chris dich heiraten?« fragte sie.

Ich sagte, daß ich das nicht wüßte.

Sie ging hinaus, um mit meinem Vater zu sprechen. Das Fleckchen Sonnenschein auf dem Boden war weitergewandert. Ich blieb lange Zeit reglos sitzen und beobachtete, wie es sich immer weiter entfernte.

Mein Vater war zornig und traurig zugleich. Ich sah

es in seinen Augen. Und er war tief verletzt. Ich fühlte mich entsetzlich schuldig.

»Wir werden dir und Chris natürlich helfen, wo wir können«, sagte er. »Wir haben ja immer gedacht, daß ihr beide eines Tages heiraten werdet. Wir sind auch bereit, uns an den Kosten für Chris' Ausbildung zu beteiligen, wenn das für ihn die einzige Möglichkeit ist, sein Studium fertigzumachen.«

Ich war tief gerührt von der Großzügigkeit meiner Eltern. Ich wußte, es würde ihnen nicht leichtfallen, uns unter die Arme zu greifen. Ich hatte schließlich noch drei jüngere Geschwister.

Am folgenden Tag setzten sich die beiden Elternpaare zusammen, um die Zukunft ihrer Kinder zu besprechen. Ich fuhr in dieser Zeit mit Jessica im Wagen ihres Vaters ziellos durch die Gegend. Die Sonne erschien mir trüb und glanzlos, obwohl es sehr heiß war. Wir machten einen Abstecher zum *Castle*, um eine Cola zu trinken. Bei der Hitze war dort kein Mensch. Ich versuchte, mir vorzustellen, was Chris gerade tat; was unsere Eltern jetzt miteinander sprachen. Ich glaube nicht, daß die vier auch nur einen Moment lang in Erwägung gezogen hatten, Chris und mich an dem Gespräch zu beteiligen. Obwohl es um unsere Zukunft ging. Ich erinnerte mich, gelesen zu haben, daß Heiraten früher von den Eltern abgesprochen worden waren, nicht viel mehr als geschäftliche Abmachungen zwischen zwei Familien, bei denen die Kinder, um deren Schicksal es ging, nicht um ihre Meinung gefragt wurden.

Als wir nach einigen Stunden wieder zum Haus meiner Eltern kamen, stand der Wagen von Chris' Eltern nicht mehr davor. Ich stieg aus dem Auto, und während ich langsam zum Haus ging, versuchte ich, mir vorzustellen, was für Menschen Chris' Eltern waren. Ich hatte sie nie kennengelernt, ich wußte nur, daß Chris ein gutes Verhältnis zu ihnen hatte.

»Sie machen einen sehr netten Eindruck«, berichtete mein Vater, als ich kam. »Ich habe ihnen meine Vorschläge gemacht. Jetzt liegt die Entscheidung bei ihnen.«

Als Chris am nächsten Abend anrief und mich bat, ihn in einer halben Stunde beim *Castle* zu treffen, holte ich mir die Erlaubnis, den Wagen zu nehmen, und rannte aus dem Haus. Aber auf der Fahrt durch die altvertrauten Straßen erschien mir plötzlich alles düster und bedrückend. Ich nahm den Fuß vom Gaspedal. Ich hatte es gar nicht mehr so eilig, Chris zu sehen.

Er war schon da, als ich kam. Ohne darauf zu warten, daß er ausstieg, setzte ich mich zu ihm in den Wagen, und noch ehe ich ihn überhaupt angesehen hatte, wußte ich es. Mein Körper spürte es. Als ich schließlich aufsah, trafen sich unsere Blicke. Ich begann automatisch den Kopf zu schütteln, obwohl Chris noch nicht ein Wort gesagt hatte.

Er erklärte mir, er habe seinen Entschluß ganz allein gefaßt; seine Eltern hätten ihm jede Unterstützung bedingslos zugesagt. Doch er habe sich entschlossen, dem Rat seines Vaters zu folgen. Bei einem so schlechten Start, hatte dieser gesagt, werde unsere Ehe nicht lange halten. Von Beginn der Ehe an in der Schuld der Eltern zu stehen, auf unabsehbare Zeit abhängig zu sein und dazu noch ein Kind großziehen zu müssen, das sei für eine Beziehung eine zu starke Belastung. Er sei sicher, hatte er gemeint, wir würden in ein paar Jahren sowieso heiraten. Jetzt jedoch sei gewiß nicht der richtige Moment dafür.

Zornig und gekränkt wandte ich mich von Chris ab. Ringsum standen hübsche adrette Häuser in gepflegten Gärten, aber ich wußte, auch die Leute, die in ihnen wohnten, hatten ihre Probleme, schlimmere vielleicht als wir. Ein Leben ohne Schwierigkeiten gab es nicht. Warum also nicht kämpfen? Machte denn die Vermeidung von Schwierigkeiten ein glückliches Leben aus? Ich wußte, daß wir es schaffen würden. Warum behaupteten sie das Gegenteil, anstatt uns Mut zu machen? Ich brach in tiefe Schluchzer aus und dachte, ich könnte nie mehr aufhören.

Mein Vater hatte mir erklärt, wenn Chris sich weigern sollte, mich zu heiraten, müsse ich die Beziehung zu ihm abbrechen. Aber ich liebte Chris immer noch. Auch wenn sich nun erste Zweifel an seinen Gefühlen für mich regten, konnte ich ihm nicht einfach sagen, er solle aus meinem Leben verschwinden.

In Zukunft, sagte ich ihm, würden wir uns nur noch heimlich sehen können. Er versprach, mich nicht im Stich zu lassen.

Wie betäubt fuhr ich nach Hause und wünschte nur eines – daß unser Kind nie diesen tiefen Schmerz des Zurückgewiesenwerdens würde erfahren müssen. Ich ging ins Haus und sagte meinen Eltern, ohne sie anzusehen, daß wir nicht heiraten würden. Dann verkroch ich mich in meinem Zimmer.

Ein paar Tage später trafen sich Chris und ich heimlich mit einem anderen Pärchen im Hinterzimmer eines Tanzlokals, das seit Jahren zu unseren Stammtreffpunkten gehörte. Jedes Mal, wenn sich die Tür zum Tanzsaal öffnete, drangen die Klänge der Lieder der Beatles, der Temptations und Johnny Mathis' zu uns herein, und ich dachte daran, wie oft wir da drinnen stundenlang im dicksten Gewühl auf dem mit Sägemehl bestreuten Boden getanzt hatten. Im Hinterzimmer war ich an diesem Abend zum ersten Mal. Die Beleuchtung war schummrig, der Raum hatte etwas Geheimnisvolles. Der goldene Schimmer des Bierkrugs, der in der Mitte des Tisches stand, erinnerte mich an den Glanz einer Kristallkugel.

Ted, ein guter Freund von Chris, und seine Cousine Sarah saßen uns gegenüber. Ich hatte Sarah, deren Schönheit ich immer bewundert hatte, lange nicht gesehen und war fasziniert von der Veränderung, die ich an ihr wahrnahm.

Sie schien mir sehr stark zu sein und zugleich sehr traurig. Knapp zwei Monate zuvor hatte sie ein kleines Mädchen zur Welt gebracht und zur Adoption freigegeben. Seit ich wußte, daß ich schwanger war, wünschte ich, das Kind würde ein Junge werden. Nur ein Junge, glaubte ich, würde die Kraft besitzen, damit fertigzuwerden, daß er von seiner Mutter verlassen worden war. Ich befürchtete, daß eine Tochter das niemals könnte.

Sarah erzählte uns von dem kleinen Heim für ledige Mütter in Richmond, Virginia, in dem sie entbunden hatte. Ich war erleichtert zu hören, daß es eine Alternative zu den Florence-Crittendon-›Fabriken‹ gab, einer Kette von Heimen für ledige Mütter, in denen, wie ich gehört hatte, jeweils bis zu siebzig Frauen untergebracht waren.

Während Sarah erzählte, wischte ich mir verstohlen eine Träne weg. Niemand sollte mich weinen sehen. Chris hielt meine Hand so fest, als hätte er Angst, wir könnten auseinandergerissen werden, und ich starrte in den goldenen Schimmer des Bierkrugs, als könnte er uns irgendeine Wahrheit offenbaren. Ich hoffte, Chris hörte Sarah genau zu; ich selbst nämlich bekam nur Fetzen des Gesprächs mit.

Allein die Bezeichnung ›Heim für ledige Mütter‹ hatte bei mir stets eine Art morbider Faszination hervorgerufen, einen Schauder aus sicherer Distanz, wie er in unserer Gemeinde gut katholischer Familien spürbar wurde, wenn der Geistliche diesen aufrechten, korrekt gekleideten Männern mit ihren tadellos frisierten Ehefrauen, den niedlichen kleinen Töchtern in den schwarzen Lackschuhen und den sommersprossigen kleinen Söhnen die Not der Armen schilderte und Güte und Nächstenliebe predigte. Ich konnte mir das Leben in einem Heim für ledige Mütter so wenig vorstellen, wie diese selbstgerechten Leute den Hunger der Armen nachfühlen konnten, wenn sie ein paar Münzen in den Klingelbeutel warfen.

Unsere Gläser stießen klirrend an den noch zur Hälfte gefüllten Krug, als wir sie niederstellten. Sarah stand auf, um zu gehen, und sah mir einen Moment in die Augen. Ich wünschte, ich hätte lesen können, was ihr Blick mir sagen wollte. Ich blickte zu Chris auf, der wartend neben meinem Stuhl stand. Ich sah die Liebe und die qualvolle Verwirrung, unter der auch er litt. Ich konnte noch immer nicht glauben, daß wir nicht heiraten würden.

Nachdem die Entscheidung gefallen war, wurde ich wieder Kind meiner Eltern. Meine Mutter nahm die Zügel in die Hand und vereinbarte den Termin beim katholischen Sozialdienst, um meine Aufnahme im Seton House, dem Heim, in dem auch Sarah entbunden hatte, zu beantragen. Sie hatte mich an diesem Morgen zu der Besprechung gefahren. Ich war nur Beifahrerin gewesen, nur Zuhörerin bei dem Gespräch.

Nun war alles geklärt. In drei Monaten würde ich in ein Heim für ledige Mütter einziehen. Die Schwester gab meiner Mutter die Hand und versicherte ihr nochmals, wir hätten die richtige Entscheidung getroffen – für das Kind und für mich. Einen Moment lang glaubte ich, meine Mutter würde knicksen und der Schwester dankbar die Hand küssen. Ich selbst war wie betäubt und empfand nichts.

Wie eine Marionette ging ich zum Wagen. Meine Mutter setzte sich ans Steuer und startete den Motor. Wir standen im Schatten einer Weide, dennoch war es im Auto drückend heiß. Sie legte die Hand auf den Schalthebel, doch dann hielt sie inne und wandte sich mir zu.

»Kein Mensch darf von deinem Zustand erfahren«, sagte sie. »Das gilt auch für deine Freundinnen Jessica und Cindy.« Als hätten die beiden auf Kommando alles vergessen können, was sie wußten. Und ich solle in Zukunft Miederhöschen tragen. Dabei war mein Bauch noch ganz flach.

Ich sagte kein Wort. Ich starrte geradeaus in das Grün der Weide, von der wir uns langsam entfernten.

Es war jetzt sehr schwierig für Chris und mich, uns zu sehen; dennoch trafen wir uns, so oft es ging. Immer noch trafen wir uns meistens beim *Castle*, aber wir hatten ständig Angst, meine Eltern würden davon erfahren.

Ich behielt meinen Ferienjob im Kaufhaus Penney. Eines Tages kam meine Mutter nach Hause und lachte, daß ihr die Tränen über die Wangen liefen. Sie kam mir plötzlich vor wie eine Gleichaltrige. Eine Nachbarin von gegenüber hatte sie am Morgen angehalten, um ihr zu sagen, wie *schmal* ich auf sie gewirkt hatte, als ich sie bei Penney bedient hatte. Meine A-Linien-Kleider schienen meinen peinlichen Zustand glänzend zu verbergen.

Ich hatte Glück, daß die Mode in diesem Sommer die Taille nicht betonte. Im August war ich zur Hochzeit meiner Cousine Joanie eingeladen; sie hatte mich gebeten, ihre Brautjungfer zu sein. Sobald mein Kleid eintraf, probierte ich es an. Ich begriff erst, unter was für eine Spannung meine Mutter gestanden hatte, als ich den Stoßseufzer der Erleichterung hörte, den sie ausstieß, als das pinkfarbene Chiffonkleid locker über meine Hüften glitt. Wir dankten Gott, dem Allmächtigen, daß es im Empirestil geschnitten war. Dennoch – bis zur Hochzeit war es noch ein ganzer Monat.

Am Morgen vor der Trauung war das Haus meiner Verwandten voller Menschen. Ich war oben beim Anziehen, als meine Mutter heraufkam, um zu sehen, wie weit ich sei. Das Kleid paßte wie angegossen, obwohl ich schon im vierten Monat war.

Die Miedergürtel, die sie mir eingepackt hatte, lagen unbenützt im Koffer. Als meine Mutter das entdeckte, geriet sie völlig außer sich. Trotz ihres Zorns bemüht zu flüstern, befahl sie mir, sie anzuziehen, *beide*. Viel eher, dachte ich bei mir, würde sie mit ihrem ›Geflüster‹ das Geheimnis verraten, als ich, wenn ich die Strumpfgürtel wegließ. Der eine war ein Monstrum, das fast bis zu den Knien hinunterreichte. Da einer der Strapse fehlte, rollte sich das Bein beharrlich auf und schnürte meinen Oberschenkel ein wie eine Aderpresse. Jeder, der mich in Taillenhöhe berührte, mußte argwöhnisch werden. Ich war so fest eingepanzert, daß ich kaum atmen konnte in den Dingern. Ebensogut, fand ich, hätte ich ein scharlachrotes S auf der Brust tragen können. Aber meine Mutter bestand darauf, daß ich mich in die Gummischläuche hineinzwängte, und wich mir nicht mehr von der Seite, bis wir in der Kirche waren.

Flirrendes Licht strömte durch die bunten Glasfenster der Kirche und spielte über uns wie ein Regen von Blütenblättern. Langsam gingen wir den Mittelgang hinauf. Ich war unmittelbar vor Joanie, der Braut. Mir war sehr feierlich zumute. Unter meinem Blumensträußchen ruhte meine Hand leicht auf meinem Bauch. Ich glaubte, Bewegung wahrzunehmen. Ich blickte nach vorn zum Altar und hatte plötzlich die Gewißheit, ganz in Frieden mit Gott zu sein. Ich wußte, daß ich ihm hier, in seiner Kirche, als Joanies Brautjungfer willkommen war. Dennoch stritten Scham und kaum zu unterdrückende Erheiterung in mir, als ich mir vorstellte, wie der Priester und die Hochzeitsgäste reagieren würden, wenn sie die Wahrheit erführen. Ich fragte mich, wie meine Mutter diese Lüge mit ihrem Glauben vereinbart hatte.

Natürlich mußte mir beim nachfolgenden Empfang fast jeder zur Begrüßung einmal kurz den Arm um die Taille legen. So schien es mir jedenfalls, und ich war sicher, sie wunderten sich alle, weshalb ich unter einem lose geschnittenen Kleid einen Hüfthalter trug, zumal ich ausgesprochen schlank war. Meine Eltern saßen wie auf Kohlen, während ich mit den jungen Leuten feierte und fleißig tanzte. Ich fand es ganz normal, keineswegs unnatürlich, die Hochzeitsfeier zu genießen, auch wenn mich ab und zu Traurigkeit überfiel, daß es nicht meine eigene war.

Mitte August, keine zwei Wochen später, fing das Semester wieder an. Zu Hause glaubten alle, ich würde ans College zurückkehren. Am College glaubten alle, ich würde ein Semester in Florida studieren. In Wirklichkeit war abgemacht, daß ich nach Charlotte gehen würde, zu Tessa, der Schwester meiner Zimmergenossin vom College.

Die ewigen Lügen, die ständigen Heimlichkeiten zermürbten mich. Der ganze Sommer war eine einzige Lüge. Uneheliche Schwangerschaften waren ein spannendes Gesprächsthema, aber stets wurde nur flüsternd und in Andeutungen über sie geklatscht. Offen besprochen wurde nichts; Heimlichtuerei war einfacher, auch für meine Eltern. Ich fühlte mich nicht als ›außereheliche‹ Sünderin. Ich fühlte mich als werdende Mutter eines Kindes, das ich schon jetzt liebte. Aber ich akzeptierte das Spiel. So waren nun einmal die Regeln.

Voll zu Bewußtsein kam mir die Realität meiner Situation, als gegen Ende des Sommers meine Freunde ringsum sich auf die Rückkehr ans College vorbereiteten, ihre Koffer mit neuen Kleidern und neuen Hoffnungen packten. Die A-Linien-Kleider gerieten aus der Mode und wurde zu Säcken, formlos, mit tiefer Taille und viel Spiel um die Körpermitte. Was die Mode anging, hätte ich mir für mein Dilemma keine bessere Zeit aussuchen können.

Jedem mußte ich Freude und gespannte Erwartung auf mein zweites Collegejahr vorspielen. Und meinen Eltern machte ich vor, ich werde mit allem – den Lügen, dem, was mir bevorstand – bestens fertig. Oft fragte ich mich, ob ich langsam verrückt würde. Ich war tieftraurig, aber ich konnte nicht weinen. Ich glaubte, tapfer sein zu müssen. Ich hatte mich der Obhut meiner Eltern und der Kirche anvertraut. Sie wußten, was recht war. Zweifellos waren sie klüger und erfahrener als ich, eine Neunzehnjährige. Ich schrieb meinen stummen Schmerz meiner eigenen Unvernunft zu. Niemals hätten sie mich all dem ausgesetzt, wenn sie von meinen Qualen gewußt hätten.

Ehe ich nach Charlotte abreiste, mußte ich zum Arzt. Meine Mutter begleitete mich nicht. Zwei hochschwangere Frauen saßen in dem kleinen Wartezimmer. Ich ließ die linke Hand in der Tasche, um zu verbergen, daß ich keinen Trauring trug. Ich fühlte mich tief beschämt und gedemütigt, daß ich meine Schwangerschaft verstecken mußte. Die beiden Frauen, die sich so offenkundig auf ihre Kinder freuten, schienen förmlich zu strahlen. Und wahrscheinlich ahnten sie gar nicht, wie glücklich sie sich preisen konnten. So wie die eine mir gegenüber an einem Babyjäckchen strickte, so begann ich, an einem Kokon zu weben, in den ich mich langsam zurückzog. Und das war gut so. Bei der Untersuchung behandelte mich der Arzt wie eine Aussätzige. Ich fühlte mich durch seinen Mangel an Teilnahme wie mit Füßen getreten. Sein einziger Kommentar war, daß ich schön dumm gewesen sei, mich in eine solche Lage zu bringen. Es war, als hätte er mich angespien, eine arme Bettlerin an einer staubigen Straße nach Babylon. Und dennoch gab es zu dieser Zeit einen Teil von mir, der ihm das nicht einmal übelnahm.

In Tessas Wohnung ließ ich die Jalousien den ganzen Tag unten. Ich hatte jetzt begonnen, etwas rundlicher zu werden. Tessa war sehr lieb zu mir, wie eine ältere Schwester. Sie war eine alleinstehende, berufstätige Frau, eine Seltenheit damals, als die meisten jungen Mädchen sofort nach Abschluß ihrer Ausbildung heirateten. Mir gefiel es, mit einer selbständigen Frau zusammenzuleben, aber meine Scham fesselte mich an die Wohnung. Ich wollte Tessa nicht in Verlegenheit bringen. Ich brachte die Tage in einer Art Niemandsland zu, meistens vor dem Fernsehapparat.

Immerzu spürte ich jetzt die Bewegungen meines Kindes. Während ich endlose Episoden endloser Fortsetzungsserien verfolgte, wurde es mein Freund, und ich hielt die meiste Zeit die Hand auf meinen Bauch, um die Verbindung aufrechtzuerhalten. Ich war von Kind an kontaktfreudig gewesen und hatte immer irgend etwas vor. Diese Isolierung war beinahe unerträglich für mich.

Ein Wochenende, als Tessa verreist war, unternahm Chris die Acht-Stunden-Fahrt von seinem College nach Charlotte, um mich zu sehen. Je weiter meine Schwangerschaft fortschritt, desto mehr wurde ich zur Frau und desto absurder erschienen mir gewisse Situationen. Weshalb sollte ich ein Geheimnis daraus machen, wenn ich den Vater meines Kindes sah? Und dennoch fühlte ich mich schuldig. Als Chris kam, hatte ich das Gefühl, ihn aus weiter Ferne zu sehen, beinahe als wäre er ein Fremder. Sechs Wochen waren vergangen, seit wir uns das letztemal gesehen hatten. Er war in seinem letzten Jahr am College. Sein Leben, so schien es, hatte sich kaum verändert.

Ich wußte nicht, was ich von diesem Wiedersehen mit ihm erwartete, was ich dabei empfand. Keiner von uns hatte in irgendeiner Form Rat oder Hilfe bekommen; was wir dachten und fühlten, damit mußten wir allein fertigwerden. Wir waren wie zwei Kinder, die sich im Wald verlaufen hatten.

Als wir in der Nacht beieinander lagen, legte Chris seine Hand auf meinen Bauch und fühlte unser Kind. Alle Fremdheit zwischen uns war ausgelöscht, die alte Verbindung war wiederhergestellt.

Mitte Oktober kam endlich der Anruf. Im Seton House war ein Platz frei geworden. Ich dachte einen Moment lang an das Mädchen, dessen Stelle ich einnehmen würde, und an ihr Kind, das nun schon von ihr getrennt war. Panik wallte in mir auf, als ich meine Sachen packte. Ich hatte das Gefühl, in ein wildfremdes Land zu reisen, aus dem ich niemals zurückkehren würde.

2

Als ich vier Jahre alt war, hatte ich zugesehen, wie die Sonne funkelnde Lichter auf meine neuen schwarzen Lackschuhe zauberte, und hatte den Wind mein gelbes Kleidchen bauschen lassen, um es herunterschlagen zu können. Wie eine Prinzessin war ich mir vorgekommen mit meinem grünen Strohhut, dessen Samtbänder mit meinem langen blonden Haar um die Wette flatterten. Ich saß vorn im Auto, ganz allein mit Daddy, der mich ins Krankenhaus fuhr, wo mir die Mandeln herausgenommen werden sollten. Dann, erinnere ich mich, lag ich auf dem Operationstisch mit dem Rahmen aus kaltem Stahl, und der Arzt neigte sich über mich und sagte, sobald ich die Spritze bekommen hätte, würden die Mandeln heraus sein. Das erschien selbst mir, mit meinen vier Jahren, unglaubhaft. Als sie mir die Äthermaske über das Gesicht hielten, geriet ich in Panik. Ich wehrte mich und schrie nach meinem Vater. Aber er war nicht da.

Jetzt fuhr Dad mich zum Seton House, aber es war nicht der Wind, der mein Kleid bauschte. Der Spätnachmittagshimmel war von schweren Wolken verdunkelt, als wir die Monument Avenue in Richmond hinunterfuhren. Ich blickte hinauf in die steinernen Gesichter der Helden des Bürgerkriegs und meinte, etwas wie Vorwurf von ihnen zu spüren.

Das Seton House stand in einer der Hauptstraßen, zwischen Bürogebäuden, Wohnhäusern und einem Einkaufszentrum. Ausladende Bäume beschatteten seine Fassade, aber mir war es dennoch nicht versteckt genug. Sahen vorüberkommende Autofahrer es mit morbider Neugier an? fragte ich mich. Drückten sich Kinder ins Gebüsch, um einen heimlichen Blick zu riskieren? War es für Teenager Zielscheibe von Gelächter und übermütigen Streichen? Und kam es auch einmal vor, daß ein junges Mädchen in stummer Teilnahme im Rücksitz saß, während ihre Freunde aus dem Auto johlten?

Ich fragte mich, ob Eltern, wenn sie hier vorbeifuhren, in stummem Gebet darum baten, daß ihren Töchtern und ihnen dieser Schmerz und diese Demütigung erspart bleiben mögen. Oder ein lautes Dankgebet sprachen, daß ihre Töchter es geschafft hatten und auf dem besten Weg waren, die Träume ihrer Eltern zu erfüllen. Ich konnte es noch immer nicht glauben, daß ich in einem solchen Haus leben würde. Ich konnte nicht glauben, daß mein Vater wirklich davonfahren und mich dort zurücklassen würde. Aber er tat es, auch wenn es ihm, dessen bin ich sicher, fast das Herz zerriß.

Es war nur noch Zeit für einen kurzen Rundgang. In einer halben Stunde gab es Abendessen. Schwester Beatrice bedeutete mir mit einer Kopfbewegung, ihr zu folgen. Mit klopfendem Herzen trottete ich ihr hinterher, in der Hand mein Köfferchen. Hier würde ich nicht viel brauchen.

Graues Licht von einem bewölktem Himmel sikkerte in das Foyer. Links von der Eingangstür war das Büro der Mutter Oberin. Dort wurden die Mädchen angemeldet, und dort holten, wie man mir sagte, die Adoptiveltern ihre Kinder ab. Für sie, dachte ich bitter, wird sicher die Sonne scheinen.

Ich versuchte, die Eindrücke nicht zu tief in mich eindringen zu lassen; ich wollte mich und mein Kind schützen. Aber unglücklicherweise nahm ich alles um mich herum nur allzu deutlich wahr.

Hinter dem Büro der Mutter Oberin war der Speisesaal, und rechts von der Haustür die Kapelle. Ich warf einen Blick hinein. Es war dunkel und roch schwach nach Weihrauch. Die Zimmer der Mädchen befanden sich alle im selben Korridor eines Seitenflügels. Es gab zwei große Gemeinschaftswaschräume mit mehreren Duschkabinen, eine Waschküche und eine Telefonzelle. Am Ende des Flurs, hinter einer zweiflügligen Tür, war ein großer Fernseh- und Freizeitraum. Sessel reihten sich an den Wänden, in einer Ecke stand ein großer runder Tisch. Auf dem Rückweg erzählte mir die Schwester, daß die Räume der Nonnen sich im linken Flügel befänden.

Stumm folgte ich der zierlichen Gestalt. Der dunkle Stoff ihrer Tracht raschelte in der Stille. Die Holzperlen ihres Rosenkranzes schlugen klappernd den Takt zu ihrem ruhigen, sicheren Schritt. Sie begann, mir die Hausregeln aufzusagen: Herumrennen in den Gängen war verboten. In den Fernsehraum durften wir erst nach dem Mittagessen. Die Messe fand jeden Morgen um acht Uhr statt. Der Arzt kam Donnerstag abends. Samstag war Wäsche- und Putztag. Wir mußten bei allen Mahlzeiten präsent sein.

Zum Schluß kam die wichtigste Regel: Keine von uns durfte den anderen irgendwelche Auskünfte über sich selbst geben. Wir mußten verschweigen, wie wir mit Nachnamen hießen, woher wir kamen, welche Schule wir besucht hatten. Jeder Verstoß gegen diese Regel würde zum sofortigen Ausschluß aus dem Seton House führen. (Brachten sie es tatsächlich fertig, ein schwangeres junges Mädchen einfach auf die Straße zu setzen?) Wenn wir wollten, konnten wir uns einen Namen oder Spitznamen ausdenken.

Das fand ich spannend. Seit der sechsten Klasse hatte ich nicht mehr daran gedacht, meinen Namen zu ändern. Hier bot sich Gelegenheit, eine ganz neue Person aus mir zu machen. Ich hatte vor dem Abendessen noch fünf Minuten Zeit, mir einen neuen Namen auszudenken. Dann sollte ich den anderen Mädchen vorgestellt werden.

Die Schwester führte mich in ein schlichtes Zimmer in Grün- und Brauntönen. Über beiden Betten hing ein Kruzifix. Meine Zimmergenossin erwartete mich. Sie war ein zierliches Mädchen mit langem braunen

Haar, das ihr fast bis zur Taille herabhing. Ihr Gesicht hatte einen ernsten Ausdruck. Ihr Bett war das unter dem Fenster. Als ich hörte, daß ihr Entbindungstermin nach dem meinen lag, gab ich gleich die Hoffnung auf, je an dieses Bett heranzukommen. Sie sagte mir, sie heiße Anne-Marie. Es hätte mich interessiert, ob das ihr richtiger Name war.

Die Schwester war an der offenen Tür stehengeblieben. Ihre Haut war so dünn wie Pergament; durchsichtig und fahl. Ein Gesicht wie das einer Toten. Als wir mit ihr durch den Korridor gingen, fragte sie mich, ob mir schon ein neuer Name eingefallen sei. Aber ich hatte keine Idee gehabt; ich war enttäuscht über meine Phantasielosigkeit. Wenn es mir möglich gewesen wäre, gleich in diesem Moment ein neues Selbst für mich zu erschaffen, hätte ich vielleicht auch die Kraft bekommen, um mein Kind zu kämpfen. Aber ich brachte nicht mehr fertig, als in Passivität und Schuldbewußtsein alles zu akzeptieren, was mir befohlen wurde.

Während ich durch den langen Korridor zum Speisesaal ging, berührte ich meinen wachsenden Bauch. Meine Liebe strömte durch meine Hände zu meinem Kind. So seltsam es war, ich hatte auf einmal das Gefühl, in Sicherheit zu sein. Ich konnte all die Muskeln, die ich verkrampft hatte, um mein schreckliches Geheimnis zu verbergen, endlich entspannen. Ich konnte sein, was ich war – eine werdende Mutter. Ein Friede hüllte mich ein, mit dem ich nicht gerechnet hatte.

Und doch war ich auf dem Weg zum Speisesaal auch voller Furcht und Zaghaftigkeit. Auch ich hatte meine

Vorurteile über ›ledige Mütter‹, obwohl ich selbst eine war. Ich fürchtete, die Mädchen im Speisesaal würden nicht viel besser sein als jugendliche Kriminelle. Ganz bestimmt waren sie dick geschminkt, mit schwarz umrandeten Augen, wie ägyptische Huren. Ganz bestimmt hatten sie das Make-up zentimeterdick über ihre Pickel geschmiert und ihr gebleichtes Haar zu riesigen Aufbauten hochtoupiert, die schon seit zwei Wochen keinen Kamm mehr gesehen hatten. Und ganz bestimmt kauten sie alle Kaugummi und empfingen mich mit geringschätzigem Spottgelächter, wenn ich vorgestellt wurde.

Oder aber es waren lauter dumme Landpomeranzen mit Kuhaugen und strähnigem mausbraunen Haar. Ihre Freunde fuhren in klapprigen alten Lieferwagen mit Gewehren im Rückfenster herum, und sie wußten wahrscheinlich nicht einmal mit Sicherheit, wer der Vater ihres Kindes war. Ihre Blicke würde meinem ausweichen, wenn ich vorgestellt wurde. Vielleicht waren es aber auch lauter Motorradbräute in schwarzem Leder mit Silbernägeln und mit schwarzgefärbtem Haar. Sie würden mich von oben bis unten mustern und alle in hysterisches Gelächter ausbrechen, ehe sie sich von mir abwandten.

Die Hitze aus der benachbarten Küche schlug mir entgegen, als ich die Tür zum Speisesaal öffnete. Neonröhren an der Decke tauchten den Raum in helles Licht. Stimmengewirr mischte sich mit dem Klirren von Besteck und dem Klappern von Töpfen und Pfannen in der Küche. Mit einem Schlag wurde es still, als ich kurz mit meinem Vornamen vorgestellt wurde.

Die Gesichter, die sich mir zugewandt hatten, erschienen mir alle ziemlich normal. Ich hätte in unserer Collegekantine stehen können, wären nicht die dicken Bäuche gewesen. Schüchtern setzte ich mich neben meine Zimmergenossin, und sie machte mich mit den anderen an unserem Ende des Tisches bekannt – natürlich nur mit Vornamen. Sofort wurde ich in allen Einzelheiten über die Schwestern und das tägliche Leben im Seton Haus informiert. Aber wir achteten alle sorgfältig darauf, nichts zu sagen, was unsere Identität verraten hätte. Es war merkwürdig und hatte etwas Künstliches, zu versuchen, unter diesen Gegebenheiten miteinander bekannt zu werden. Das jüngste Mädchen war fünfzehn, das älteste dreiundzwanzig Jahre alt. Die meisten waren neunzehn oder zwanzig.

Sechs der Mädchen hatten für den kommenden Samstag einen Ausflug ins Café und danach in das Einkaufszentrum geplant. Zum Mittagessen sollte es den größten Eisbecher mit heißer Schokoladensoße geben, den man im Café bekommen konnte. (Ich stellte bald fest, daß im Seton House streng auf gesunde Ernährung geachtet wurde. Weder Kuchen noch Süßigkeiten waren erlaubt. Und natürlich auch keine sauren Gurken.)

Der Ausflug sollte Cathleen zu Ehren stattfinden. Sie erwartete ihr Kind in zwei Wochen, und dies war für sie die letzte Gelegenheit zu einem größeren Ausgang. Danach durfte sie das Gelände nicht mehr verlassen. Das war so Vorschrift.

Cathleen, die mir am Resopaltisch gegenüber saß, sah aus wie Mutter Erde persönlich. Sie hatte sonnenhelles Haar, und ihr hübsches Gesicht strahlte Heiterkeit und Wärme aus. Mit ihrer Fröhlichkeit hielt sie alle bei guter Laune, und ich konnte mir vorstellen, daß Kinder auf sie fliegen würden. Mit den Mädchen, die sie kannte, ging sie sehr liebevoll um, aber sie machte keinen Versuch, mir näherzukommen. Vielleicht wollte sie sich nicht auf neue Bindungen einlassen, da sie das Haus ja bald verlassen würde. Ich konnte Schmerz in ihren Augen sehen, aber sie behielt ihre Geschichte für sich. Vielleicht mußte sie, wenn sie mich sah, an sich selbst denken, wie sie drei Monate zuvor hier angekommen war.

Obwohl dies eine ziemlich festgefügte kleine Gruppe war, forderten mich die Mädchen auf, am Samstag mitzukommen. Aber dazu brauchte ich erst eine Sondererlaubnis. Die Vorschriften gestatteten im allgemeinen nicht, daß ein Neuankömmling in den ersten vier Tagen das Gelände verließ.

In der Waschküche war es so heiß und feucht wie in einem Treibhaus, und ich öffnete die Außentür, um frische Luft hereinzulassen. Ich war die letzte beim Wäschewaschen. Anne-Marie war ziemlich sauer, weil wir den Vorschriften gemäß samstags erst dann frei über unsere Zeit verfügen durften, wenn auch die Zimmergenossin alle ihre Arbeiten erledigt hatte. Da ich mit dem System noch nicht vertraut war, stand ich nun ganz allein in der Waschküche, während alle anderen mit ihrer Wäsche längst fertig waren. Und Anne-Marie saß völlig frustiert in unserem Zimmer und mußte auf mich warten. Der Samstag war nicht nur der allgemeine Waschtag, es war auch der Tag, an dem die Zimmer inspiziert wurden, das hieß, daß wir alle unsere Schränke und Schubladen ordentlich aufräumen mußten. Zusätzlich hatte jede von uns eine größere Hausarbeit zu erledigen. Ich mußte den Linoleumbelag in dem langen Flur zwischen Foyer und Kapelle wischen und bohnern. Das allein schien den größten Teil des Vormittags in Anspruch zu nehmen.

Die Mädchen warteten auf mich, obwohl ich spät dran war. Wir trafen uns im Foyer. Als alle da waren, stieß eine von uns die große Tür zur Welt hinaus auf. Obwohl ich erst zwei Tage im Seton House war, traf mich die Berührung mit der Außenwelt wie ein Schock. Das helle Sonnenlicht blendete mich einen Moment lang. Der Autoverkehr, die Hektik eines geschäftigen Samstagnachmittags überwältigten mich fast. Wie hatte ich in so kurzer Zeit vergessen können, wie es war?

Wir nahmen uns aus wie eine Gänseschar, wie wir da den Bürgersteig entlangwatschelten. Ich versuchte, die Sache positiv zu sehen und mich nicht unterkriegen zu lassen, während ich das Gefühl hatte, daß jedermann sich nach uns umdrehte. Als wir das Café betraten, hätte ich mich am liebsten gedrückt und wäre draußen geblieben. Natürlich war nur ganz hinten noch etwas frei. Unter Entschuldigungen schlängelten wir uns im Gänsemarsch zwischen den Tischen auf der linken und dem Tresen auf der rechten Seite durch. Einige der Mädchen waren bereits sehr dick, und die Leute mußten aufstehen und ihre Stühle zur Seite schieben, um uns Platz zu machen. Wir trugen alle die

Eheringe, die für solche Ausflüge ausgegeben wurden, aber ich glaube nicht, daß wir irgend jemand täuschten. Die meisten Blicke jedoch, die uns auf unserem Weg begleiteten, waren freundlich.

Halb war mir elend, halb hätte ich mich ausschütten können vor hysterischem Gelächter. Die anderen marschierten durch das Lokal, als gehöre ihnen der ganze Laden, und das war sicher das einzig Richtige. Aber ich schaffte das nicht. Die Eisbecher mit heißer Schokoladensoße waren gigantisch, aber mir machte das alles keinen Spaß.

Nach den Eisbechern erst richtig schwerfällig, watschelten wir weiter zum Einkaufszentrum in der Nähe. Einige der Mädchen wollten Wolle kaufen, um ihren Kindern etwas zu stricken. Die Jäckchen und Pullis, sagte Cathleen, würden allerdings aus naheliegenden Gründen nicht unseren eigenen Kindern mitgegeben werden, sondern anderen. Was meinte sie mit ›naheliegenden Gründen‹? Ich berührte die scharfen Spitzen der Stricknadeln und spielte mit der weichen Wolle, während ich mir vorzustellen versuchte, wie ich die Farbe wählte, rosa, blau oder gelb, um einen Pulli, ein Mützchen oder eine Decke zu stricken. Ich wünschte mir, ich könnte etwas stricken. Aber dazu war ich nicht in der Lage. Die Mädchen, die das schafften, waren in meinen Augen Heilige. Ich fragte mich, ob mein Kind es einmal erfahren und Schwierigkeiten haben würde, mir meinen Egoismus zu verzeihen. Ich konnte nicht für ein anderes Kind stricken, wenn ich mein eigenes nicht behalten durfte. Es empörte mich, daß wir unseren Kindern nicht einmal etwas mitgeben durften.

Ich kaufte ein Glas Gewürzgurken und versteckte es unter meine Matratze, als wir zurückkamen. Erschöpft und ausgelaugt legte ich mich auf mein Bett und wartete auf das Abendessen. Ich konnte mir nicht vorstellen, daß ich noch einmal so einen Ausflug unternehmen würde. Es war zu demütigend.

Schon drei Tage nach meiner Ankunft fing mein Bauch an, sich zu weiten wie nach einem schweren Seufzer. Mein Körper hatte mir brav geholfen, das Geheimnis zu bewahren, aber nun wollte er die Freude am Wachstum neuen Lebens genießen. Ich hätte gern gewußt, wie die Nonnen tief in ihrem Inneren zu uns standen. Wir waren so eklatante Sünderinnen und doch so schön und voller Leben. Waren wir eine Herausforderung an ihre Keuschheitsgelübde?

Die Tage vergingen in stumpfsinnigem Einerlei. Noch drei solche Monate, das war unvorstellbar. Frühstück gab es morgens um halb acht. Wir mußten alle da sein, vorher unsere Betten gemacht und geduscht haben. Die Vormittage brachten wir mit Briefeschreiben, Lesen oder Lernen herum. Nach dem Mittagessen versammelte sich alles im Fernsehraum. Den ganzen Nachmittag sahen wir uns eine Fernsehserie nach der anderen an, als hätte unser eigenes Leben nicht Dramatik genug. Julie, in *»Days of Our Lives«*, hatte ein uneheliches Kind zur Welt gebracht. Die Handlung kreiste um die Frage, wer das Kind großziehen würde. Wir waren alle völlig gefangengenommen von ihrer Geschichte, Beweis genug für unsere Fähigkeit zu verleugnen.

Der Höhepunkt des Tages war das Abendessen, weil da die Post verteilt wurde. Schwester Agatha war sehr vorsichtig beim Austeilen und achtete darauf, daß keine von uns die Namen auf den Briefumschlägen lesen und sich so Informationen über die anderen beschaffen konnte. Schlimm war es, wenn ein erwarteter Brief nicht eintraf.

Chris schrieb mir jeden Tag, meine Mutter, Jessica, Cindy und Blair schrieben mehrmals in der Woche. Meine Mutter schrieb, daß sie jeden Tag zum Briefkasten stürzte, um als erste dort zu sein; meine Geschwister, Bob, Janice und Ellen, durften nicht sehen, daß die Briefe mit den Beschreibungen meiner Erlebnisse im College und des lustigen Lebens, das ich führte, in Richmond abgestempelt waren.

Eines Nachts, zwei Wochen nach meiner Ankunft, weckten mich das Klappern hölzerner Rosenkranzperlen und das Rascheln der Trachten der Schwestern, die an meiner geschlossenen Tür vorbei den dunklen Korridor hinuntereilten. Ich bekam eine Gänsehaut. Mit aufgerissenen Augen starrte ich in die Finsternis, die vor Spannung zu knistern schien. Cathleen lag in den Wehen.

Zweifellos waren alle wach und lauschten mit angehaltenem Atem. Aber nur die Zimmergenossin durfte einem Mädchen, das in den Wehen lag, beistehen, selbst wenn andere ihm vielleicht näherstanden.

Das Stimmengemurmel hatte etwas sehr Geheimnisvolles. Ich schlich mich vorsichtig über den Flur in den Waschraum. Durch den Spalt unter Cathleens Zimmertür schimmerte Licht. Ich stellte mir vor, wie die Schwestern sich jetzt um sie bemühten. Erst war ich voller Ehrfurcht, dann voller Angst.

Kurze Zeit später wurde eine Tür geöffnet. Gedämpfte Stimmen und leise Schritte verklangen im Korridor. Als die Tür zu Cathleens Zimmer versehentlich mit lautem Knall hinter der kleinen Menschengruppe zufiel, war mir, als würde Cathleen zur Hinrichtung geführt. Zweimal setzte das Schlurfen ihrer Hausschuhe aus, als sie stehen blieb, um den Schmerz über sich hinweggehen zu lassen. Ich tat die ganze Nacht kein Auge zu.

Beim Frühstück hörten wir, daß sie noch immer in den Wehen lag. Mit der Geburt des Kindes wurde nicht vor dem Nachmittag gerechnet. Die Kontraktionen waren offenbar lang und schmerzhaft, doch der Abstand zwischen ihnen war noch groß, und der Muttermund hatte sich erst wenig geweitet. Ich glaube, auf diese oder jene Weise waren wir innerlich alle bei ihr. Wir waren jedenfalls den ganzen Tag über zerstreut und in Gedanken versunken.

Als wir zum Mittagessen wieder im Speisesaal zusammenkamen, gab es keine Neuigkeiten. Noch immer keine Fortschritte. Also setzten wir uns wieder in den Fernsehraum und sahen uns die Fernsehserien an.

Beim Abendessen hatte sich noch immer nicht viel verändert. Wir hatten alle Angst um Cathleen und um uns selbst. Ich bekam einen Brief von Chris. Er tröstete mich und dämpfte ein wenig das Gefühl des Verlassenseins. Aber auch Zorn begann in mir aufzusteigen über den krassen Unterschied in unseren Lebenssituationen. Als ich seinen Brief in die Tasche meines braunen Kordhemds schob, stopfte ich den Zorn mit hinunter. Ich wollte dem Groll, den ich empfand, nicht ins Auge sehen.

Auf dem Rückweg zu meinem Zimmer kam ich an der Kapelle vorüber und ging hinein. Leise schob ich mich in eine der hinteren Kirchenbänke. Die Nonnen, die mit gesenkten Köpfen das Abendgebet sprachen, erschienen unnahbar. Mit wem konnte ich sprechen? Ich mochte Schwester Bartholomew, die unsere Mahlzeiten kochte. Sie war gutmütig und besaß eine Herzlichkeit, die in wohltuendem Gegensatz zur steifen Zurückhaltung der übrigen Nonnen stand. Vielleicht, sagte ich mir, hatten die Barmherzigen Schwestern gerade ihre strengsten Nonnen ins Seton House abgeordnet, um unsere offensichtlich allzu heftige Leidenschaftlichkeit zu dämpfen. Schwester Bartholomew konnte sich, um der Wahrheit die Ehre zu geben, ihr freundliches Wesen angesichts unseres Leidens wahrscheinlich nur deshalb bewahren, weil sie, was Intellekt und Phantasie betraf, nicht allzu üppig ausgestattet war. Aber ihre gutmütige Herzlichkeit tat uns wohler, als alle Worte vermocht hätten.

Mit hohen Stimmen sangen die Nonnen ihre Gebete. Unter meinen Händen fühlte ich die Bewegung meines Kindes. Es war *mein*. Während ich den Gesängen lauschte, wurde mir bewußt, wie allein jedes von uns Mädchen mit seinen Ängsten und Gefühlen hier war. Unsere Eltern waren fern, bei ihnen konnten wir keine Hilfe suchen. Da wir ihnen aus den Augen waren, brauchten sie sich mit der nackten Wahrheit dessen, was wir durchmachten, nicht zu konfrontieren.

Vielleicht war nur mein Egoismus schuld, daß ich solche Qualen litt. Was wußte ich schon mit meinen neunzehn Jahren? So wie es war, war es am besten für uns, am besten für unsere Kinder, am besten für die netten Leute, die unseren Kindern die besten Eltern sein würden, am besten für unsere Familien und am besten für die Gesellschaft. Wir taten für alle das Beste. Es war Gottes Wille. Und außerdem würden wir ja vergessen. Worüber beklagte ich mich also? Wieso war mir so elend?

Wie auf Kommando standen die Schwestern alle gleichzeitig auf und entschwebten in einer großen schwarzen Wolke. In der Stille nach ihrem Verschwinden sammelte ich Kraft, um mich ihnen allen entgegenzustemmen. Ich gelobte mir, nichts unversucht zu lassen, um mein Kind behalten zu können. Aber Schwester Dominic, die Sozialarbeiterin, würde erst in einem Monat ihren nächsten Besuch machen.

Gerade als für die Nacht die Lichter gelöscht wurden, begann das Telefon im Korridor zu läuten. Die Nachricht verbreitete sich rasch: Cathleen war soeben von einem kleinen Mädchen entbunden worden.

Zwei Tage später kam sie ins Seton House zurück, mit leerem Bauch und leerem Blick. Mir wurde kalt, als ich sie das erstemal sah. Sie bemühte sich, ein fröhliches Gesicht zu zeigen, aber man merkte, daß es nur Fassade war. Sie sprach von ihren langen schweren Wehen wie ein kriegsmüder Soldat, mit Stolz und staunender Verwunderung, daß sie es überlebt hatte. Sie erzählte uns, ihre Tochter sei unglaublich schön, mit Haar wie gesponnenes Gold. Sie erzählte uns, wie sie von ihr Abschied genommen hatte, und wir weinten alle. Es war leichter, um sie zu weinen als um uns selbst. Cathleen verbrachte die meiste Zeit allein in ihrem Zimmer, wohl um sich von den Freundinnen zu lösen, die sie hier gefunden hatte. Es war uns verboten, Adressen auszutauschen. Wenn wir uns irgendwann in der Zukunft auf der Straße begegnen sollten, durften wir keinen Gruß tauschen, obwohl wir das wahrscheinlich traumatischste und tiefste Erlebnis unseres Lebens miteinander geteilt hatten. Nur Verluste gab es in diesem Haus. Und wir nahmen sie alle hin.

Jedesmal, wenn Cathleen an mir vorüberkam, mußte ich sie anstarren, ob ich wollte oder nicht. Sie wirkte verändert, trauriger und wissender. Dann fiel es mir ein. Genauso hatte Sarah ausgesehen. Wieder wurde mir kalt bei der Erinnerung.

Cathleen wurde an einem Donnerstag nachmittag von ihren Eltern abgeholt. Einige von uns begleiteten sie ins Foyer und winkten ihr zum Abschied. Sie trennte sich von uns, als wir die Tür zum Foyer erreichten, und trat an die Seite ihrer Eltern. Scheu umarmten sie einander. Die Eltern hoben nicht ein einziges Mal den Blick vom Boden, um uns andere anzusehen. Cathleen blickte ein letztes Mal über ihre Schulter zurück, als sie durch die große Flügeltür hinausging. Wir trotteten langsam in den Fernsehraum zurück, niedergedrückt von uneingestandener Traurigkeit.

Am Donnerstag abend kam wie jede Woche Dr. Mandel, um uns zu untersuchen, zu wiegen und unseren Blutdruck zu überprüfen. Wir warteten alle zusammen in einem kleinen Zimmer neben dem Untersuchungsraum. Es war der erste Abend ohne Cathleen. Ihre Freundinnen fühlten sich verlassen ohne sie, und mir wurde wieder bewußt, daß von einer Gruppe von fünf Mädchen eine unterschwellige Feindseligkeit ausging, die gegen mich gerichtet war. Ich hatte es schon früher gespürt, aber geglaubt, es sei Einbildung; an diesem Abend jedoch zeigte sich, daß ich mich nicht geirrt hatte.

Die fünf saßen zusammen an einem Tisch und ließen sich in selbstgerechtem Zorn über die Wertlosigkeit der Männer im allgemeinen und im besonderen aus. Marsha, mit dreiundzwanzig die älteste von ihnen, hatte in einer Großstadt gearbeitet. Ich vermutete, es handelte sich um Washington D.C. Marshas Freundin Cynthia war ungefähr zur gleichen Zeit schwanger geworden wie Marsha, und sie waren zusammen ins Seton House gekommen. Der Vater von Cynthias Kind war ein verheirateter Mann. Marshas Freund hatte sich von ihr zurückgezogen, sobald er hörte, daß sie schwanger sei, und hatte sich mit einer Frau zusammengetan, mit der er Marsha schon seit längerer Zeit betrogen hatte. Auch diese Frau war schwanger geworden, aber sie hatte er geheiratet.

Ihre bitteren Kommentare über die Männer schienen mir ganz pointiert gegen mich gerichtet zu sein. Ich hatte keine Ahnung, warum sie es gerade auf mich abgesehen hatten. Nach einer Weile begann sich das kleine Wartezimmer zu leeren, und als ich mit Marsha und Cynthia allein war, holte ich einmal tief Luft und drehte mich nach den beiden um. Aus Marshas Augen sprühte mir kalter Haß entgegen. Ihr ganzer Schmerz und ihr ganzer Zorn sprachen aus den Worten, die sie mir entgegenschleuderte. Ich sei ja wohl eine komplette Idiotin, daß ich immer noch mit Chris Kontakt hielt. Wenn er ein so wunderbarer Mensch sei, warum habe er mich dann nicht geheiratet? Meine Naivität und meine Dummheit seien einfach unerträglich.

Mir fiel der Groll ein, der mich stets beschlich, wenn ich Chris' Briefe las, und ich hatte gewisse Mühe, mich zu verteidigen. Dennoch sagte ich Marsha und Cynthia, das sei meine Privatsache, die sie nichts anginge. Sie sollten sich gefälligst um ihre eigenen Angelegenheiten kümmern.

Dr. Mandel schaute durch den Türspalt herein und rief Cynthia in den Untersuchungsraum. Marsha und ich saßen einander in steinernem Schweigen gegenüber. Sie kam als nächste an die Reihe. Als Dr. Mandel mich hereinrief, konnte ich kaum begreifen, daß er nicht sofort zu mir eilte, um meine offene, blutende Wunde zu behandeln.

Nach dieser Konfrontation bemühte ich mich, den beiden aus dem Weg zu gehen. Die anderen aus der Gruppe schnitten mich. Ich fand die ganze Geschichte zu peinlich, um darüber an Chris oder an meine Freundinnen zu schreiben. Ich beschloß, das allein durchzustehen, zumal ich wußte, daß beide Mädchen in knapp einem Monat entbinden würden. Marsha bekam ihr Kind dann zwei Wochen zu früh. Da sie volljährig war, konnte sie auf eigene Verantwortung das Krankenhaus verlassen und kehrte nicht einmal zur Nacherholung ins Seton House zurück. Ohne sie war Cynthia stiller und zurückhaltender. Sie brachte eine Woche nach Marsha einen kleinen Jungen zur Welt und kehrte ebenfalls nicht ins Heim zurück.

Nun waren wir nur noch dreizehn. Die ganze Atmosphäre schien etwas lockerer zu werden, und ein paar Abende später lichteten sich für mich auch die letzten Wolken. Mrs. Hogan, die ehrenamtliche Mitarbeiterin, die uns ein-, zweimal die Woche besuchte, um uns Gesellschaft zu leisten, hatte uns alle im Fernsehraum versammelt, um irgendwelche Briefe für die Kirche zu kuvertieren. Die meisten Mädchen saßen mit ihr an dem großen runden Tisch. Ich hatte mich etwas abseits in einen Sessel gesetzt, immer noch unsicher nach den Wochen der Ächtung.

Schwester Agatha murmelte in der anderen Ecke des Raums ihre Rosenkranzgebete, als wären wir alle gar nicht vorhanden. Anne-Marie, meine schüchterne Zimmergenossin, saß direkt neben Mrs. Hogan, augenscheinlich in intensivem Gespräch mit ihr. Plötzlich wurde es mucksmäuschenstill am Tisch, und die Mädchen sahen alle zu mir herüber.

Mrs. Hogan ergriff das Wort. Anne-Marie hatte sie gebeten, mir zu sagen, daß die Mädchen jetzt nicht mehr unter dem Einfluß Marshas und Cynthias standen. Was geschehen war, tat ihnen von Herzen leid.

In einer Hinsicht jedoch waren sie sich mit Marsha einig. Allen graute meinetwegen vor dem Samstag. Das ewige quietschende Hin und Her des Blockers auf dem Linoleumboden machte sie fast verrückt. Ich wurde blutrot. Ich hatte es vielleicht mit meiner Arbeit wirklich etwas übertrieben. Das samstägliche Bohnern war mir zu einer Art Zen-Meditation geworden, bei der ich in eine wohltuende Trance versank, während ich die Blockerstriche zählte. Eines Samstags war Schwester Beatrice vorbeigekommen, als ich gerade mit Wohlgefallen die spiegelglatte Fläche betrachtete, die ich geschaffen hatte. Nie zuvor hätte der Korridor so schön ausgesehen, hatte sie gesagt. Immer wenn ich mit meiner Arbeit fertig war, fühlte ich mich wie innerlich gereinigt, ruhiger und irgendwie mehr in Frieden mit mir selbst.

Den anderen Mädchen jedoch war samstags unweigerlich aller innerer Friede abhanden gekommen, wenn sie sich das unaufhörliche Auf und Ab des Blockers hatten anhören müssen. Sie hatten langsam an meiner geistigen Gesundheit zu zweifeln begonnen, während sie selbst sich zum Wahnsinn getrieben fühlten.

Es war mir entsetzlich unangenehm, so viel Ärger gemacht zu haben, und ich entschuldigte mich sofort. Alle Unstimmigkeiten waren nun behoben, und gleich war unser Kreis viel heiterer. Schwester Agatha blickte verwundert von ihrem Rosenkranz auf, nicht ganz sicher, was eigentlich geschehen war, aber doch der Veränderung in der Atmosphäre gewahr. Ich nahm meinen Stapel Briefumschläge, setzte mich zu den anderen an den Tisch und versprach, in Zukunft etwas weniger gründlich zu bohnern.

Die Woche war ziemlich langweilig. Es war keine Dynamik in der Gruppe. Es gab so wenig, worüber wir miteinander sprechen konnten. Wir waren ruhig und heiter, aber ich begann, mich zu fragen, ob ich mich in der wirklichen Welt überhaupt wieder zurechtfinden würde. Zum Fenster hinaus blickte ich durch das kahle Geäst der Bäume zur fernen Straße, auf der die Autos vorüberfuhren. Dann schweifte mein Blick zu Mrs. Hogan, die einem der Mädchen beim Stricken half. Mrs. Hogan hatte da draußen ein richtiges Leben. Sie schien mir unsere einzige Verbindung zur Außenwelt zu sein. Ich fand es beunruhigend, wie leicht der Kontakt verlorenging.

Am folgenden Samstag wurde ich meines Amtes als Bohnerspezialistin enthoben. Da ich so hervorragende Arbeit geleistet hatte, übertrug man mir nunmehr die ehrenvolle Aufgabe, das Sanktuarium und den Altar für die Sonntagsmesse zu reinigen und vorzubereiten. Ich war mir nicht so sicher, ob ich mit meinem Mangel an Ehrfurcht die Richtige für diesen Posten war, aber wir mußten die Aufgaben übernehmen, die uns zugeteilt wurden.

Ich folgte Schwester Beatrice durch meinen glänzend polierten Korridor und fragte mich dabei ein wenig wehmütig, wie lange es dauern würde, bis sich die Folgen weniger meditativer Bodenpflege zeigten.

Ich hatte geglaubt, nur die Priester dürften den Altar berühren. Doch hätte ich weitergedacht, so wäre mir natürlich klargeworden, daß Reinigung und Instandhaltung den braven Nonnen oblagen und nicht den Priestern. Normalerweise durften Frauen höchstens bis zu den Chorschranken vordringen. Nur einmal zuvor war ich einem Altar so nahe gewesen – und damals hatte es für uns alle ein paar kräftige Ohrfeigen gesetzt.

Graues Licht fiel durch die hohen Fenster auf den

Altar und verlieh ihm eine unerwartete Kälte. Auch die Luft in der Kapelle war frostig. Man hätte die Fenster aufstoßen müssen, um einen Hauch Natur und Frische hereinzulassen – ein ketzerischer Gedanke wahrscheinlich. Man hatte mich gelehrt, daß der Leib Christi zu allen Zeiten im Tabernakel sei, und es überraschte mich, daß ich seine Gegenwart nicht fühlte. Ich hätte Ehrfurcht empfinden müssen, meinte ich, als ich mich dem Altar näherte. Aber ich verspürte keinerlei besondere Empfindungen.

Die Schwester zeigte mir die Leinendecken und in welcher Reihenfolge sie über den Altartisch gebreitet werden mußten. Ich würde in Zukunft die Gewänder des Priesters, sechs verschiedene Stücke, in der Reihenfolge bereitlegen müssen, wie er sie überzog. Ich fand das alles durchaus interessant: Die Stickereien, die die Nonnen gemacht hatten, waren von feinster Art. Was für ein Gegensatz zwischen ihrer zierlichen Arbeit und dem männlich energischen Schwung, mit dem der Pater die Gewänder überzuziehen pflegte. Ich mußte dafür sorgen, daß immer Weihwasser in den Becken war und Weihrauch in den Gefäßen. Und ich mußte für den Blumenschmuck sorgen, eine reine Freude für mich, da es im Haus überhaupt keine Blumen gab.

Als kleines Mädchen hatte ich mich eine Zeitlang damit vergnügt, im Wald kleine Altäre zu errichten, meistens in hohlen Bäumen, die ich mit wild wachsenden Blumen, schönen Steinen und Vogelfedern schmückte. Manchmal hielt ich Trauerfeiern für tote Vögel, aber meistens saß ich einfach da und freute mich am Anblick meiner Kreationen. Unter den hohen Bäumen, deren ineinandergreifende Äste ein Dach bildeten, fühlte ich mich wie in einer Kirche. Das Licht, das zwischen den Blättern durchsickerte, schuf die Illusion von alten Glasfenstern. Immer schien ein Engel in meiner Nähe zu sein. Ich versuchte, die weihevollen Gefühle, die meine eigenen Altäre in mir hervorgerufen hatten, wiederzuerwecken, aber die Unschuld der Natur ließ sich auf Marmor nicht übertragen.

Während ich noch allein in der Kapelle an der Arbeit war, kam Pater O'Brien herein. Ganz in Gedanken, nahm er kaum Notiz von mir. Groß und kräftig wie ein Bär wirkte er, wenn er samstags zur Beichte und sonntags zur Messe erschien, auf beinahe lächerliche Weise fehl am Platz in der kleinen Kapelle voller Nonnen und schwangerer junger Mädchen. Jetzt musterte ich ihn von meinem Standort am Altar aus ganz unverhohlen. Von hier aus konnte ich ihn als Menschen sehen, nicht als unnahbaren Vertreter Gottes. Er war sterblich wie wir alle, wir waren gleich. Das war eine tröstliche Erkenntnis. Wenn er als Priester mit den Engeln kommunizieren und sein menschliches Selbst transzendieren konnte, konnten wir das nicht alle? Ich fürchtete, für dieses Amt viel zu respektlos zu sein. Ich sah hinauf zum goldenen Kruzifix über dem Tabernakel und meinte, wie früher in der Sonntagsschule, Blitze müßten auf mich herabschießen. Aber es geschah nichts. Oder hörte ich ein leises Lachen?

Ich drehte mich um. Die Schwestern und eine Gruppe Mädchen kamen herein, um zur Beichte zu gehen. Der Pater, der sich etwas verspätet hatte und ein wenig gehetzt wirkte, erreichte den Beichtstuhl zur gleichen Zeit wie sie. Die Nonnen verneigten sich ehrfürchtig. Er nickte freundlich und trat dann durch die geschnitzte Eichentür in den Beichtstuhl.

Was gab es hier an diesem Ort zu beichten? Längst hatten wir ja bekennen müssen, eine der schwersten Todsünden begangen zu haben. Seit wir im Seton House eingesperrt lebten, gab es herzlich wenig zu beichten. Herr, vergib mir, ich habe gesündigt. Diese Woche hatte ich fünfmal unfreundliche, aber ziemlich erheiternde Gedanken über die Schwestern. Beichteten auch sie unfreundliche Gedanken über uns? Dreimal habe ich meine Eltern belogen. Ich hatte ihnen erzählt, es ginge mir glänzend. War es Sünde, wenn sie mir glaubten? Ich habe vier Gewürzgurken gegessen. Habe einmal meine Zimmergenossin angefaucht. Habe mich unendlich viele Male egoistischen Gedanken darüber hingegeben, wie ich mein Kind behalten könnte.

Ich wünschte, ich hätte beichten können, daß alle meine Beichten mein Leben lang Erfindung gewesen waren.

Sonntags durften wir eine Stunde länger schlafen. Die Messe wurde um halb neun abgehalten, Frühstück gab es erst nach der Kommunion. Niemand wagte in dieser kostbaren Extra-Stunde, die anderen zu stören. Es war besser, im Bett liegenzubleiben, als auch nur das kleinste Geräusch zu machen. Bei der Messe saßen die Nonnen auf der linken Seite, ehrerbietig und hingebungsvoll, wir hingen verschlafen in den Kirchenbänken rechts. Der Schmerz, der uns allen gemeinsam war, wurde in den Predigten niemals angesprochen. Ich nahm mir diese stille Stunde, um mit meinem Kind zu spielen, das in meinem Bauch stieß und schubste und herumturnte. In diesen Momenten fühlte ich mich Gott wirklich verbunden.

Nach der Messe und dem Frühstück gingen wir im allgemeinen noch einmal zu Bett. Die Sonntage waren endlos. Aber Sonntag abends rief Chris an, und die Vorfreude auf das Gespräch verlieh mir gerade genug Energie, um mich nicht von der Lethargie, die sich über das Heim senkte, anstecken zu lassen.

Am Montag kamen zwei neue Mädchen und am Mittwoch noch einmal zwei.

Mary, groß, blond, kam von der Westküste und erhielt von uns sehr bald den Spitznamen ›Jungfrau Maria‹. Drei Jahre lang hatte sie einen festen Freund gehabt. Sie hatten an verschiedenen Universitäten studiert. Mary war immer sicher gewesen, daß sie eines Tages heiraten würden, und fiel aus allen Wolken, als sie ohne jede Vorwarnung einen Brief von ihm bekam, in dem er ihr mitteilte, er wolle Schluß machen. Er hatte eine andere kennengelernt. In den drei Jahren ihrer Freundschaft hatten sie nie miteinander geschlafen. An dem Abend, nachdem sie den Brief bekommen hatte, ging Mary zu einer Party und betrank sich. Nur aus Trotz flirtete sie mit einem der jungen Männer dort und ging ziemlich weit mit ihm. Der Junge verlor die Kontrolle. Mary versuchte, sich gegen ihn zu wehren, aber sie wurde ohnmächtig. Sie hatte keine Ahnung gehabt, daß sie vergewaltigt worden war. Als ihre Periode ausblieb, machte sie einen Schwangerschaftstest, und das Ergebnis war positiv. Der Geburtstermin, den ihr der Arzt genannt hatte, war der Heilige Abend.

Susan, die ebenfalls am Montag ankam, war schon sehr dick. Es bestand die Möglichkeit, daß sie Zwillinge bekommen würde. Sie war durch die Schwangerschaft völlig unförmig geworden. Ihr Anblick machte uns allen Angst, wir wußten ja nicht, wie unsere eigenen Körper sich verhalten würden. Die Schwangerschaftsstreifen in ihrer Haut sahen aus, als hätte man sie mit einem papierdünnen Lederriemen geschlagen. Wie rote Wunden zogen sie sich in einem dichten Netz über ihren Bauch, ihren Rücken und ihre Beine. Sie war todunglücklich darüber.

Jede von uns bekam sofort Panik, wenn sich irgendwo ein kleiner Streifen zeigte. Die Tatsache, daß das Hymen gerissen war, ließ sich immer mit einer Lüge vom Radfahren oder Reiten bemänteln, aber Schwangerschaftsstreifen, fürchteten wir, würden uns für immer als ledige Mütter brandmarken. Schwangerschaftsstreifen waren beredtes Zeugnis dafür, daß das Versprechen, wir würden dies alles vergessen und in Zukunft ein glückliches und normales Leben führen, eine Lüge war. Ein großer Teil unserer unausgesprochenen Zweifel an der Gültigkeit dieses Versprechens schlug sich in der Angst vor Schwangerschaftsstreifen nieder. Wir wußten ja nicht, wie das Leben später werden würde, es war nie ein Mädchen zurückgekehrt, um uns zu erzählen, wie sich das Leben gestaltete, wenn man sein Kind weggegeben hatte.

Susans Eltern hatten ihren Freund abgelehnt, obwohl sie ihn leidenschaftlich geliebt hatte. Ihr Vater wußte selbst jetzt noch nichts von ihrer Schwangerschaft. Sie und ihre Mutter hatten Angst vor dem Zorn des Vaters, wenn er es erfahren sollte, deshalb hatte sie mit ihrem Freund Schluß gemacht, um ihn zu schützen. Ihre Eltern waren beide Alkoholiker. Susan war es, die die Familie zusammenhielt. An der Aussicht, Zwillinge zu bekommen, tröstete sie nur der Gedanke, daß die Kinder dann wenigstens einander haben würden.

Nora war am Mittwoch zusammen mit Pamela gekommen. Auch Nora war schon ziemlich dick. Sie hatte den gleichen Entbindungstermin wie ich, den 28. Dezember. Sie hatte den Umzug ins Heim so lange wie möglich hinausgezögert, da sie alle Kosten selbst tragen mußte. Weder ihre Eltern noch ihr Freund wußten von der Schwangerschaft, und wenn es nach ihr ging, würden sie auch nie davon erfahren. Sie und ihr Freund wollten heiraten, aber er sollte auf keinen Fall das Gefühl haben, sie habe ihn eingefangen. Dazu sei sie zu stolz, sagte sie, sei es nun echter oder falscher Stolz.

Pamela kam, wie ihr Freund, aus einer angesehenen Familie ihrer Heimatstadt. Beide Elternpaare waren strikt gegen eine Heirat ihrer Kinder; sie meinten, das würde nur ihre Ausbildung und seine Karriere behindern. Er hatte gerade sein Jurastudium beendet. Pamelas Leben schien bis in jede Einzelheit bestens geplant zu sein, und ich hatte den Eindruck, sie hatte nie auch nur einen Teil der Planungen in Frage gestellt.

3

Am Samstag vor *Thanksgiving* kamen meine Eltern, um mir meine Weihnachtsgeschenke zu bringen, und führten mich zur Feier des Tages zum Essen aus. Die Jacke des grauen Flanellkostüms, das ich anhatte, fiel lose über meinen Bauch, und ich fand, man sähe mir kaum an, daß ich schwanger war. Ich hatte auch nur knapp zwei Kilo zugenommen. Dennoch trug ich den vom Heim gestellten Trauring, um eventuelle Peinlichkeiten mit Fremden zu vermeiden. Ich erzählte lustige kleine Geschichten und erkundigte mich nach Bob, Janice und Ellen. Ich sagte, die Mädchen seien alle sehr nett, und die Nonnen behandelten uns gut. Und wir lachten gemeinsam über meinen Bericht von unserem Ausflug in das Einkaufszentrum. Ich sah ihren Gesichtern an, daß sie eine andere Möglichkeit zur Lösung des Problems gar nicht ins Auge fassen konnten; daß sie fest überzeugt waren, wir alle machten das Beste aus der Situation. Ich sah ihnen an, daß für sie die Vorstellung, ich könnte mit einem Kind und ohne Ehemann nach Hause kommen, undenkbar war. Niemals wären sie damit fertiggeworden. Die ganze Familie wäre durch mich stigmatisiert gewesen. Die Eltern der Freunde von Bob, Janice und Ellen hätten ihren Kindern vielleicht den Umgang mit meinen Geschwistern verboten. Vielleicht hätte mein Vater sogar seine Stellung verloren. Nein, das konnte ich ihnen nicht antun.

Meine Mutter hatte mir Wolle für einen Skipullover mitgebracht. Sie strickte die ersten Maschen mit mir. Später könnte mir Mrs. Hogan weiterhelfen, wenn es schwierig würde. Wir sprachen darüber, daß kein Mensch auch nur den geringsten Verdacht hatte. Mein Vater begann, zerstreut und ungeduldig zu werden. Er wollte wieder fahren. Er hatte größte Schwierigkeiten, mit dieser Situation umzugehen. Sie brachten mich zurück ins Seton House.

Welkes Laub raschelte unter meinen Füßen, als ich um den Wagen herum zum Kofferraum ging, um meine Weihnachtsgeschenke herauszuholen. Meine Mutter ermahnte mich, nicht vor Weihnachten in die Päckchen zu schauen. Sie umarmten mich beide und stapelten die Päckchen in meine Arme. Irgendwie brachten wir ein letztes Lächeln zustande. Ich wünschte mir, ich könnte mich einfach ins Auto setzen und mit ihnen nach Hause fahren. Ich verstand nicht, wie sie mich hier zurücklassen konnten. Aber sie fuhren ab. Während ich dem davonfahrenden Wagen nachblickte, fiel mir der erste Brief ein, den ich am College von meiner Mutter bekommen hatte. Sie hatte geschrieben, sie habe bitterlich geweint, als sie abgefahren waren und mich dort zurückgelassen hatten, mich, ihr erstes Kind.

Ich schob die Päckchen und Pakete unter mein Bett. Ich machte kein Licht im Zimmer, vom Flur drang genug Helligkeit herein. Ich legte mich auf mein Bett. Das Zimmer war kalt; die Heizung war noch nicht aufgedreht worden. Die anderen Mädchen waren noch beim Abendessen. Ich fühlte mich mutterseelenallein. Mir wurde klar, daß ich mir etwas vorgemacht hatte. Ich hatte gehofft, meine Eltern würden weich werden und mich hier herausholen. Ich legte eine Hand auf meinen Bauch, als ich mein Kind spürte, und sah der harten Realität ins Gesicht. Nach einer Weile schlief ich ein und erwachte erst am folgenden Morgen.

Ein paar Tage später klopfte Schwester Agatha zaghaft bei mir. Ich war erstaunt. Sie kam sonst nie in mein Zimmer. Mein Herz setzte einen Schlag aus, als sie mir sagte, daß Schwester Dominic gekommen war. Ich folgte ihr durch den Korridor und zupfte verstohlen hier und dort an meinen Kleidern und Haaren, um einen ordentlichen Eindruck zu machen. Wieder klopfte Schwester Agatha zaghaft, öffnete dann die Tür und ließ mich an sich vorbei in das kleine Büro treten. Das Zimmer war von Sonnenschein durchflutet, doch Schwester Dominic, groß und gewaltig in ihrer schwarzen Tracht, schien es zu verdunkeln.

Sie stand hinter dem kleinen Schreibtisch auf, um mich zu begrüßen. Die losen schwarzen Gewänder verbargen ihren Körper. Nichts Weiches war an ihr. Sie wirkte eher wie ein willensstarker Priester als wie eine passive Braut Jesu. Sie bedeutete mir, auf dem Stuhl vor ihrem Schreibtisch Platz zu nehmen. Schwester Agatha schloß die Tür und ließ uns allein.

Als ich das letzte Mal vor Schwester Dominic gesessen hatte, war ich ein naives junges Ding gewesen, das alles der Mutter überlassen hatte. Jetzt fühlte ich mich gereift, fast schon eine alte Frau. Ich beugte mich vor und legte ganz ruhig meine gefalteten Hände auf die Schreibtischkante.

»Ich kann das nicht tun«, sagte ich und sah ihr direkt in die Augen. Da ich ein so behütetes Leben geführt habe, sagte ich, wüßte ich nicht genau, was ich an Hilfe und Unterstützung erwarten und verlangen könne. In meinem Bekanntenkreis gäbe es keine ledige Mutter, die ihr Kind allein großziehe. Aber vielleicht könnte mir die Schwester raten, an welche Stellen ich mich wenden solle.

Ihr ganzer Körper straffte sich. Ob ich das mit Chris besprochen hätte? Nein, das hatte ich nicht getan. Er hatte seine Entscheidung getroffen, und meines Wissens hatte er seine Meinung nicht geändert. Ich war zu stolz, ihn noch einmal zu fragen. Im übrigen ging es hier nicht darum, daß ich mit Chris zusammenbleiben wollte.

Hier ging es darum, daß ich mein Kind behalten wollte.

Die dunkelbraunen Augen unter dem schwarzen Schleier blickten mich herausfordernd an. Wie dächte ich, daß es für mein Kind sein würde, ohne Vater aufwachsen zu müssen.

Ich suchte krampfhaft nach einer Antwort, aber ich hatte nie jemanden gekannt, der ohne Vater aufgewachsen war. Mein Gefühl gab mir die Antwort, zaghaft, ohne Selbstvertrauen: Ist ein Kind, selbst wenn kein Vater da ist, nicht bei der Mutter besser aufgehoben als bei Fremden? Können sie es je so lieben, wie ich es liebe?

Ich spürte, daß meine Fragen ihren Unwillen erregten; so als sei dies alles längst geklärt gewesen. Sie hatte es eilig, die Rückfahrt nach North Carolina anzutreten. Ich sprach nicht mit einer Verbündeten.

»Hören Sie, Carol, glauben Sie im Ernst, Sie könnten für Ihr Kind besser sorgen als seine Adoptiveltern? Ich habe sie kennengelernt. Es sind reizende Leute. Er hat eine gute Stellung. Sie haben ein hübsches Haus, und sie warten voll Ungeduld auf Ihr Kind. Sie können Ihrem Kind viel mehr bieten, als Sie das je könnten.«

Der Gedanke, daß die Schwester die Eltern schon ausgesucht haben könnte, daß diese Leute schon glaubten, sie würden mein Kind bekommen, war mir nie gekommen. Sicher hatten sie schon das Kinderzimmer eingerichtet, die Babywäsche gekauft. Sie hatte ihm wahrscheinlich schon ein Jäckchen gestrickt.

Die Schwester beugte sich in ihrem Sessel nach vorn, neigte sich über den Schreibtisch näher zu mir. Ich wich automatisch zurück.

»Wenn Sie Ihr Kind wahrhaft lieben«, sagte sie und schlug dabei zum Nachdruck leicht mit der Faust auf den Schreibtisch, »dann geben Sie es den Eltern, die ihm alles bieten können, was es braucht. Das heißt das eigene Kind wirklich lieben. Es bedarf großen Muts und großer Einsicht, so sehr zu lieben. Wenn Sie das Kind behalten, wäre das sehr egoistisch von Ihnen. Es würde bedeuten, daß Sie sich selbst mehr lieben als Ihr Kind. Es braucht ein richtiges Zuhause, und das können Sie ihm nicht bieten.«

Wenn ich das Kind behielt, würde das bedeuten, daß ich es eigentlich gar nicht richtig liebte. Wie schrecklich für mein Kind, erfahren zu müssen, daß ich es nicht wahrhaft liebte! Das wollte ich nicht.

Und dann sagte die Schwester so behutsam, wie ihr das überhaupt möglich war: »Es wäre unehelich, wenn Sie es großziehen. Es würde als Bastard gelten, von den Klassenkameraden vielleicht gehänselt werden. Wünschen Sie ihm das?«

Ich hob den Blick vom Schreibtisch zu ihren Augen und schüttelte den Kopf. Dann sagte ich: »Was glauben Sie, würden meine Eltern sagen, wenn ich sie bäte, mir zu helfen, mein Kind zu behalten? Haben sie über diese Möglichkeit einmal mit Ihnen gesprochen?«

Ich merkte schon, daß ich zu weit gegangen war. Das war beinahe Respektlosigkeit. Ich dachte flüchtig an meine Lateinlehrerin in der neunten Klasse an der St. Joseph's Academy. Sie hatte immer mit dem Lineal auf mein Pult geschlagen, wenn ich aufgeblickt und ihr ins Auge gesehen hatte.

»Ihre Eltern gefallen mir sehr. Ich habe mich mit ihnen über ihren letzten Besuch hier am vergangenen Samstag unterhalten. Ihre Mutter sagte mir, wie tief es Ihren Vater bekümmert, daß Sie das alles durchmachen müssen. Wenn Sie das Kind behalten würden, würden Sie damit alles zerstören, was Ihre Eltern durch Jahre harter Arbeit für Sie geschaffen haben. Sie würden ihnen ihr Leben zerstören. Was Sie da überlegen, ist reiner Egoismus. Sie können sich glücklich preisen, daß Sie Eltern haben, die in dieser Situation zu Ihnen stehen und Ihnen helfen.«

Sie begann, ihre Papiere in ihre Aktentasche zu schieben. Unser Gespräch war beendet. Ich stand auf und sah auf sie hinunter, fast starr vor Schuldgefühlen und Zorn. Sie blickte von ihrer Aktentasche auf und sagte nochmals: »Wenn Sie Ihr Kind wirklich lieben, geben Sie es zur Adoption frei.«

»Danke, Schwester«, sagte ich und ging hinaus.

Vielleicht würde doch noch etwas geschehen, irgendein Wunder. Ich durfte die Hoffnung nicht aufgeben. In meinem Zimmer zurück, zog ich mir einen Pullover über und ging durch die Waschküche in den Garten hinaus.

Nahe am Haus, wo die Wintersonne nicht hinkam, war es kühl und feucht. Etwas weiter entfernt war es sonnig, aber ich hatte nicht die Kraft, dorthin zu gehen. Der Duft der feuchten Fichtennadeln würzte die Luft. Ich blieb dort am Haus stehen, bis die Bäume all meinen Zorn und all meinen Schmerz von mir genommen hatten, dann ging ich wieder hinein.

Der *Thanksgiving*-Tag begann mit der Messe. In der Kapelle war es kühl und unfreundlich. Wir verteilten uns in den Kirchenbänken, Fremde, durch tragische Umstände miteinander verbunden. In uns wuchsen unsere Kinder, aber wir durften sie nicht behalten. Dies war wahrscheinlich das einzige *Thanksgiving*-Fest, das wir je mit ihnen gemeinsam feiern würden. Selbst dafür war ich dankbar. Bergend legte ich beide Armc um mcincn Bauch und spürte den Bewegungen meines Kindes nach.

Der Tag war totenstill. Das Abendessen sollte um sechs Uhr beginnen. Am späten Nachmittag begann das Telefon zu läuten und hörte nicht mehr auf. Alle Eltern riefen an. Ich hatte mit meinen Eltern ausgemacht, daß ich zu Hause anrufen würde. Bob, Janice und Ellen hatte man erzählt, ich verbrächte *Thanksgiving* in Charleston. Ich war nie in Charleston gewesen, aber ob ich nun über Charleston oder irgendeinen anderen Ort Geschichten erzählte, spielte ja kaum eine Rolle.

Die Münzen fielen klirrend in den Zahlschlitz des Telefons. Meine Mutter meldete sich, die Stimme schrill vor gezwungener Fröhlichkeit. Sprudelnd erkundigte sie sich nach meinen Erlebnissen in Charleston. Dann kamen Bob und Janice an den Apparat und stellten mir weit mehr Fragen, als ich vorausgesehen hatte. Ich beantwortete sie alle sehr ausführlich. Mir schwamm bald der Kopf vor lauter Lügen. Wir waren alle erleichtert, als wir schließlich auflegen konnten.

Ein paar von uns wagten sich vor der Zeit in die Küche, um Schwester Bartholomew, die den Truthahn briet, zur Eile anzutreiben. Die Schwester war solch dreistes Verhalten nicht gewöhnt, aber sie genoß es sichtlich. Vielleicht hatten ihre Gelübde ihre Erinnerungen doch nicht ganz ausgelöscht. Jedenfalls erlaubte sie uns zu bleiben und ihr bei den Vorbereitungen zum großen Festmahl zu helfen.

Doch so üppig das Mahl war, wir konnten darüber nicht vergessen, wo wir waren und warum wir hier waren. Wir bemühten uns alle, die Köstlichkeiten ausgiebig zu genießen, aber die Atmosphäre war künstlich und gezwungen.

Die Tränen, die sich nach dem Telefongespräch mit Zuhause in mir angesammelt hatten, stiegen beim Essen in die Höhe. Ich fürchtete, sie würden spätestens beim Nachtisch hervorbrechen. Da ich die anderen mit meinem Weinen nicht anstecken wollte, stand ich vom Tisch auf, sobald mir die Erlaubnis gegeben wurde, und rannte in die Kapelle.

Drinnen war es fast stockfinster. Ein schwacher Lichtschein fiel auf den Altar. Die Luft erschien mir dicht und schwer, und ich hatte das Gefühl, durch eine von Engeln bevölkerte Finsternis zu gehen. Ach, hätte ich sie doch sehen können! Ich kniete nieder und überließ mich meinen Tränen. Sie schienen aus allen Poren meines Körpers zu fließen. Ich bat mein Kind, mir zu verzeihen, wenn ich es mit meinen Tränen traurig machte. Mein Kummer sollte das Kind nicht belasten. Mir war, als wäre es bei mir, als wäre es schon geboren. In der Dunkelheit betete ich darum, daß es verstehen würde, warum ich es nicht bei mir behalten konnte. Ich betete darum, daß es immer spüren würde, wie sehr ich es liebte. Ich bat die Engel, es zu schützen und an meiner Stelle für es zu sorgen. Ich betete darum, daß es stets die Gewißheit haben würde, behütet zu sein. Und ich gelobte, daß ich mein Kind suchen und finden würde, wenn es alt genug war.

Nun konzentrierten sich alle unsere Energien auf Weihnachten. Wir fünf oder sechs, deren Entbindungstermine um die Weihnachtszeit lagen, befanden uns gewissermaßen auf der Zielgeraden. Mrs. Hogan sagte, das sei nichts Besonderes: Aus den Osterferien gingen immer Weihnachtskinder hervor.

Einmal in der Woche mußten sich nun die Mädchen, deren Entbindung bevorstand, morgens mit Schwester Beatrice im Freizeitraum zusammensetzen. Ich saß in dieser ersten Informationsstunde und hatte Mühe, an die Realität dessen zu glauben, was sie uns da erzählte. War das nicht so, als wollte eine Blinde die Blinden führen? Wir erfuhren alles über die verschiedenen Arten von Anästhesie, unter denen wir wählen konnten, aber über die natürliche Geburt wurde kaum ein Wort verloren. Es war, als wäre es ihnen das Liebste, wenn wir die ganze Sache überhaupt nicht mitbekämen.

Mary fragte die Schwester, ob es ihres Wissens besser für uns sei, die Kinder nicht zu sehen. Die Möglichkeit, das eigene Kind zu sehen und in den Arm zu nehmen, gab es erst seit sehr kurzer Zeit. Das Seton House war, wie Schwester Beatrice betonte, in dieser Hinsicht sehr fortschrittlich. In den meisten anderen Heimen war keinerlei Kontakt mit dem Kind erlaubt. Und sie selbst riet auch mit Nachdruck davon ab.

Ich konnte mir nicht vorstellen, mein Kind wegzugeben, *ohne* es wenigstens gesehen zu haben, ganz gleich, was es mich später kosten würde. Cathleen hatte uns eine Horrorgeschichte darüber erzählt, wie man in manchen Heimen die Mütter narkotisierte und ihnen die Augen verband, damit sie ihre Kinder nicht sehen konnten. Man stopfte ihnen die Ohren zu, damit sie den ersten Schrei des Kindes nicht hören konnten, und schnallte ihre Arme mit Gurten fest, damit sie sich nicht nach dem Neugeborenen ausstrecken konnten. All das hatte sich angeblich im finstersten Mittelalter vor nur wenigen Jahren zugetragen.

Was war so Mächtiges am Kontakt zwischen Mutter und Kind, daß man ihn mit allen Mitteln verhindern mußte? Welch ein Glück, daß uns wenigstens die Wahl gegeben war. In meine Gedanken vertieft, hörte ich die Worte der Schwester nur mit halbem Ohr. Noch einmal riet sie uns mit allem Nachdruck, den Kontakt mit unseren Kindern nicht zu *riskieren*. Wahrscheinlich würden wir, wenn wir einmal ihre weiche Haut berührt, den Flaum auf ihren Köpfchen gestreichelt, in ihre vertrauensvollen Augen geblickt hatten, nicht mehr fähig sein zu tun, was für sie das Beste war – sie weggeben.

Ich fragte die Schwester, ob es für das Kind verwirrend wäre, wenn ich es in den Arm nähme und dann plötzlich nicht mehr da sei. Sie schien der Meinung, daß das auf das Kind keinerlei Auswirkungen habe. Alles, was sie sagte, ging gegen meinen Instinkt. Aber wie konnte ich mit Instinkten argumentieren? Instinkte waren wenig glaubwürdig.

Ich war froh, als die Stunde vorüber war, und ich mir wieder vormachen konnte, daß ich das alles in Wirklichkeit gar nicht würde durchmachen müssen.

Nur noch ein dünner Schleier schien mich jetzt von meinem Kind zu trennen. Ich konnte seinen Kopf und seinen Po, seine Knie und seine Füße so deutlich wahrnehmen, daß ich beinahe seine Zehen hätte zählen können. Und ich hatte das Gefühl, daß das Kind auch mich wahrnahm. Ich spielte mit ihm, und es reagierte. Es streckte seinen kleinen Po heraus, und ich gab ihm einen Klaps. Es schob ihn auf die andere Seite hinüber, und ich gab ihm auch da einen Klaps, und schon ging es wieder zurück auf die andere Seite. In unseren Unterrichtsstunden sprach ich darüber nicht. Niemals wurde über die Entwicklung des Kindes oder die Versorgung des Neugeborenen gesprochen. Nur über Wehen und Entbindung wurden wir gründlich informiert.

Ich hatte ständig die Hände um meinen Bauch und kommunizierte mit meinem Kind. Ich wußte, daß es zuhörte.

Die Zeit vor Weihnachten verging wie im Flug. In einer Woche würden alle meine Freundinnen und Freunde ihre Prüfungen abgeschlossen haben und für die Weihnachtsferien nach Hause kommen, im *Castle* würde großes Wiedersehen gefeiert werden, die Häuser würden im Weihnachtsschmuck leuchten. Weihnachten im Seton House erschien mir wie eine bittere Farce: Wir feierten die Geburt eines Kindes und mußten unsere eigenen Kinder weggeben.

Dennoch waren wir alle entschlossen, das Beste daraus zu machen. Mehrmals setzten wir uns mit Mrs. Hogan zusammen, um den Heiligen Abend und den ersten Feiertag zu planen. Jede von uns würde einem der anderen Mädchen ein Geschenk machen; wen wir beschenken mußten, wurde durch Los bestimmt. Ich zog den Namen meiner Zimmergenossin. Wir dachten uns gemeinsame Geschenke für die Schwestern aus und hatten ein paar wirklich gute Ideen. Über den Spekulationen, wie sie auf ihre Geschenke reagieren würden, gerieten wir beinahe in richtige Weihnachtsstimmung.

Wir saßen im Fernsehraum und sahen uns *Days of Our Lives* an, als Susans Wehen begannen. Auf dem Bildschirm versuchte die Heldin, Mittel und Wege zu finden, um ihren Sohn sehen zu können, den ihre beste Freundin adoptiert hatte. Wie passend! Susan war sehr bleich. Mary und ich gingen zu ihr und halfen ihr auf die Beine, um sie in ihr Zimmer zu bringen. Als wir vor der Tür standen, platzte Susans Fruchtblase. Anne-Marie lief Schwester Beatrice holen. Als sie kam, hatten wir Susan gerade auf ihr Bett bugsiert. Nun mußten wir verschwinden. Nur ihre Zimmergenossin durfte bleiben. Keine halbe Stunde später war Susan auf dem Weg ins Krankenhaus.

Mary und ich gingen langsam durch den Korridor zurück. Vor meinem Zimmer trennten wir uns, sie ging weiter in den Fernsehraum. Ich sah ihr nach. Wir waren einander nähergekommen, ohne es zu wollen, und konnten das nicht ungeschehen machen, obwohl wir wußten, daß unsere Freundschaft keine Zukunft hatte.

Am nächsten Morgen vor dem Frühstück ging ich in die Küche, um Schwester Bartholomew zu bitten, mir statt des weichen Eis, das wir einmal in der Woche bekamen, etwas anderes zu geben. Allein bei der Vorstellung, es essen zu müssen, drehte sich mir der Magen um. Aber sie war nicht dazu zu bewegen, von ihrem Speiseplan abzuweichen; sie wollte keinen Präzedenzfall schaffen. Noch während ich mit ihr verhandelte, kam unerwartet Mrs. Hogan herein und sagte, daß Susan Zwillinge geboren hatte, zwei kleine Mädchen. Mir verschlug es vor Schreck die Sprache. Aber dann fiel mir ein, was Susan sich immer zum Trost gesagt hatte – die beiden würden zusammensein, sie würden wenigstens einander haben. Wir alle waren den ganzen Tag sehr gedrückter Stimmung.

Am nächsten Tag gegen Abend kam Susan zurück. Ihr Körper hatte den größten Teil des Wassers, das er während der Schwangerschaft angestaut und das ihr

Gesicht so unförmig gemacht hatte, schon abgestoßen. Sie war ein sehr schönes Mädchen. Ihr blondes Haar glänzte, ihr schmales Gesicht hatte einen Teint wie Milch und Blut. Aber ihre klaren blauen Augen wirkten wie erloschen, als hätte sie ein Gespenst gesehen. Nicht einmal Traurigkeit war in ihnen. Sie ließ niemanden an sich heran. Sie konnte nicht über die Zwillinge sprechen.

In dieser Nacht kam Mary in die Klinik. Wir erfuhren es erst am nächsten Morgen beim Frühstück. Ganz typisch für sie, fanden wir alle. Sie hatte ihre ganze Kraft dafür eingesetzt, uns alle bei Stimmung zu halten, und hatte die Weihnachtsfeier mit einem Enthusiasmus geplant, als befänden wir uns hier nicht in einem Heim für ledige Mütter, sondern in einem Studentenklub. Ihrer Schwangerschaft hingegen hatte sie nichts als kühle Distanz entgegengebracht, und ihre Mutter hatte sie in dieser Haltung unterstützt. Es war, als ginge das Kind sie überhaupt nichts an, wäre nichts weiter als ein Problem, das man aus dem Weg schaffen mußte, da der Vater ein Fremder war, ein Mann, der sie vergewaltigt hatte. Daran, daß das Kind auch ein Teil von ihr war, schien sie nicht zu denken. Am späten Vormittag hörten wir, daß sie ein kleines Mädchen zur Welt gebracht hatte.

Am Nachmittag stand Susan im Foyer, in jeder Hand einen Koffer. Sie hätte in jedem Arm ein Kind halten sollen. Ihre Mutter trat zu ihr, um ihr die Koffer abzunehmen. Man konnte den Alkohol in ihrem Atem riechen. Es hätte mich interessiert, ob es auch Schwester Agatha aufgefallen war. Susan brachte nicht einmal ein Lächeln zustande, als sie uns zum Abschied noch einmal zuwinkte. Sie würde uns fehlen.

Immer schien es, als stürzten die Mädchen in einen Abgrund, wenn sie fortgingen. Ich konnte mir nicht vorstellen, was aus ihnen wurde, wenn sie das Heim verließen.

Am Heiligen Abend nach dem Abendessen stellten wir den Baum auf. Während wir noch dabei waren, ihn zu schmücken, kehrte Mary aus dem Krankenhaus zurück. Sie sah aus wie ein Schatten, wie sie da durch die Tür trat. Langsam ging sie zum Christbaum und legte ihre Geschenke zu den anderen, dann setzte sie sich auf einem Kissen nieder. Sie bemühte sich, munter und lustig zu sein, wieder die lebenslustige Studentin, die keine Sorge der Welt belastete.

Wir schalteten überall im Haus, in unseren Zimmern, der Küche und dem Korridor, die Lichter aus und setzten uns vor den Baum, um uns von seinem goldenen Licht einhüllen zu lassen. Es war ein sehr friedlicher Augenblick, der fast eine heilende Wirkung hatte.

Still saßen wir da und warteten auf das Kommen der Schwestern. Aus dem dunklen Korridor hörten wir ihre Schritte auf dem Linoleum und das leise Klappern ihrer hölzernen Rosenkranzperlen, noch ehe wir sie sehen konnten. Als sie im Licht des Weihnachtsbaums standen, konnten wir die Überraschung auf ihren Gesichtern sehen. Wir baten sie, sich in die Sessel zu setzen, die wir ihnen hingestellt hatten. Zuerst überreichten wir den Schwestern unsere Geschenke, und als ihre Hände aus der Tiefe der weiten schwarzen Ärmel hervorkamen, um sie entgegenzunehmen, spürte ich, wie eine Mauer zu bröckeln begann. Ich konnte die Haut ihrer Arme sehen, als diese sich uns entgegenstreckten. Sie wirkte wie weicher grauer Lehm. Mir lief es kalt über den Rücken. Diese Frauen besaßen keine Vitalität. All ihren Gebeten zum Trotz erschienen sie wie die Schatten der Mädchen, die vor ihnen saßen. Aber dann sprang aus einer noch unberührten Tiefe in Schwester Agathas Augen ein Funke auf, und echte Freude brach sich Bahn. Sie merkte, daß sie im Begriff war, zu viel von sich zu zeigen, und versuchte, den Impuls zu unterdrücken. Aber es war zu spät. Sie brach in Gelächter aus. Die anderen Nonnen, die bisher still und zurückhaltend dagesessen hatten, erröteten, dann begannen auch sie zu lachen, gerührt und erfreut über unsere kleinen Geschenke für sie.

Das hartnäckige Bimmeln der Glocke zum Abendgottesdienst zerriß den Zauber. Die Nonnen standen auf, strichen sich glättend über die schwarzen Gewänder, dankten und segneten uns und verschwanden im düsteren Korridor.

Wir unterhielten uns noch ein Weilchen über die Reaktion der Nonnen auf unsere Geschenke, dann gingen wir daran, unsere eigenen zu öffnen. Nachdem wir noch einige Weihnachtslieder gesungen hatten, nahmen wir unsere Geschenke an uns – und unsere Gefühle – und löschten die Lichter am Baum.

Anne-Marie schlief schon fest, als ich in unser Zimmer kam. Ich hätte mich gern noch eine Weile ans Fenster gestellt und zu den Sternen hinausgesehen, aber ich wollte sie nicht wecken. Langsam ließ ich mich auf mein Bett hinunter und schob mir ein Kissen unter den Bauch, wie ich mir das in letzter Zeit angewöhnt hatte. Dann zog ich die Decke über uns beide – mein Kind und mich. Obwohl das Kind sich nicht rührte, fühlte ich, daß es wach war. Weihnachten mit meinem Kind – ich wagte nicht, an das Weihnachtsfest des nächsten Jahres zu denken.

Die Krippe war hinter der Chorschranke aufgebaut, rechts vom Altar. Das Jesuskind lag jetzt in seiner Krippe. Eine der Nonnen mußte es hineingelegt haben, ehe sie zu Bett gegangen war. Maria, seine Mutter, kniete an seiner Seite. Die kleine Figur hatte ein Lächeln auf dem Gesicht, das geheimnisvoller war als das der Mona Lisa. Josef stand hinter ihr. Auch die Heiligen Drei Könige, die Hirten, die Schafe und die Kühe fehlten nicht. Unsere Mary saß mit uns in der Kapelle, und ihr Kind lag weit fort in der Säuglingsstation des Krankenhauses. Ihr Gesicht war tränennaß, ihr Körper zitterte unter der Anstrengung, das Schluchzen zurückzuhalten. Die Schwestern knieten, in ihre Gebete vertieft, in ihren Bänken, unberührt von Marys Schmerz.

Ich sah hinauf zur Statue der Jungfrau Maria links vom Altar. Das war die Frau, die den größten aller Menschen geboren hatte und dann hatte zusehen müssen, wie er am Kreuz gestorben war. Und doch zeigte diese Figur, genau wie alle anderen Bilder von ihr, nichts von ihrer Weisheit und ihrer spirituellen Kraft. Diese Züge zeigten die gleiche milde, unschuldige, bodenlose Leere, die mir stets ins Gesicht gestarrt hatte, wenn ich ihr Bild angeschaut hatte. Ich wünschte mir, in ihrem Gesicht zu sehen, was es ist, das eine Frau ausmacht, wie eine Frau mit dem schrecklichen Schmerz umgeht, den die Welt ihr zufügt. Sie wußte es. Ich wußte, daß sie es wußte.

Sie war weit mehr als das, was die Kirchenväter in ihren Bildern und Statuen von ihr darstellten. Mir schien, sie zeigten sie immer nur als süße Milde ohne Hirn. Sie ignorierten die unendliche Tiefe ihres Mitgefühls, indem sie sie auf einen Sockel stellten.

Als wir im Licht der matten Wintersonne aus der Kapelle hinausgingen, sah ich mich nach Mary um, aber sie war nirgends zu sehen.

Am Abend nach dem Essen saßen wir alle im Fernsehraum und sahen uns eine Weihnachtssendung an, als Mary plötzlich ins Zimmer stürmte. James, der junge Mann, mit dem sie drei Jahre lang fest befreundet gewesen war, hatte ihre Mutter angerufen, um Mary ausfindig zu machen. Er hatte ihr mehrere Briefe geschrieben, die alle zurückgekommen waren, und hatte daraufhin angenommen, sie hätte jemand Neuen gefunden. Er hatte davon geschrieben, was für einen unglaublich dummen Fehler er begangen hatte, als er mit ihr gebrochen hatte. Er wollte sie unbedingt wiedersehen.

Mary wollte von uns wissen, was sie tun sollte. Wie konnte sie ihm sagen, was geschehen war, zumal sie, so sehr sie ihn geliebt hatte, nie mit ihm geschlafen hatte? Sie war vergewaltigt worden, gewiß, aber das führte nicht an der Tatsache vorbei, daß sie das Kind eines anderen Mannes zur Welt gebracht hatte. Sie hatte das Gefühl, es gäbe keine Rettung für sie, und wir konnten ihr nicht helfen.

Mary reiste am nächsten Tag ab.

4

Am Montag, dem 28. Dezember, meinem Entbindungstermin, erwachte ich eine Stunde vor dem Wekken. Das blasse Licht des frühen Morgens sickerte durch die Ritzen der Jalousien. Ich schob meine Kissen hoch und setzte mich mühsam auf. Ich glaubte, ich müßte an diesem Tag etwas ganz Besonderes denken oder empfinden, aber ich wußte nicht, was. So lange hatte dieser Tag mir vor Augen gestanden. Ich wartete in der Hoffnung, daß mit der Morgendämmerung die Realität zum Fenster hereinschlüpfen würde. Während es im Zimmer langsam heller wurde, wurde mir immer beklommener.

Alle meine Gefühle, alles, was ich für die Menschen in meinem Leben empfand, war plötzlich wie ausgelöscht. Ich war in heller Panik und von allem Realen abgeschnitten. So, dachte ich, muß sich ein in die Enge getriebenes Kaninchen unmittelbar vor dem sicheren Tod durch die Hunde fühlen, als wäre die Seele dem Körper schon entwichen.

Ich schwang die Beine aus dem Bett, und sie berührten den eiskalten Fußboden. Auf dem Weg über den Korridor zum Waschraum war ich überrascht, daß hier alles so war wie immer. In meiner Abgetrenntheit kam ich mir vor wie eine Besucherin von einem anderen Stern. Ich wartete ständig darauf, daß alles, was ich berührte, sich in Luft auflösen würde. Das einzig Reale, woran ich mich in diesem Moment festhalten konnte, war der Gedanke an das College. Wenn ich es schaffte, wieder aufs College zu kommen, würde ich gerettet sein und nicht den Verstand verlieren. Was geschehen würde, wenn ich mein Kind hergeben mußte und es dann nicht schaffte, mich rechtzeitig für das Frühjahrssemester einzuschreiben, durfte ich mir gar nicht vorstellen.

Auf dem Weg hinunter zum Frühstück betastete ich meinen Bauch. Mein Kind rührte sich nicht. Das Herz schlug mir plötzlich bis zum Hals vor Angst. Ich begann, dem Kind auf den kleinen Po zu klopfen, als wolle ich es zum Leben erwecken. Es brauchte ein Weilchen, ehe es reagierte. Und die ganze Zeit quälte mich die Angst, es könnte mich schon verlassen haben. Aber dann rührte es sich endlich. Uns blieb noch ein wenig Zeit zusammen.

In *Days of Our Lives* sagte Julie ihrer besten Freundin Susan, daß sie ihr Kind zurückhaben wolle. Wie gebannt verfolgten wir das Geschehen, durchlebten mit Julie Schmerz und Verzweiflung und sahen gar nicht die Ironie. Die Fernsehserien waren unsere einzige Ablenkung. Sie erlaubten uns, passiv zu bleiben. Wenn einmal eine Sendung ausfiel, gerieten wir alle völlig aus dem Häuschen und waren bis zum nächsten Tag, wenn wir endlich unsere Sucht wieder stillen konnten, unruhig und nervös.

Im schleppenden Verlauf der folgenden Tage begann ich, mich zu fragen, ob nicht die Vorhölle schlimmer sei als die Hölle selbst. Ich rief Blair an, meine Zimmergenossin im College, um von ihr die Daten für die Nachmeldung zu erfragen. Der absolut letzte Termin für die Einschreibung war der 17. Januar. Selbst wenn ich die Nacherholung im Heim auf das erlaubte Minimum abkürzte, mußte ich spätestens am 9. Januar entbinden, um diesen Termin noch einhalten zu können. Am 10. Januar würde es schon zu spät sein.

Innerlich war ich völlig durcheinander. Mir graute vor dem Tag der Entbindung, weil ich dann mein Kind für immer würde hergeben müssen. Mit einem Wunder war ja jetzt nicht mehr zu rechnen. Je näher der Tag der Geburt rückte, desto überzeugter wurde ich, daß es in der Tat egoistisch von mir wäre, mein Kind zu behalten, weil ich ihm damit die Chance auf ein besseres Leben rauben würde. Sie hatten mir das so gründlich eingeredet, daß ich nun selbst glaubte, ich könnte meinem Kind nur die schlechtest mögliche Mutter sein. Und da Schwester Dominic die Adoptiveltern erwähnt hatte, fing ich an, mir vorzuhalten, daß ich ihnen eine niederschmetternde Enttäuschung bereiten würde, wenn ich es mir jetzt noch anders überlegen sollte. Ich wollte es allen recht machen. Ich wollte mein Kind nicht zur Welt bringen und wollte doch zurück aufs College. Ich mußte weg von hier, zurück zu meinen Freunden und einem normalen Leben.

Am Donnerstag abend kam ich wie üblich zu spät zur wöchentlichen Untersuchung. Als ich die Tür zum kleinen Wartezimmer öffnete, schallte mir Gelächter entgegen. Die Mädchen spekulierten darüber, was geschehen würde, wenn eines unserer Kinder das erste Neujahrskind sein würde. Was würde die Presse aus so einer Story machen? Würden wir dann nach all der Mühe der Geheimhaltung plötzlich in den Schlagzeilen landen? Nora überlegte, ob man die Neuigkeit an die Zeitungen unserer Heimatstädte weitergeben würde. Ich konnte nicht lachen über diese Scherze; ich war neben Nora und Pamela die erste Anwärterin darauf, ein Neujahrskind auf die Welt zu bringen. Ich fand, es wäre überhaupt nicht komisch, wenn ausgerechnet eine von uns das erste Kind des Neuen Jahres zur Welt bringen sollte.

Dr. Mandel sagte, bei mir würde es noch dauern. Der Muttermund hatte noch nicht begonnen, sich zu weiten.

Sylvester gingen wir ins Kino. Es war mein dritter Ausflug seit meiner Ankunft im Heim. Schwester Agatha gab mir Sondererlaubnis, obwohl ich meinen Geburtstermin bereits überschritten hatte, da Mrs. Hogan uns begleitete. Es war ein gutes Gefühl, sich wieder einmal ein bißchen zurechtzumachen und auszugehen. Als ich in der Tiefe meiner Kommodenschublade nach dem falschen Trauring kramte, sah ich mich plötzlich im Spiegel. Die kleine Lampe auf der Kommode tauchte das Zimmer und mich in goldgelbes Licht. Ich betrachtete mich voll staunender Verwunderung, so erfüllt von meinem Kind. Ich wünschte, Chris hätte mich sehen können.

Am Nachmittag des Neujahrstages wurde offenkundig, daß bei Pamela die Wehen begonnen hatten. Ich hatte es schon vermutet, da sie den ganzen Tag sehr still gewesen war. Aber Pamela war meistens still. Da sie offenbar ihr Leben lang wie ein Püppchen behandelt worden war, war sie es nicht gewöhnt, für sich selbst zu sprechen. Ihre Eltern und ihr Freund warteten irgendwo in der Ferne darauf, daß der Fehler korrigiert, das ungeplante Kind geboren und verschwinden würde. Am liebsten wäre ich stellvertretend für sie zornig geworden, aber es hätte nichts genutzt.

Plötzlich stieß sie einen Schrei aus. Mrs. Hogan eilte sofort zu ihr und bedeutete uns, zurückzubleiben. Irgend jemand rannte davon, um Schwester Beatrice zu holen. Ich sah Pamela ins Gesicht. Sie schien endlich aufgewacht zu sein.

Am Sonntag gebar sie einen kleinen Jungen. Sie hatte um Vollnarkose bei der Entbindung gebeten und es abgelehnt, ihr Kind zu sehen. Sie war die erste von den Mädchen, die ich kannte, die sich so entschied.

Am Morgen bei der Messe wußte ich nicht, worum ich eigentlich beten sollte. Ich war, zumindest nach meinen eigenen Berechnungen, fast eine Woche überfällig. Aber vielleicht hatte ich mich verrechnet. Oder vielleicht wollten mein Kind und ich einfach so lange wie irgend möglich zusammenbleiben. Mehr als alles andere wünschte ich mir, endlich das Heim verlassen zu können. Chris war schon wieder auf dem College, hatte sein letztes Semester begonnen.

Jeden Morgen beim Frühstück tauschten Nora und ich wortlose Blicke. Wir hatten den gleichen Termin. Und jeden Morgen konnten wir nur die Köpfe schütteln und uns fragen, wann es losgehen würde. Je länger mein Kind sich Zeit ließ, desto geringer wurden meine Chancen. Der 9. Januar war für mich die Weggabelung. Entweder ich konnte mich noch am College einschreiben, oder ich war verloren. Je näher der Tag rückte, desto panischer wurde ich.

Am Donnerstag nachmittag saßen Nora und ich beim Fernsehen zusammen. Am Abend war wieder die wöchentliche Untersuchung fällig. Nora sagte, sie wolle Dr. Mandel bitten, bei ihr die Wehen künstlich einzuleiten. Ich hatte gar nicht gewußt, daß so etwas möglich war, aber ich nahm mir vor, ihn das gleiche zu bitten. Am Sonntag war schon der 9. Januar.

Ich lag, die Beine hoch, auf dem Untersuchungstisch und bemühte mich krampfhaft, wenigstens einen Rest von Würde zu bewahren. Schwester Beatrice stand links von mir und reichte Dr. Mandel die Untersuchungsinstrumente. Er sah viel zu gut aus für diesen Beruf. Er sah aus wie der Märchenprinz. Er und Pater O'Brien waren die einzigen Männer, die wir im Heim je zu sehen bekamen.

Dr. Mandel blickte auf und zog sich die Gummihandschuhe von den Händen. Der Muttermund hatte sich etwas geöffnet. Er hatte versucht, ihn künstlich zu erweitern, konnte mir aber nicht garantieren, daß das die Geburt beschleunigen würde. Er meinte, es würde höchstens noch eine Woche dauern. Ich hatte in der vergangenen Woche fast zwei Kilo abgenommen, und das vor allem machte ihm Sorge. Ich hatte nicht weniger gegessen als sonst und hatte keine Erklärung für den Gewichtsverlust. Die Befunde waren alle normal. Er meinte, wahrscheinlich setze mir die seelische Belastung zu stark zu, aber ich wußte nicht, wie ich das ändern sollte.

Am folgenden Tag beschlossen Nora und ich, eine kleine Wanderung zu unternehmen, um unseren Kindern etwas Beine zu machen. Es war ein milder Frühlingstag – Anfang Januar. Die Sonne strahlte, das Wetter war so schön, daß fünf der anderen Mädchen beschlossen, sich uns anzuschließen. Nach dem Mittagessen wollten wir losgehen. Aber um elf setzten bei Nora schon die Wehen ein. Wir anderen beschlossen, dennoch nicht auf den Ausflug zu verzichten.

Hinter dem Heim war ein kleiner Nadelwald, durch den zwei Wege führten, der eine zu einer Kuhweide am Rand des Geländes, das noch zum Seton House gehörte. Vom herrlichen Wetter ermuntert, beschlossen wir, zur Weide zu wandern. Wir fühlten uns fast wie die Waldnymphen, als wir den Dunstkreis des Heims hinter uns gelassen hatten und, über unsere dicken Bäuche und unsere Tolpatschigkeit lachend, über Äste und umgestürzte Bäume stiegen, die auf dem Weg lagen. Flirrendes Sonnenlicht fiel durch das dunkle Grün der Nadelbäume, die in der Wärme noch intensiver dufteten als sonst.

Am Ende des Wegs war ein Stacheldrahtzaun, der die Kühe daran hinderte, in unser Wäldchen vorzustoßen. Vielleicht war uns das schöne Wetter zu Kopf gestiegen, vielleicht das ungewohnte Gefühl der Freiheit, jedenfalls beschlossen ein paar von uns, in einer Anwandlung von Rebellion über den Zaun in verbotenes Gebiet zu steigen. Kühe waren nirgends zu sehen, die die Wiese lockte. Beim Übersteigen des Stacheldrahts holte ich mir zwei Risse im Kleid, aber das war mir gleichgültig. Ich war wie berauscht von dem Gefühl plötzlicher Freiheit. Die ganze Weide lag in Sonnenlicht gebadet, hier war Platz, hier war Weite. Ich hatte vergessen, wie herrlich es war, sich frei bewegen zu können.

Wir marschierten mutig über die Wiese, als eines der Mädchen, die hinter dem Zaun zurückgeblieben waren, zu schreien anfing. Als wir uns umdrehten, sahen wir uns einem gewaltigen Bullen gegenüber, der mit einem Troß seiner Freundinnen auf uns zukam. Der Ausdruck in seinen Augen verriet, daß mit ihm nicht zu spaßen war. So schnell wir konnten, rannten wir zum Zaun zurück. Wir zerrissen uns alle irgend etwas in unserer Hast, uns auf der anderen Seite in Sicherheit zu bringen. Wir lachten, daß uns die Seiten wehtaten. Als wir uns umdrehten, sahen wir den Bullen gemächlich näherkommen, ja, beinahe majestätisch schreiten im Bewußtsein seiner eigenen Macht. Der Prototyp des Mannes, bemerkte Anne-Marie sarkastisch, sicher und geborgen hinter dem Stacheldraht.

Am Spätnachmittag versank die Sonne hinter einer Baumgruppe, und es wurde rasch kühl, während wir durch feuchtes Laub zum Heim zurückwanderten. Ich bekam plötzlich Sorge, ich könnte mein Kind auf der Flucht vor dem Bullen verletzt haben. War es möglich, daß es mit dem Kopf gegen meine Beckenknochen geschlagen war und sich ernsthafte Verletzungen zugezogen hatte? Ich hätte gemeint, nach der vielen Bewegung, die ich ihm gegönnt hatte, müßte es lebhaft und munter sein. Statt dessen rührte es sich nicht, machte sich überhaupt nicht bemerkbar. Ich versank in Schweigen und lauschte nur nach innen auf ein Lebenszeichen von ihm.

Nach der frischen Luft schien es im Haus muffig. Nora war schon ins Krankenhaus gebracht worden. Ich fragte mich, ob ich vielleicht Ostern immer noch hier sein würde.

Am folgenden Morgen öffnete ich nur langsam die Augen. Keinen Muskel wollte ich bewegen, bis ich ein Gefühl dafür bekam, ob mein Kind in Gefahr war. Immer noch Funkstille. Das Kind rührte und regte sich nicht. Nach dem Frühstück ging ich zu Schwester Beatrice und gestand ihr meine Befürchtungen. Ihr Gesicht verriet keinerlei Besorgnis, als ich ihr zum Arztzimmer hinunterfolgte. Sie sagte, das Ungeborene verhalte sich kurz vor der Geburt immer ganz still. Im Arztzimmer drückte sie mir das eiskalte Stethoskop auf den Bauch und suchte den Herzschlag meines Kindes. Ich atmete auf, als sie sagte, es sei alles in Ordnung.

Am Nachmittag stellte ich fest, daß ich ganz allein im Heim war. Die anderen hatten einen Samstagsausflug unternommen. Auf meiner ziellosen Wanderung durch den Freizeitraum nahm ich eine der Zeitschriften zur Hand, die auf dem Tisch lagen. Es war *Seventeen*, eine Jugendzeitschrift. Einen Moment lang starrte ich das strahlende Jungmädchengesicht an, das mir in glücklicher Unschuld vom Titelblatt entgegenlächelte, dann fiel mir das Magazin aus der Hand und landete mit lautem Knall auf dem Tisch. Es war so still. Auch die Nonnen mußten ausgegangen sein. Ich holte den Pullover heraus, an dem ich seit Wochen strickte. Er war fast fertig. Eine Zeitlang hatte ich ihn überhaupt nicht mehr angesehen, nachdem ich zu spät gesehen hatte, daß ich einmal einen Fehler gemacht und das ganze Muster ruiniert hatte. So viele Maschen, und eine einzige Unachtsamkeit hatte alles verpfuscht.

Als ich aus meinem Nachmittagsschlaf erwachte, hörte ich die anderen zurückkommen. Es war ein traumloser Schlaf gewesen. Ich kam mir vor wie ein Nichts, seit mein Kind sich nicht mehr rührte. Ohne seine Gesellschaft fühlte ich mich verlassen und ohne Leben. Zum Glück würde es nach dem Ausflug der Mädchen Ablenkung geben. Sie würden erzählen, mir zeigen, was sie sich gekauft hatten, mir unter dem Siegel der Verschwiegenheit verraten, was für verbotene Leckerbissen sie eingeschmuggelt hatten. Als Anne-Marie ins Zimmer kam, erzählte sie mir als erstes, daß Nora eine Tochter zur Welt gebracht hatte.

Beim Abendessen bekam ich nur einen Brief; er war von Chris. Ich steckte ihn ein. Ich wollte ihn erst vor dem Schlafengehen lesen.

Später saß ich im weichen Licht der kleinen Tischlampe auf der Bettkante und las Chris' Brief. Ich brauchte nur zwischen den Zeilen zu lesen, um seine Angst und seine Besorgnis zu spüren. Er machte sich Sorgen über meine Verspätung. Hinter den gewohnt ermutigenden und zuversichtlichen Worten seines

Briefes war seine Hilflosigkeit zu spüren. Auch er trug seine Last allein.

Ich knipste das Licht aus, legte mich nieder, schob mir das Kissen unter den Bauch. Unser Kind schlief immer noch friedlich. Ich drückte Chris' Brief fest an mein Herz. Beinahe meinte ich zu spüren, daß er neben mir lag, seine Arme um uns, wir drei zusammen, wie es hätte sein sollen.

Sonntag, 9. Januar 1966. Beim ersten Morgenlicht war ich plötzlich hellwach. Ich hatte so tief geschlafen, daß ich mich die ganze Nacht nicht gerührt hatte. Heute würde mein Kind geboren werden. Irgendwie wußte ich das. Ich zog die Decke von meinem Bett und hüllte mich in sie ein. Dann ging ich den Flur hinunter zum Freizeitraum. In die Bettdecke vermummt wie eine alte Indianerfrau, hockte ich mich in einen Sessel. Graues Licht füllte den Raum. Ich saß wie unter einer Glasglocke, und doch nahm ich jedes kleine Detail im Zimmer mit ungewohnter Schärfe wahr. Bis zum Wekken waren es noch zwei Stunden. Die erste Wehe erfaßte mich, und mir sprangen die Tränen aus den Augen. Jetzt begann das Abschiednehmen.

Während ich auf den leeren Bildschirm des Fernsehapparats starrte, dachte ich an all unsere gemeinsamen Stunden zurück. Ich fühlte mich völlig allein und doch behütet von unsichtbaren helfenden Engeln. Ich fühlte mich königlich, als befände ich mich in einer anderen Zeit und an einem anderen Ort und doch zugleich hier, im Seton House.

Eine zweite Wehe überschwemmte mich. Die Kontraktionen gingen von meinem Kreuz aus. Der Schmerz schien an einer Stelle nahe dem Ende meiner Wirbelsäule zu beginnen und von dort auszustrahlen. Meine Seiten spannten sich, aber die Kontraktionen liefen nicht in der Mitte meines Bauchs zusammen. Obwohl sie nicht mit dem übereinstimmten, was man mich zu erwarten gelehrt hatte, wußte ich, daß es echte Wehen waren.

Das erste Krachen der Waschraumtür riß mich aus meiner Versunkenheit. Irgendwie waren zwei Stunden vergangen. Das Licht im Zimmer war klar und hell geworden, die Farben leuchteten. Nachdem die letzte Wehe abgeklungen war, stand ich aus meinem Sessel auf und ließ die Decke von meinen Schultern gleiten. Langsamen Schrittes kehrte ich in mein Zimmer zurück. Ich wußte, ich würde die Messe nicht durchstehen können. Aber da die Wehen bisher noch ganz erträglich waren, beschloß ich, mein Geheimnis noch ein Weilchen für mich zu behalten.

Ich duschte und wusch mir die Haare. Nachdem ich mein Haar getrocknet und frische Kleider angezogen hatte, ging ich zum Telefon, um Chris anzurufen. Es meldete sich niemand. Zu Hause wollte ich erst nach der Entbindung anrufen. Ich wollte mich jetzt nicht mit Gedanken an meine um mich besorgten Eltern belasten. Ich brauchte alle meine Kraft für mich selbst.

Auf dem Rückweg vom Telefon zu meinem Zimmer packte mich die erste wirklich heftige Wehe. Der Schmerz schoß von meinem Rücken in meine Beine hinunter. Ich stützte mich an die Wand und sagte mir, es sei das Beste, wieder zu Bett zu gehen.

Mit einem Buch und einer Uhr machte ich es mir so bequem wie möglich. Die Kontraktionen gingen immer noch von meinem Rücken aus. Vielleicht waren es doch keine richtigen Wehen. Die sollten eigentlich die Unterleibsmuskeln spannen. Doch was auch immer es war, es kam jetzt alle fünf Minuten. Ich las eine Weile, während ich auf die Abstände zwischen den Wehen achtete, dann fiel ich in einen leichten Schlaf.

Eine schmerzhafte Kontraktion weckte mich. Ich unterdrückte einen Schrei. Als ich zum Fenster hinübersah, saß dort auf ihrer Bettkante Anne-Marie und wachte über mich. Ich fühlte mich ihr in diesem Moment sehr nahe. Sie sagte, sie habe den Verdacht gehabt, daß die Wehen eingesetzt hätten, als sie mich allein im Freizeitraum hatte sitzen sehen. Sie fragte, ob sie Schwester Beatrice rufen sollte, und ich bat sie, noch zu warten.

Als es drei Uhr wurde, kamen meine ungewöhnlichen Wehen im Abstand von drei Minuten. Ich bat Anne-Marie, Schwester Beatrice zu holen. Das Rascheln ihrer weiten Gewänder kündigte ihr Kommen an. Sie wirkte sehr kundig und erfahren, als sie sich auf den Rand meines Betts setzte, mir die Hand auf den Bauch legte und auf die nächste Wehe wartete. Sie ließ endlos auf sich warten. Es war beinahe so, als hätte Schwester Beatrice sie zurückgeschreckt. Gerade wollte die Schwester aufstehen und wieder gehen, als der Schmerz so stark durch meinen Rücken schoß, daß ich die Fersen in die Matratze grub, um nicht laut zu schreien. Die Hand auf meinem Bauch, blickte sie auf mich hinunter und sagte, sie fühle nichts, wobei sie in einem Ausdruck tiefen Zweifels die Stirn runzelte. Ich war entsetzt.

Ich hatte zu diesem Zeitpunkt nicht mehr die geringsten Zweifel. Ich war voller Zorn. Wie konnte diese Frau sich da neben mein Bett stellen und mir sagen, das wären keine Wehen, wo ich doch genau wußte, daß es welche waren? Sollte ich etwa lieber ihr als meinem Körper glauben? Immerhin blieb sie, um die nächste Wehe abzuwarten. Diesmal dauerte es neun Minuten, bis sie kam. Wieder war, obwohl der Schmerz in meinem Rücken sehr stark war, mein Bauch völlig weich.

Das Kreuz an ihrem Rosenkranz schwang heftig hin und her, als sie aufstand, um zu gehen. Sie schwang ihre langen losen Gewänder zu heftig herum, daß mir ein Luftzug über das Gesicht strich. Während ihre Schritte im Korridor verhallten, sah ich Anne-Marie an und sagte, daß sie wohl mein Kind würde holen müssen, wenn Schwester Beatrice es sich nicht anders überlegte.

Der Schmerz in meinem Rücken wurde immer stärker. Bei jeder Kontraktion stemmte ich die Fersen tiefer in die Matratze. Der Schmerz strahlte jetzt den ganzen Rücken hinauf aus, aber mein Bauch blieb weich und entspannt.

Um halb fünf, als die Schmerzwellen mich alle zwei Minuten überfluteten, bat ich Anne-Marie erneut, Schwester Beatrice zu holen. Sie war unverhohlen skeptisch, als sie wieder erschien, schüttelte nur den Kopf, mitleidig, wie mir schien. Aber als ich mich nach weniger als zwei Minuten wiederum unter Schmerzen aufbäumte, wurde sie doch besorgt. Sie bat Anne-Marie, Schwester Agatha zu suchen. Sie wollte sie nach ihrer Meinung fragen. Ich konnte nur noch beten, daß es nicht lange dauern würde.

Schwester Agatha eilte herein. Sie ließ sich von Anne-Marie die angeblichen Wehen beschreiben. Warum hatte sie sich nicht an mich gewandt? Was mußte ich noch tun, um diese beiden Nonnen davon zu überzeugen, daß ich nicht nur in den Wehen lag, sondern noch in dieser Nacht mein Kind zur Welt bringen würde?

Um fünf Uhr riefen sie, obwohl noch längst nicht überzeugt, den Arzt an und beschlossen, mich ins Krankenhaus bringen zu lassen. Ich bat Anne-Marie Chris anzurufen. Als die Mädchen mir durch den Flur halfen, sagte Schwester Beatrice zu ihnen, ich würde wahrscheinlich noch heute abend wieder zurückkehren.

Eiskalt traf der Luftzug mein Gesicht, als die Sanitäter mit ihrer Trage die Haustür aufstießen. Voll ängstlichen Protests sah ich Schwester Beatrice an. Ich hatte keine Ahnung gehabt, daß man uns im Krankenwagen in die Klinik zu fahren pflegte. Aber ich hatte in dieser Angelegenheit kein Mitspracherecht. Die Sanitäter pflanzten sich zu beiden Seiten von mir auf. Schwester Beatrice sah zu, wie sie mich auf die Trage hoben und festschnallten. Ich merkte, wie ich vor Angst, Empörung und Demütigung zu hyperventilieren anfing. Ich konnte das ganze Theater nicht verstehen. Ich war weder krank, noch war ich verrückt. Jedenfalls noch nicht.

Sie schoben mich in die kalte Abendluft hinaus. In großen knallroten Lettern stand der Name *Lakeside Volunteers Rescue Squad* auf der Seite des weißen Krankenwagens. Sie schoben die Trage die Rampe hinauf. Einer der Sanitäter sprang neben mir hinein, und der Fahrer knallte die Türen zu. Dann brausten wir schon durch den dunklen Abend.

Das Innere des Fahrzeugs war trübe erleuchtet. Das bißchen Licht brach sich in Chrom und Stahl. Ich sah dem Sanitäter in die Augen und bemerkte mehr Teilnahme und Mitgefühl in ihnen, als mir seit langem zuteil geworden war. Doch ich war immer noch im Schock über das, was mir geschah: festgeschnallt auf einer Krankentrage, ganz allein mit zwei wildfremden Männern in einem rasenden Krankenwagen. Dann griff der Sanitäter zur Decke hinauf und schaltete die Sirene eine. Ich war außer mir vor Zorn und Entsetzen. Nach all den Lügen und der Heimlichtuerei – nachdem meine Mutter monatelang in unerträglicher Spannung gelebt und sich bemüht hatte, meine Geschwister zu schonen; nach all den Geschichten, die ich mir über mein lustiges Leben in Florida ausgedacht hatte, um meine Collegefreunde zu täuschen; nach den zahllosen Lügen, die erzählt worden waren und immer noch erzählt wurden, um meine Schwangerschaft geheimzuhalten – schaltete dieser Mensch die Sirene ein und posaunte es in die ganze Welt hinaus. Ich begann hysterisch zu lachen, und der Sanitäter lachte mit mir. Dennoch bat ich ihn, die Sirene auszuschalten. Er sagte, das dürfe er nicht. Ich solle es mir gemütlich machen und die Fahrt genießen.

Erst als der Krankenwagen in die hell erleuchtete Einfahrt der Notaufnahme einbog, schaltete er die Sirene endlich aus und hielt mir während einer Wehe tröstend den Arm. Der Fahrer sprang vorn aus seiner Kabine und kam nach hinten, um die Türen zu öffnen. Zu zweit schoben sie mich ins Gebäude und machten in einem Wartezimmer halt. Links von mir saß ein alter Schwarzer, den Hut in den Händen, die Augen rot und wäßrig. Er sah tief erschöpft und niedergeschlagen aus. Rechts von mir eilten Ärzte und Schwestern geschäftig von einem Behandlungsraum in den anderen. Am Kopfende meiner Trage standen die beiden Sanitäter und warteten geduldig darauf, daß eine Schwester mich ihnen abnehmen würde. Die hellen Lichter blendeten mich nach den drei Monaten gedämpfter Beleuchtung im Seton House, wo wir dauernd dazu angehalten worden waren, Strom zu sparen.

Endlich löste sich eine rotblonde Schwester aus dem Getümmel von Pflegepersonal und wartenden Patienten, musterte mich kurz und sah dann die beiden Sanitäter in stummer Frage an. Sie nickten. Ich beobachtete das alles und fühlte mich so hilflos wie eine Stoffpuppe. Wohin würden sie mich als nächstes werfen? Der Sanitäter, der während der Fahrt bei mir gewesen war, erklärte der Schwester, daß sie warten würden, da man im Seton House nicht an echte Wehen glaube. Die Schwester, die mein schmerzverzerrtes Gesicht sah, beugte sich über mich und betastete meinen Bauch.

»Bringen Sie sie gleich hinauf in die Entbindungsstation«, befahl sie zwei Pflegern.

Und wieder wurde ich zwei Fremden übergeben, die

mit mir in dem großen Krankenaufzug nach oben fuhren. Die Aufzugtüren öffneten sich rumpelnd. Tränen brannten mir in den Augen, aber ich konnte sie nicht wegwischen; meine Arme waren angeschnallt. Meine Trage wurde neben ein Krankenbett im Kreißsaal geschoben. Die Pfleger lösten die Riemen um meine Arme und hoben mich schnell und geschickt auf das Bett. Dann schoben sie die Trage weg.

Im Bett neben mir stimmte eine Frau ein leises schmerzliches Klagen an, das lauter und lauter wurde und sich zu einem Crescendo aus Schreien und Fluchen steigerte, ehe es allmählich in ärgerlich gemurmelten Beschwerden wieder verklang. Die rotblonde Schwester aus der Notaufnahme, die heraufgekommen war, um sich zu vergewissern, daß ich am richtigen Ort abgeliefert worden war, bemerkte meine Beunruhigung über die Frau im Nebenbett und versicherte mir, daß die Patientin bald entbinden würde. Sie zog den Vorhang zwischen uns zu, tätschelte mir kurz die Schulter und sagte, gleich würde eine Schwester zu mir kommen.

Schon nach wenigen Minuten erschien die Schwester und untersuchte mich. Der Muttermund hatte sich bereits auf fünf Zentimeter geöffnet. Eine zweite Schwester gesellte sich zu ihr, und gemeinsam trafen sie alle Vorbereitungen für die Entbindung, ohne sich davon stören zu lassen, daß ich immer wieder Wehen hatte. Ich glaubte fest, daß sie der Frau nebenan mehr Rücksicht zeigten, da ihr Ehemann im Wartezimmer saß, sie also eine anständige, verheiratete Frau war. Dann zogen die Schwestern den Vorhang wieder zurück. Ich starrte die Frau neben mir an, ich konnte nicht anders. Ihre Fähigkeit, allen ihren Gefühlen hemmungslos freien Lauf zu lassen, faszinierte mich. Ich gelobte mir, nicht zu schreien. Ich würde ihnen zeigen, daß ich immer noch meine Selbstachtung hatte, auch wenn ich aus dem Seton House kam.

Nach einiger Zeit kam ein hochgewachsener, distinguiert aussehender Arzt ins Zimmer und trat direkt zu meiner schreienden Nachbarin ans Bett. Rasch wurde der Vorhang wieder zugezogen, und gleich darauf wurde die Frau ebenso rasch in den Entbindungsraum geschoben.

Nun war ich die einzige im Kreißsaal. Kurzerhand schoben zwei Schwestern mein Bett durch den Korridor und stellten es an einer senfgelben Wand gegenüber ihrer Kaffeeküche ab. Ich kam mir vor wie ein kleines Kind, das man ins Ställchen gesetzt hat. Wieder dachte ich, daß sie sich das mit der verheirateten Frau gewiß nicht erlaubt hätten. Die Uhr über dem Kühlschrank in der Kaffeeküche stand auf dreiviertel Sieben. Die Schwestern setzten sich an den Resopaltisch und fingen an, Karten zu spielen. Ich lag mit hochgezogenen Knien auf dem Rücken, und bei jeder Wehe wälzte ich mich auf die Seite zur senfgelben Wand hielt mit beiden Händen das Eisengitter meines Bettes umklammert. Nach jeder Kontaktion drehte ich mich wieder auf den Rücken und sah den Schwestern beim Rommèspielen zu. Sie blickten nicht ein einziges Mal von ihren Karten auf. Gerade als eine von ihnen ihre Karten hinblättern wollte, stieß ich einen Schrei aus, der mich selbst überraschte. Ich hörte, wie die Karten hastig auf den Tisch geknallt wurden. Dann waren die beiden schon an meiner Seite. Ohne eine Frage zu stellen, schoben sie mich in den Kreißsaal zurück.

Während die eine bei mir blieb, lief die andere ins Schwesternzimmer, um Dr. Jordan anzurufen. Es war mittlerweile halb neun. Mein Muttermund hatte sich auf acht Zentimeter geöffnet. Die Schmerzen in meinem Rücken waren sehr stark. Ich hatte bei jeder Wehe das Gefühl, mein Rückgrat würde entzweibrechen oder in tausend Stücke zerspringen. Wenn es für mich schon so schmerzhaft war, wie mußte es dann erst für mein Kind sein?

Die Schwester kehrte mit der Nachricht zurück, daß Dr. Jordan mit seiner Familie zum Abendessen ausgegangen sei und keine Nummer hinterlassen habe, da er nach dem Bericht von Schwester Beatrice angenommen hatte, ich würde noch nicht so bald entbinden. Ohne seine Anordnung durften sie mir nichts gegen die Schmerzen geben. Ich fragte mich, ob ich es schaffen würde, durchzuhalten, ohne ohnmächtig zu werden. Immer wieder entschuldigte ich mich dafür, daß ich mich so anstellte. Sie versicherten mir, ich sei im Gegenteil sehr tapfer.

Um neun Uhr war der Muttermund ganz geöffnet. Ich sah die tiefe Besorgnis im Gesicht der einen Schwester, als die andere wieder hinauslief, um nochmals zu versuchen, Dr. Jordan aufzutreiben. Sie hatte kein Glück. Die Oberschwester bat den Anästhesisten, Dr. West, alles vorzubereiten, damit sie handeln konnten, sobald sie von Dr. Jordan hörten.

Ich hörte die Räder des Instrumentenwagens über

die Linoleumfliesen rollen. Dann zeigte mir Dr. West die lange Nadel, die er in mein Rückgrat einführen würde, die Leitung für das Schmerzmittel. Da die Wehen sich im Rücken abspielten, wollte er mir keine Rückenmarksanästhesie geben. Die Schwester sagte, der Kopf des Kindes käme bereits. Erregung durchzuckte mich. Sie gab Dr. West das Zeichen, jetzt das Schmerzmittel zu spritzen. Er bat mich eindringlich, auch nicht die kleinste Bewegung zu machen, ganz gleich, wie schmerzhaft die Kontraktion sei. Wenn er beim Einstich sein Ziel verfehlen sollte, würde das zu einer schweren Verletzung führen. Brennend heiß breitete sich die Flüssigkeit in meinem Körper aus, bis ein Gefühl der Taubheit eintrat. Es war ein scheußliches Gefühl, und ich geriet erneut in Panik. Ich wollte fühlen, wie mein Kind geboren wurde. Sie fragten mich, ob ich eine Vollnarkose wolle, und ich lehnte entschieden ab. Dafür gaben sie mir ein Beruhigungsmittel, das weit stärker war, als ich erwartet hatte. Es schläferte meine Gefühle und meinen Verstand ein, und hinter einer Nebelwand kämpfte ich darum, wachzubleiben, um wahrnehmen zu können, was geschah.

Die Schwester hatte alle Instrumente kommen lassen, die sie brauchen würde, um mein Kind jetzt selbst auf die Welt zu holen. Mir wäre das recht gewesen. Ich hatte Vertrauen zu ihr und spürte, daß sie mit Teilnahme bei der Sache war. Ich fühlte, wie nahe die Geburt meines Kindes bevorstand. Ich war tief erregt.

Aber dann meldete eine Stimme aus dem Korridor, soeben sei Dr. Jordan gekommen. Mit seinem Erscheinen hatte alle Kameradschaftlichkeit und Neckerei, die uns in diesen aufregenden Momenten miteinander verbunden hatte, ein Ende. Nun übernahm er das Kommando und befahl, mich sofort ins Entbindungszimmer zu bringen. Ohne auch nur einen Blick an mich zu verschwenden, ging er hinaus, um sich zu waschen. Schweigend machten mich die Schwestern für die Entbindung fertig. Sie zogen mir ein frisches Nachthemd an und hoben mich auf eine fahrbare Krankentrage, wobei sie sorgfältig darauf achteten, daß die Nadel nicht herausfiel. Die Trage war so schmal, daß ich mich völlig unsicher fühlte. Die frischen Leinentücher erschienen mir hart. Die ganze Atmosphäre hatte sich schlagartig verändert, und ich konnte nichts dagegen tun.

Die Tür zum Entbindungszimmer öffnete sich. Die Schwester, die mich begleitet hatte und zu der ich Vertrauen gefaßt hatte, konnte nicht bleiben. Mit einem aufmunternden Klaps auf meine Schulter verabschiedete sie sich und übergab mich ihrer Kollegin im Entbindungszimmer. Das Gesicht dieser Frau unter dem schwarz gefärbten Haar war kalt und herzlos. Nicht ein einziges Mal sah sie mich direkt an. Sie machte mir Angst. Gemeinsam mit Dr. West hob sie mich auf das Entbindungsbett, schnallte meine Beine auf die Bügel und gurtete meine Arme am Bett fest. Nun war ich in Fesseln, unfähig, mich zu rühren. Noch immer hatte sie kein Wort mit mir gesprochen, und getraute mich nicht, sie anzusprechen.

Ich sah Dr. West an. Er machte jetzt keine Witzchen mehr, um mich aufzuheitern. Ich bat ihn, mir weniger Schmerzmittel zu geben. Ich sah ihm an, daß ich ihm leid tat. Sich in dieser Atmosphäre auf die Geburt zu freuen, war unmöglich.

Die Schwester stellte sich in Hab-Acht-Stellung zu meiner Linken auf und wartete auf die Ankunft Dr. Jordans. Sie hatte ihre Arbeit getan. Dr. West wartete stumm zu meiner Rechten, oben am Kopfende des Betts, außerhalb meines Blickfelds. Ich wünschte mir, ich könnte ihn sehen. Ich brauchte jemanden in meiner Nähe, der mir ein wenig Sicherheit gab. Das Zimmer war klein, grell in seinem sterilen Weiß. Die Helligkeit der starken Deckenlampen war erbarmungslos.

Endlich kam Dr. Jordan. Mit distanzierter Sachlichkeit nahm er seinen Platz zwischen meinen geöffneten Beinen ein. Ich hätte so gern meine Arme frei gehabt, um meine Hände auf meinen Bauch legen und meinem Kind bei seinen letzten heroischen Anstrengungen Kraft und Liebe senden zu können. Die Schwester ermahnte mich, still zu liegen wegen der Spritzennadel. Sie hatten mich betäubt und gefesselt und mich aller Möglichkeiten beraubt, meinem Kind bei seiner Geburt zu helfen.

Hinter dem Arzt hing ein kleiner Spiegel, in dem ich den Geburtsvorgang hätte beobachten können. Aber der Arzt versperrt mir die Sicht darauf. Anfangs glaubte ich, er müsse so stehen, wie er stand. Aber dann merkte ich, daß es ihm ganz gleichgültig war, ob ich etwas sah oder nicht. Zaghaft fragte ich, ob er etwas zur Seite treten könne, damit ich in den Spiegel sehen konnte. Ohne Kommentar aber mit einem unwilligen Blick veränderte er seine Position ein wenig. Nun konnte ich sehen, wenn auch mit Anstrengung.

Aber das machte nichts. Nichts, was sie taten, konnte mir diesen Augenblick nehmen. Er gehörte mir und dem Kind.

Ich konnte den Scheitel des Köpfchens meines Kindes sehen und war fassungslos vor dem Wunder. Langsam und vorsichtig schob Dr. Jordan seine behandschuhte Hand unter den Kopf des Kindes und begann, es herauszuziehen, als ich ein letztes Mal mit aller Kraft preßte. Ich sah verdutzt, wie mein Bauch plötzlich in sich zusammenfiel. Es war 21 Uhr 51.

Dr. Jordan hielt das Kind an seinen kleinen Füßchen in die Höhe. In der Freude des Augenblicks vergaß er die Umstände, unter denen dieses kleine Wesen zur Welt gekommen war. Er hieß mein Kind in der Welt willkommen und sah lächelnd zu mir hinunter. »Sie haben einen Sohn«, sagte er. »Er ist ein sehr hübscher kleiner Junge.«

Ich sehnte mich danach, den nackten kleinen Körper meines Kindes zu halten, so wie er war, so wie er aus mir herausgekommen war. Aber meine Arme waren immer noch angeschnallt. Ich sah, wie sie meinem Sohn Tropfen in die Augen gaben, wie sie ihn wuschen und wogen. Ich hatte entsetzliche Sehnsucht nach ihm. Diese abrupte Trennung war grauenvoll. Mit Argus-Augen beobachtete ich alles, was sie taten.

Er wog etwas über drei Kilo und war 48 cm groß. Er hatte alle seine Zehen und Finger und war vollkommen. Die Schwester wickelte ihn und legte ihn in das Körbchen aus durchsichtigem Kunststoff neben meinem Bett. Ich bat sie, ihn mir zu geben. Sie schien überrascht von meiner Bitte und unsicher, ob sie ihr nachgeben sollte. Etwas in meinem Blick schien sie davon zu überzeugen, daß es besser sei, wenn sie es tat. Sie mußte auf die andere Seite des Betts kommen, um die Gurte um meine Arme zu lösen. Ich hielt den Blick unverwandt auf meinen kleinen Sohn gerichtet. Als meine Arme endlich frei waren, bat ich sie, auch die Hände des Kindes aus der Decke zu befreien, damit ich sie sehen und berühren könne. Sie tat es unwillig, aber das war mir gleich.

Ich streichelte den zarten kleinen Körper meines Sohnes, fühlte durch den warmen, flauschigen Flanell seine Gliedmaßen. Gestern noch hatte ich sie unter meiner eigenen Haut gefühlt. Ich war überwältigt von seiner süßen Unschuld. Er sah aus wie ein kleiner Indianer mit dem pechschwarzen Haar, das aus der Decke hervorlugte. Alles in mir zog sich zusammen vor Sehnsucht nach ihm. Ich hielt ihn in den Armen und drückte ihn an mein Herz, und einen flüchtigen Moment lang gab es nur uns beide im Zimmer.

Dann nahm die Schwester ihn mir aus den Armen. Von unseren Unterrichtsstunden im Seton House wußte ich, daß ich das zu crwarten hatte. Es war die Regel, daß die Neugeborenen zur Überwachung auf die Säuglingsstation gebracht wurden. Was mir in den Stunden damals logisch erschienen war, empfinde ich jetzt als Grausamkeit. Aber ich konnte nicht mehr tun, als ihnen sehnsüchtig nachzublicken, als sie meinen Sohn hinausbrachten.

Erst nachdem sie mit ihm verschwunden waren, richtete ich meine Aufmerksamkeit auf meinen eigenen Körper. Dr. Jordan war dabei, den Dammschnitt zu nähen. Ich spürte keinerlei Schmerzen. Ich fühlte mich plötzlich völlig erschöpft und ausgehöhlt. Dr. West erklärte mir, er gebe mir jetzt eine Spritze, um das Einschießen der Milch zu unterbinden. Die Worte drangen kaum an mein Bewußtsein, aber mein Körper reagierte mit einer plötzlichen Aufwallung von Übelkeit.

Danach wurde ich in einen verdunkelten Ruheraum mit vier Betten gebracht. Als ich hineinkam, wurde die Frau, die mit mir im Kreißsaal gelegen hatte, hinausgeschoben. Sie war nur halbwach. Man gab mir zwei Schlaftabletten und ermahnte mich, keinesfalls allein aufzustehen, sondern erst nach der Schwester zu läuten, die mir helfen würde. Nur über dem Waschbecken am anderen Ende des Zimmers brannte ein kleines Licht. Ich starrte in seinen gelben Schimmer und kämpfte gegen Tränen und Einsamkeit. Irgendwann schlief ich ein. Irgendwann später in der Nacht wurde ich in ein anderes Zimmer verlegt.

5

Eine Schwester zog die Jalousien vor dem hohen Fenster in meinem Zimmer auf. Sonnenlicht fiel auf ein leeres Bett unter dem Fenster, und ich atmete erleichtert auf. Ich hatte Angst davor gehabt, das Zimmer mit einer anderen Frau teilen zu müssen. Dann hätte ich eine Geschichte erfinden müssen, die erklärt hätte, warum ich ganz allein war und keinen Besuch bekam. Und es wäre sehr schwer für mich gewesen, neben mir vielleicht eine glückliche Familie erleben zu müssen.

Die Säuglingsstation erschien mir Welten entfernt. Ich fragte die Schwester, wie es meinem Sohn ginge. Sie sagte, es ginge ihm sehr gut, und er habe gut geschlafen. Sie wirkte ziemlich verlegen, wie sie da an der Tür stand und von einem Fuß auf den anderen trat, als wolle sie nur möglichst schnell wieder verschwinden. Wann ich ihn sehen könne, fragte ich. Sie wußte nicht, ob ich ihn überhaupt sehen durfte. Dabei war er doch mein Kind! Er war noch nicht adoptiert. Ich erklärte, es wäre ausgemacht gewesen, daß ich mein Kind selbst fütterte, solange ich hier war. Gut, wenn das stimme, erwiderte sie, würden sie ihn mir um neun nach dem Frühstück bringen.

Der Duft von Schinken und Eiern erreichte mein Zimmer noch vor dem Frühstückstablett. Ich hörte die Hilfsschwester draußen, wie sie den anderen jungen Müttern mit freundlichen Fragen und scherzhaften Bemerkungen das Frühstück in die Zimmer brachte. Mir stellte sie das Tablett ohne ein Wort und ohne ein Lächeln hin. Ich begann, mich unbehaglich zu fühlen, wie eine Ausgestoßene. Am liebsten wäre ich sofort ins Seton House zurückgekehrt; da akzeptierte man mich wenigstens. Aber hier war mein Kind, und ich wollte so lange wie möglich mit ihm zusammenbleiben.

Ich rief Chris an. Er hatte seine Seminare sausen lassen, um auf meinen Anruf zu warten. Anne-Marie hatte ihn am Abend zuvor angerufen und ihm gesagt, daß wir einen Sohn hatten. Er und Ted wollten herkommen und mich besuchen. Es sei ihm völlig gleich, was für Ärger er bekäme, sagte er. Irgendwie würden sie schon Mittel und Wege finden, um in mein Zimmer zu kommen. Nach den langen Monaten im Heim und der ständigen Angst davor, gegen eine Vorschrift zu verstoßen, sträubte sich irgend etwas in mir dagegen. Aber wir mußten einander sehen, ob man es uns nun erlaubte oder nicht.

Ich wußte, daß ich als nächstes zu Hause anrufen mußte. Meine Eltern würden wissen wollen, daß alles vorbei war. Ich wappnete mich innerlich, während ich wählte. Ich wollte heiter sein, wenn ich meinen Eltern von ihrem ersten Enkelkind berichtete. Meine Mutter meldete sich. Es sei ein Junge, sagte ich. Sie antwortete mit Schweigen, als wäre sie erschrocken über diese Nachricht. Hatten sie sich eingeredet, ich würde gar nicht gebären?

Schwester Dominic hatte uns versichert, wir alle würden vergessen. Hatten sie Angst, diese Nachricht könnte ihre Fähigkeit zu vergessen gefährden? Ich konnte mir nur vorstellen, was sie dachten. Wir sprachen nicht über Gefühle. Meine Mutter stellte mir nicht eine einzige Frage, weder über die Entbindung noch über mein Befinden. Sie wollte einzig wissen, wann ich nach Hause kommen könnte. Freitag, sagte ich, und sie versprach mir, daß sie gleich am Freitag morgen kommen würden, so als wären das Zauberworte, die alles wieder gutmachen könnten. Ich war niedergeschlagen und trostlos, als ich auflegte.

Dann hörte ich im Korridor Babygeschrei und vergaß alle trüben Gedanken. Meine Brüste spannten sich und sonderten einige Tröpfchen Milch ab. Den Geräuschen nach mußte mein Zimmer das letzte im Korridor sein. Ich lauschte angespannt dem Rollen der kleinen Räder draußen im Flur. Endlich schoben sie mir meinen Sohn herein. Die Schwester hob ihn aus dem kleinen Wagen und reichte ihn mir. Er schlief tief und friedlich, auf dem Gesichtchen einen Ausdruck seliger Heiterkeit. Der kleine Körper fühlte sich fest und überraschend kräftig an. Seine Wärme und sein Duft stiegen zu mir auf. Er war wie eine Mumie in seine blaue Flanelldecke eingebunden und paßte genau in die Beuge meines Arms, direkt an meinem Herzen. Ich sah in sein unschuldiges kleines Gesicht und wünschte mir, er würde erwachen und ganz bei mir sein. Wir hatten so wenig Zeit.

Die Schwester reichte mir ein Fläschchen mit warmen Zuckerwasser. Offensichtlich wußte sie, daß ich aus dem Seton House kam, denn sie machte sich nicht die Mühe, mir irgend etwas über die Pflege und die Versorgung des Kindes zu sagen. Ich empfing all die scheinbar unbedeutenden, unausgesprochenen Botschaften klar und deutlich. Doch als ich auf mein Kind hinunterblickte, hüllte sein Friede auch mich ein. Ich kostete einen Tropfen von dem Zuckerwasser. Es war ziemlich stark gesüßt. Ich zeichnete mit dem Schnuller die Linie seines Mundes nach, um ihn ein wenig anzufeuchten. Ein Lächeln erwachte an seinen Mundwinkeln und breitete sich über sein ganzes kleines Gesicht aus. Seine Augen waren noch geschlossen. Das Lächeln schien einer fernen Erinnerung entsprungen.

Was für ein Kind, an seinem ersten Tag schon zu lächeln! Milch schoß mir plötzlich wieder in die Brüste, ganz überraschend. Ich hätte gern versucht, ihn zu stillen, aber ich glaubte, nicht das Recht dazu zu haben, und fürchtete, sie würden ihn mir nicht mehr bringen, wenn sie mich dabei ertappten. Es war ihnen schon gelungen, mich davon zu überzeugen, daß ich keinerlei Recht auf ihn hatte. Sie erlaubten mir zwar, ihn zu sehen und zu halten, aber er gehörte schon nicht mehr mir.

Nebelhaft erinnerte ich mich, daß ich eine Spritze bekommen hatte, um das Einschießen der Milch zu verhindern. Womöglich war meine Milch davon vergiftet und würde mein Kind krank machen. Ich versagte mir also den Wunsch, den Kleinen an meine Brust zu legen und zu stillen. Ich begann mich sogar zu fragen, ob er nicht in der Tat ohne mich besser dran sei. Ich war nicht gut genug für ihn.

Als ich draußen wieder das Räderrollen der kleinen Wagen hörte, überfiel mich tiefe Traurigkeit. Sie kamen gleich als erstes zu mir. Ich sagte der Schwester, ich fände es ungerecht, daß er mir als letztes gebracht und dann als erstes genommen werde. Sie erklärte, die anderen Mütter brauchten ein wenig mehr Zeit, um sich an ihre Kinder zu gewöhnen, ehe sie sie mit nach Hause nähmen. Als sie mir mein Kind aus den Armen nahm, war es, als risse sie mir das Herz aus der Brust.

Die Zeit bis zu seinem nächsten Besuch brachte ich damit zu, mir einen Namen für ihn zu überlegen. Ich wollte ihn erst kennenlernen, um sicher zu sein, daß es der richtige war, aber ich wollte ihn auch so bald wie möglich beim Namen nennen. Ich schwankte schließlich zwischen Phillip und Paul, zwei Namen, die mir gut gefielen. Aber dann überlegte ich mir, daß er Chris' Namen haben müßte, da ja mein Nachname auf seiner Geburtsurkunde stehen würde. Dann würden wir beide wenigstens auf diese Weise bei ihm sein.

Phillip klang am besten, als ich den ganzen Namen laut sagte. Phillip Christopher. Phillip hatte etwas Kraftvolles, Königliches und klang doch sanft und sensibel. Lauter Eigenschaften, die ich ihm wünschte. Jetzt, da ich einen Namen für ihn hatte, brauchte ich nur noch zu warten, daß sie ihn mir wieder brachten.

Die gestärkten Leintüchter des Krankenhauses scheuerten ein wenig. Mein Blick wanderte durch das Zimmer, über den weißen Linoleumbelag, zu dem leeren Bett und dem hohen Fenster. Von draußen hörte ich das geschäftige Hin und Her der Schwestern, die heiter mit den anderen Müttern schwatzten, während sie ihnen diesen oder jenen Dienst erwiesen. Zu mir kam niemand. Abgeschnitten, ausgestoßen saß ich in den steifen Kissen und wartete. Die Zeit schien endlos.

Dann klopfte es an der halb offenen Tür, und eine junge Frau mit braunem Pagenkopf schaute suchend ins Zimmer. Ich hockte auf dem Rand meines Betts. Ich wollte gerade versuchen, ins Badezimmer auf der anderen Seite des Korridors zu gehen. Ich hatte meinen Morgenrock noch nicht angezogen. Ich trug nur das Krankenhausnachthemd.

»Hallo«, sagte sie so künstlich strahlend, als seien wir uns eben auf einer Party vorgestellt worden. »Stört es Sie, wenn wir einen Moment hereinkommen?« fragte sie und trat ein, ohne auf meine Antwort zu warten. Ihr folgten zwei Männer. Alle drei trugen Straßenkleidung. Sie hielt eine Klemmappe an die Brust gedrückt und stellte sich als Sozialarbeiterin vor. Wer ihre beiden Begleiter waren, bekam ich nicht mit. Alle drei standen sie vor meinem Bett. Ich fühlte mich nackt und verletzlich. Sie wolle mich nicht lange aufhalten, sagte sie, aber sie brauche meine Unterschrift. Es handle sich um eine Vollmacht für das Krankenhaus über die Versorgung meines Sohnes. Reine Formalität, versicherte sie.

Ich hätte gern jemanden da gehabt, der mich beraten hätte. Ich hatte nie zuvor in meinem Leben irgendein rechtliches Dokument unterschreiben müssen. Ich fragte, ob es sich um etwas Endgültiges handle. Nein, nein, antwortete sie, aber es sei das Beste für mich zu unterschreiben. Sie sagte, ich solle den Namen meines Kindes eintragen, wenn ich ihm schon einen gegeben hätte, und dann unten unterschreiben. Ich sah keine Wahl für mich. Ich unterschrieb. Sobald das geschehen war, verschwanden sie alle drei wieder.

Um ein Uhr hörte ich draußen die Wagen kommen, hörte das Babygeschrei und die Entzückensrufe der Mütter. Und dann wurde es still. Mir hatten sie mein Kind nicht gebracht. Ich läutete. Inzwischen war Schichtwechsel gewesen. Eine ältere Schwester mit strengem Gesicht marschierte wie ein Dragoner ins Zimmer. Ich fragte sie, wo mein Kind sei. Ich fürchtete, es gehe ihm vielleicht nicht gut. Sie reagierte überrascht. Sei ich denn nicht aus dem Seton House? Doch, antwortete ich, aber es sei vereinbart worden, daß ich mein Kind selbst füttern würde, solange ich im Krankenhaus war. Sie machte ein abweisendes Gesicht, aber dann gab sie nach und eilte hinaus. Zehn Minuten später kam sie mit meinem Sohn zurück. Sie legte ihn mir mit einer Miene in die Arme, als fände sie es schandbar, einen hilflosen Säugling solcher Verseuchung auszusetzen. Fünf Minuten, sagte sie. Er sei bereits gefüttert. Ich hatte Angst, sie mit Bitten um mehr Zeit noch ärgerlicher zu machen. Keinesfalls wollte ich riskieren, daß sie mir am Ende noch verboten, mein Kind überhaupt zu sehen.

Ich hielt ihn fest an mich gedrückt. Nach genau fünf Minuten erschien die unfreundliche Schwester wieder und nahm ihn mir ohne viel Federlesens weg. Mein ganzer Körper schmerzte vor Sehnsucht nach ihm. Jedes Mal, wenn sie ihn mir nahmen, ging ein Teil von mir mit ihm. Niemand, nicht Schwester Dominic oder die Nonnen im Seton House, nicht einmal meine eigene Mutter, hatte mich auf eine solche Erfahrung vorbereitet.

Ich hätte glücklich sein müssen, da ich doch im Begriff war, für mein Kind das Beste zu tun, indem ich es einem guten Elternpaar anvertrauen wollte. Die Befriedigung darüber, das Rechte zu tun, hätte alle Gefühle des Festhaltenwollens verdrängen müssen. Dieses Opfer war in Wahrheit eine Gnade, eine Gelegenheit für mich, die Tugend wiederzugewinnen, die ich verloren hatte, indem ich schwanger geworden war. Diese Art der Moral, den Teufel mit dem Beelzebub auszutreiben, hatte man mir seit meinen ersten Religionsstunden gründlich beigebracht. Wenn man sich einer Sünde schuldig machte, tat man Buße, um sich wieder reinzuwaschen. Sich einem Mann hinzugeben, bevor man das Heilige Sakrament der Ehe empfangen hatte, und dann auch noch ein uneheliches Kind zur Welt zu bringen, das war eine Todsünde so schlimm wie Mord. Das Kind, das aus meiner Sünde geboren war, aufzugeben, war in den Augen der Kirche absolut gerechte Buße und für mich die einzige Hoffnung, Gottes Gnade wiederzuerlangen und mir einen Platz im Himmel zu sichern. Ich glaubte das alles jetzt nicht mehr, aber ich hatte hinreichend Respekt vor der Macht der Kirche, um an meinen eigenen Gefühlen und Instinkten zu zweifeln. Nachdem ich mich vergewissert hatte, daß der Korridor leer war, huschte ich aus dem Badezimmer, in dem ich soeben geduscht hatte, in mein Zimmer zurück. Körperlich fühlte ich mich gesund und kräftig. Ich hatte keine Schmerzen. Mein Bauch war schon wieder straff und flach, da ich während der Schwangerschaft so wenig zugenommen hatte. Ich war sogar dünner als eigentlich normal für mich. Ungeduldig wartete ich auf Chris' Besuch.

Ich zog die Jalousien herunter und knipste die Nachttischlampe an. So war es richtig gemütlich im Zimmer, wie in einem warmen Nest. Ich stieg wieder in mein Bett und überließ mich angenehmen Träumereien. Als sie mir meinen Sohn zum Füttern brachten, flüsterte ich ihm in sein kleines Ohr, daß uns bald sein Vater besuchen werde und daß wir dann gemeinsam in die Säuglingsstation kommen würden, um ihn zu sehen. Ich erzählte ihm, wie stolz sein Vater auf ihn sei, und bat ihn, doch bitte wach zu sein, wenn wir zu ihm kämen. Ich verlor mich in schönen Phantasien von einer glücklichen Familie und reagierte kaum, als sie kamen und den Kleinen holten. Wir waren ja eins und in Wirklichkeit niemals getrennt.

Noch eine halbe Stunde verweilte ich in meinem Wolkenkuckucksheim, dann hörte ich aus dem Korridor Männerstimmen und viel Hallo. Die Besuchszeit hatte begonnen. Bald würde Chris kommen. Mit der Zahnbürste schon im Mund, lief ich aus meinem Zimmer, um ins Bad zu gehen. Und da stand ich plötzlich Chris gegenüber. Beinahe hätte ich ihn mit meiner Zahnbürste ins Kinn gestochen. Mir zitterten die Knie, und im ersten Moment war ich unfähig, ein Wort zu sagen.

Chris war ungeheuer erleichtert, mich zu sehen. Er hatte nicht gewagt, nach meiner Zimmernummer zu fragen, aus Angst, man würde ihn zurückweisen, und hatte sich einfach darauf verlassen, daß er mich irgendwie finden würde. Ich bat ihn, in meinem Zimmer zu warten; ich sei gleich wieder zurück. Ich winkte Ted zu, der sich hinter einem riesigen Gummibaum in der Halle versteckt hatte. Er winkte zurück, schien es aber eilig zu haben, wieder hinter den schützenden Gummibaum zu kommen. Wir hatten alle drei keine Ahnung, was geschehen würde, wenn sie erwischt werden sollten.

Ich fühlte mich als richtige Frau, als ich in mein Zimmer zurückkehrte und mich neben Chris auf das Bett setzte. Während wir über unser Kind sprachen, wurde mir bewußt, welch tiefer Liebe ich jetzt fähig war, einer Liebe, die uns fest miteinander verband. Ich meinte, in Chris' Augen zu sehen, daß auch er das erkannte.

Aber sogleich meldeten sich wieder die Zweifel. Ich war eine Sünderin, eine Närrin. Chris liebte mich in Wirklichkeit gar nicht. Wie konnte er auch? Meine Eltern würden sich schämen, die Nonnen wären entsetzt. Und gleich würden die Ärzte und Schwestern hereinstürzen und Chris wegen unseres skandalösen Verhaltens im Krankenhaus festnehmen. Wie konnten wir es wagen, auf unsere Sünde auch noch stolz zu sein? War das Liebe zu unserem Kind, daß wir ihm gleich zu Beginn seines Lebens Schande machten? Wir hatten gesündigt, und nun mußten wir bezahlen.

Ich wollte so schnell wie möglich aus dem Zimmer hinaus. Ich nahm Chris bei der Hand, und wir gingen durch den Korridor zur Säuglingsstation. Im Flur war es düster, aber das große Fenster vor dem Säuglingssaal beleuchtete die vielen glückstrahlenden Gesichter davor. Chris und ich drängten uns in eine Lücke an der Ecke. Ich musterte all die kleinen Gesichter, aber unser Kind fand ich nicht. Dann entdeckte ich es.

Unser Sohn lag in seinem kleinen Wagen aus durchsichtigem Kunststoff. Man hatte ihn an die hintere Wand des Saals geschoben, abseits von den anderen Säuglingen. Sein Köpfchen war von uns abgewandt. Er lag mit dem Gesicht zur Wand. Sie hatten ihn fest eingewickelt und auf die linke Seite gelegt. Es wunderte mich, daß er in dieser Stellung schlafen konnte. Er war ungefähr sieben Meter von uns entfernt. Das einzige, was wir sehen konnten, war sein dunkles Haar.

Zaghaft klopften wir an das Fenster. Die Schwester auf der anderen Seite ignorierte uns. Ich erkannte sie. Es war die, die am frühen Nachmittag dagewesen war. Chris klopfte noch einmal, nachdrücklicher. Es war uns peinlich, Aufmerksamkeit auf uns ziehen zu müssen. Stirnrunzelnd öffnete die Schwester die Tür des Säuglingssaals einen Spalt und fragte, was wir wollten. Ich erklärte ihr, daß Chris der Vater des Kindes sei, und bat sie, den Wagen so herumzudrehen, daß er das Gesicht seines Sohnes sehen könne. Sie schüttelte nur verneinend den Kopf und schloß die Tür.

Ich konnte es nicht glauben. Chris war wie vor den Kopf geschlagen. Wir klopften noch einmal an die Tür. Dieselbe Schwester öffnete und erklärte uns ungeduldig, Seton-House-Kinder dürften nicht ans Fenster gebracht werden. Dann machte sie die Tür wieder zu.

Hilflos und ungläubig drückten wir unsere Gesichter an die Glasscheibe und starrten auf unser Kind, das ganz hinten an der Wand lag. Dann kam plötzlich die Schwester und zog die Vorhänge vor dem Fenster zu.

Am liebsten wären wir beide nicht mehr von dem Fenster weggegangen. Wir waren zu traurig, um etwas zu sagen.

Zurück in meinem Zimmer, erklärte Chris, wir müßten heiraten.

Ich war völlig gespalten. Ein Teil von mir wußte, daß wir es schaffen konnten. Es würde nicht einfach werden, gewiß nicht das, was man sich erträumte, aber es würde schön und wunderbar werden, weil es das einzig Richtige war. Der andere Teil von mir schien vollgestopft mit den Ansichten und Stimmen der anderen, die mir vorhielten, es sei unmöglich, egoistisch, unrecht.

Ich konnte Chris nicht in die Augen sehen. Statt dessen sah ich auf seine Hand hinunter, die meine umfaßt hielt.

»Wenn wir erst nach seiner Geburt heiraten, würde er immer als Bastard gelten. Er würde uns hassen«, sagte ich. Das Wort ›Bastard‹ hatte für mich mythologische Ausmaße. Ich sagte Chris, wir sollten uns das beide noch einmal gründlich überlegen und mit unseren Eltern darüber sprechen.

Die Besuchszeit war schon vor zehn Minuten zu Ende gegangen, und wenn Chris noch länger blieb, würde die Schwester ihn vielleicht entdecken. Es fiel mir ungeheuer schwer, ihn gehen zu lassen. Draußen konnten wir die Schwestern hören, die von Zimmer zu Zimmer gingen und die Medikamente für die Nacht verteilten. Ich blickte in den Korridor hinaus, um zu sehen, ob die Luft rein war. Ted hockte immer noch nervös hinter dem Gummibaum. Chris winkte ihm, ihm zu folgen. Dann winkten sie mir beide noch einmal zu und waren verschwunden.

Das Zimmer hatte plötzlich gar nichts Gemütliches mehr. Ich lief zum Fenster, in der Hoffnung, Chris noch einmal zu sehen, aber von hier aus hatte man keinen Blick zum Parkplatz. Ich kletterte in mein Bett und zog die Decke bis zum Kinn hinauf. Reglos lag ich da und wartete drauf, daß sich mir die Lösung zeigen würde. Mit einem leichten Klopfen trat die Schwester ein und brachte zumindest eine Lösung mit. Ich nahm die Schlaftablette und das

Schmerzmittel und schaltete das Licht aus, um mich in Dunkelheit fallen zu lassen.

Irgendwann mitten in der Nacht fuhr ich plötzlich hoch. Im ganzen Haus war es totenstill. Das weiße Licht des Mondes fiel auf die Möbel, hob Ecken und Kanten noch schärfer hervor, machte Stahl und Chrom zu Eis. Schluchzen, das schon begonnen hatte, als ich noch schlief, schüttelte mich. Ich fühlte mich unendlich allein.

Mir war, als zerrisse es mir das Herz. Umsonst versuchte ich, meine Gefühle und mein Schluchzen unter Kontrolle zu bringen. Ich wollte der Schwester läuten und fragen, ob ich nur ein paar Minuten mein Kind halten könnte. Aber ich wagte es nicht, ich verdiente es nicht. Beim Erwachen hatte ich nur sterben wollen. Hätte auf meinem Nachttisch ein Röhrchen Tabletten gelegen, so hätte ich sie wahrscheinlich alle geschluckt. Ich betete um Erleichterung. Schließlich schlief ich wieder ein.

Gegen sieben Uhr morgens eilten geschäftig zwei Schwestern herein. Ich solle meine Sachen packen und umziehen, in ein Zimmer außerhalb der Wöchnerinnenstation. Alle Zimmer der Station wurden gebraucht. Mich betrachtete man offenbar nicht als echte Wöchnerin. Ehe ich zusammenpackte, mußten sie mir schwören, daß sie mir weiterhin mein Kind bringen würden.

Das neue Zimmer war heller, das Fenster größer, die Wände waren in einem leuchtenderen Weiß gestrichen. Ich nahm nicht das Bett am Fenster, sondern das an der Wand. In der Ecke fühlte ich mich geborgener.

Das Zimmer wirkte leer im Vergleich zu dem anderen, da es ein gutes Stück größer war.

Nachdem ich meine Sachen eingeräumt hatte, legte ich mich in mein neues Bett. In diesem Zimmer gab es sogar ein Radio, das funktionierte. Ich hängte es über das Kopfbrett meines Bettes, so daß ich es dicht am Ohr hatte.

Dann kam die Schwester mit meinem Sohn. Sie war eine nette junge Frau, und sie freute sich offensichtlich, mir sagen zu können, daß er wach war. Das machte mich sehr froh. Am vergangenen Abend hatte ich schon gefürchtet, mir würde niemals vergönnt sein, meinem Sohn in die Augen zu sehen. Ich hatte mich sogar gefragt, ob die Schwestern ihn absichtlich fütterten, ehe sie ihn mir brachten, um dafür zu sorgen, daß er schlief.

Ich nahm ihn in die Arme und drückte ihn an mich. Die Wärme, die von ihm ausging, durchflutete meinen ganzen Körper. Ehe die Schwester ging, fragte ich sie, ob sie ihn als letzten holen könne. Sie sagte nickend, sie verstehe.

Ich sah meinem kleinen Sohn in die Augen, und aus meinen innersten Tiefen stieg ein Lächeln auf, als meine Seele an die seine rührte. Ich fand es erstaunlich, daß ein Kind, das noch keine zwei Tage alt war, so ausdrucksvolle Augen haben konnte. Er schien mir so klug und so süß. Voll staunender Verwunderung sah ich lächelnd zu ihm hinunter. Er schien der Musik zu lauschen, die aus dem Radio auf meinem Kopfkissen tönte. War das möglich? Ich zog den Apparat ein wenig näher zu seinem Köpfchen. Ja, er hörte *wirklich* zu. Er sah mich mit so intensivem Blick an, als wolle er etwas sagen. Die innige Verbundenheit, die ich in den langen Monaten gespürt hatte, als ich ihn in mir getragen hatte, hatte nicht nachgelassen. Ich begann, zu ihm zu sprechen. Ich erzählte ihm von Chris und von mir und meiner Familie, und wie sehr wir ihn liebten. Ich erzählte ihm alles, was mir in den Kopf kam, und lauschte dabei angestrengt, ob ich im Flur Räderrollen hören könne. Es war ganz still. Ich mußte diese Gelegenheit nutzen. Ich legte meinen kleinen Sohn vor mir auf das Bett und schlug langsam die blaue Babydecke auseinander. Anfangs kam ich mir vor wie ein Kind, das heimlich ein Weihnachtsgeschenk öffnet. Dann wurde meine Angst stärker. Würden sie mich bestrafen, wenn sie mich ertappen sollten? War es verboten, mir mein Kind anzusehen?

Aus der offenen Decke stieg der süße Duft des Neugeborenen auf. In aller Eile versuchte ich, mir jedes Fältchen seines Körpers einzuprägen. Mehrmals zählte ich seine Finger und Zehen und konnte mich nicht sattsehen an seiner Vollkommenheit. Ein großer Stolz, etwas so Vollendetes hervorgebracht zu haben, stieg in mir auf. Er war ein Wunder.

Im Kinn hatte er ein Grübchen wie ich – ein Erbe der Familie meines Vaters. Wenn mein Vater sehen könnte, daß er unser Kinn hatte, würde er ihn dann wirklich an Fremde geben können?

Draußen hörte ich jetzt das Räderrollen der kleinen Wagen. Hastig begann ich, meinen Sohn wieder einzupacken, und merkte mit Schrecken, daß ich keine Ahnung hatte, wie man das richtig machte. Alles, was ich versuchte, sah fürchterlich aus. Ich beschloß, einfach nichts zu sagen, und zu hoffen, daß man es durchgehen lassen würde.

Als die nette Schwester wiederkam, dankte ich ihr, daß sie mir so viel Zeit gelassen hatte. Ich wollte ihn nicht hergeben, solange er noch wach war. Ich wollte nicht, daß ihn eine andere im Arm hielt, bis er einschlief, oder ihn in seinen Wagen legte und sich in den Schlaf weinen ließ.

Ich fragte die Schwester, wie er sich im Säuglingssaal verhalte. Sie sagte, er sei brav und weine nie. Nur in der vergangenen Nacht habe er einmal etwa eine Stunde lang bitterlich geweint. Sie hatte es auf seiner Karte gesehen. Ich war tief verwundert. Ich fragte mich, wer von uns beiden zuerst zu weinen angefangen hatte. Wahrscheinlich ich. Ich mußte mich zusammennehmen, um seinetwillen.

Reglos saß ich in der Stille des Zimmers. Eine neue Facette meiner selbst hatte sich mir zu zeigen begonnen. Es fühlte sich an wie ein Wissen, das immer dagewesen war, das ich nur zuvor niemals zur Kenntnis genommen hatte. Jetzt begann ich aufzumerken.

Eine erste Verbindung zu dieser Quelle des Wissens in mir hatte ich gespürt, während mein Kind in mir gewachsen war. Aber ich hatte nichts damit anzufangen gewußt. Ich wußte es immer noch nicht. Seit der Geburt meines Sohnes hatte das Gefühl sich verstärkt. Es war eine Ahnung, daß ich etwas wußte, was andere nicht wußten, aber ich wußte nicht, was für ein Wissen das war.

Um mich von diesen Gedanken abzulenken, ging ich duschen. Während ich das Wasser über meinen Bauch rieseln sah, fühlte ich mich so geschrumpft und leer wie ein Ballon, dem man die Luft herausgelassen hat. Ich begann, über die Adoptiveltern nachzudenken. Sie wußten sicher schon, daß er geboren war, daß sie einen kleinen Jungen bekommen würden. Ich wollte nicht an sie denken, aber ich konnte nicht aufhören damit. Hatte Schwester Dominic sie angerufen, um ihnen die freudige Nachricht mitzuteilen? Mich hatte sie nicht angerufen.

In meiner Phantasie sah ich das reizende, perfekt eingerichtete Kinderzimmer, das auf ihn wartete. Voller Spielsachen und mit einer schönen alten Wiege. Hatten sie schon einen Namen für ihn ausgesucht? Oder würden sie damit warten, bis sie ihn zu sehen bekamen? Würden sie fragen, wie ich ihn genannt hatte?

Sie sah ich einfach als eine tüchtigere, vernünftigere Version von mir selbst, so wie meine Eltern sich mich gewünscht hätten. Da, wo ich versagt hatte, würde sie nun triumphieren.

Unablässig ging mir eine Melodie durch den Kopf, ein Liedchen, das ich immer wieder gespielt hatte, als ich noch klein gewesen war. Dumbos Mutter sang es ihrem Kind vor, bevor man ihr Dumbo nahm, weil sie in dem Bemühen, ihn zu beschützen, die Herrschaft über sich verloren hatte. Ich hatte das Lied immer auf meinem kleinen RCA-Plattenspieler gespielt und geweint, dann noch einmal gespielt und wieder geweint. Dieses Lied setzte sich jetzt in mir fest, obwohl ich es mir aus dem Kopf zu schlagen versuchte.

Wieder brachte mir die nette junge Schwester meinen Sohn, und wieder war er zu meiner Freude wach. Sie gab mir sein Fläschchen mit Zuckerwasser, und er trank begierig. Ich fand es unglaublich schön und aufregend, ihn zu füttern.

Dann öffnete nach einem kurzen, harten Klopfen Dr. Jordan die Tür zu meinem Zimmer, trat ein, ging zum Fußende meines Betts und sah sich mein Krankenblatt an. Den Blick immer noch auf das Blatt gerichtet, sagte er, ich hätte mich so gut erholt, daß ich am Spätnachmittag oder gegen Abend entlassen werden könne. Erst dann blickte er von meinem Krankenblatt auf, und ich hatte den Eindruck, daß er auf etwas, das er sah, scharf reagierte. Er senkte den Blick wieder, wandte sich ab und ging mit dem Blatt in der Hand zum Fenster, um etwas niederzuschreiben. Kurz bevor er ging, sah er mich noch einmal an.

Ich blickte ihm direkt in die Augen und sagte mit einem Sarkasmus, der mich selbst erschreckte: »Welch ein reizender Anblick! Madonna mit Kind.«

Am liebsten wäre ich in den Boden versunken vor Verlegenheit darüber, meine Bitterkeit so deutlich gezeigt zu haben. So wenig war ich es gewöhnt, meinen Gefühlen Ausdruck zu geben. Er sah mich nur wortlos an, dann ging er aus dem Zimmer, und ich blieb entsetzt über meine Ungezogenheit allein zurück.

Etwas später rief Mrs. Hogan an und sagte, sie würde mich am Abend abholen, um mich ins Heim zurückzubringen. Ich sah zu meinem Sohn hinunter. Nur zweimal würden wir noch zusammensein können. Wie sollte ich mit dieser Trennung fertigwerden? Woher sollte ich die Kraft nehmen? Ich drückte ihn fest an mein Herz und bemühte mich um seinetwillen, ruhig zu bleiben.

Nachdem die Schwester ihn geholt hatte, begann ich zu packen und versuchte, mich auf den Abschied von ihm einzustellen. So vieles wollte ich ihm mit auf den Weg geben. Unauslöschlich wollte ich ihm einprägen, daß ich ihn liebte und immer lieben würde. Ich mußte die richtigen Worte finden, damit er dieses Wissen sein Leben lang in sich tragen würde.

Die Wahl der Worte gewann ein schreckliches Gewicht, während ich suchte und wieder verwarf, suchte und verwarf. Ich beschloß, ihm schon das nächste Mal, wenn sie ihn mir brachten, Lebwohl zu sagen, für den Fall, daß etwas Unvorhergesehenes geschehen sollte und ich ihn vielleicht gar nicht mehr wiedersah.

Als ich draußen die kleinen Wagen anrollen hörte, sah ich mich verzweifelt im Zimmer um, unbewußt auf der Suche nach irgendeinem Trost. Schweigend und niedergeschlagen nahm ich meinen kleinen Sohn in Empfang. Er schlief fest. Er wußte wohl, daß er gleich seinen ersten Vortrag zu hören bekommen würde. Seine Lider flatterten, gleich würde er erwachen. Ich drückte ihn an meine Brust und wollte anfangen, zu ihm zu sprechen. Aber so war das irgendwie nicht die richtige Stellung. Nach mehreren Versuchen hielt ich ihn schließlich in beiden Armen vor mich hin. So konnte ich direkt zu ihm sprechen und ihn dabei ansehen.

Es war schwer zu erspüren, ob ich seine Aufmerksamkeit hatte. Es war ja ein völlig einseitiges Gespräch. Er wurde nicht nach seiner Meinung gefragt. Er war uns allen hilflos ausgeliefert. Er konnte uns nicht sagen, ob er in einem fertigen sorglosen Zuhause leben wollte oder lieber unter schwierigen Umständen bei seinen leiblichen Eltern.

Tief im Innern war ich allem zum Trotz, was die anderen behaupteten, überhaupt nicht überzeugt davon, daß er ohne uns besser dran sein würde. Dennoch versuchte ich ihm zu sagen, daß er ein weit besseres Zuhause bekommen würde, als ich es ihm bieten konnte. Meine Worte klangen hohl. Ich sagte ihm, wie sehr seine neuen Eltern sich darüber freuen würden, ihn bei sich zu haben, wie froh und glücklich sie sein könnten, ihn zu bekommen. Es klang alles überhaupt nicht so, wie es klingen sollte. Und der Blick, mit dem er mich ansah, gab mir das seltsame Gefühl, daß er mir kein Wort glaubte.

Ich ließ meine Rede Rede sein und zog ihn an mich. Die Tränen liefen mir über das Gesicht, während ich einfach sagte, was ich fühlte. Daß ich ihn immer lieben würde, daß es keinen Tag in meinem Leben geben würde, an dem ich nicht an ihn denken würde, daß er immer an meine Liebe glauben könne, ganz gleich, wie weit wir voneinander getrennt seien. Ich sagte ihm, ich wüßte, daß Chris genauso empfand. Ich versprach ihm, daß ich ihn eines Tages finden würde. Nichts und niemand würde mich daran hindern, ihn zu finden, wenn er erwachsen war. Ich würde für den Tag leben, an dem ich ihn wiedersehen würde.

Dann kam die Schwester. Ich gab ihr meinen Sohn. Sie teilte mir mit, daß Mrs. Hogan gegen Abend kommen würde. Ich bat sie, mir mein Kind noch einmal zu bringen.

Die Sonne war untergegangen. Ich ließ die Jalousien herunter und setzte mich müde auf mein Bett. Ein wenig Milch begann aus meinen Brüsten zu fließen. Hatte auch mein Kind Sehnsucht nach mir? Ich läutete der Schwester und bat sie, mir Tupfer zu bringen, um die Milch aufzufangen.

Ich zog mich im Zeitlupentempo an. Ich kam mir merkwürdig vor in meinen Kleidern. Viereinhalb Monate lang hatte ich keine normalen Kleider mehr getragen. Wie lange war es her, daß ich dieses Kleid für den Tag der Entlassung aus dem Krankenhaus eingepackt hatte? Ich versuchte, mich in das Mädchen hineinzuversetzen, das ich gewesen war, als ich dieses Kleid das letzte Mal angehabt hatte. Aber ich wußte, daß die Kleider Lüge waren, nichts als Verkleidung. Ich konnte nie wieder die werden, die ich einmal gewesen war. Ich hatte nur das eine Verlangen, mir die Kleider vom Leib zu reißen und schreiend in den Säuglingssaal zu laufen, mein Kind zu packen und zu verschwinden. Aber damit hätte ich nur bewiesen, daß ich in der Tat als Mutter untauglich war. Und irgendwie hatte ich Angst, sie würden meinen Sohn nicht der besten Familie geben, wenn ich mich nicht tadellos benahm. Das Wohl meines Kindes hing von meinem Verhalten ab.

Diesmal brachte die Schwester meinen kleinen Sohn nicht im Wagen, sondern sie trug ihn auf ihren Armen zu mir. Behutsam legte sie ihn mir in die Arme. Ich konnte ihr nicht danken, aber ich wußte, sie verstand.

Ich hielt ihn fest und fühlte seine Wärme und gab ihm all meine Liebe. Lange saßen wir so, ganz still, wie außerhalb von Zeit und Raum. Ich küßte ihn auf die Stirn, auf die Nasenspitze, auf das süße kleine Mündchen. Dann kam die Schwester, um ihn zu holen. Ich löste seine kleinen Finger von meinem Finger. Sie wollten nicht loslassen. Die Schwester nahm ihn aus meinen Armen, und ich sah ihnen nach, bis die Tür hinter ihnen zufiel.

Als Mrs. Hogan endlich kam, schien sie etwas in Eile. Ich sagte, ich hätte einen wunderschönen kleinen Sohn, ob sie ihn sich einmal ansehen wolle. Sie erklärte, sie sei schrecklich in Eile. Gehorsam folgte ich ihr. Ich warf einen letzten Blick den Korridor hinunter zu dem großen Fenster, vor dem lauter glückliche Familien standen. Und in diesem Moment riß sich ein Teil von mir los und flog zu ihm. So wie ich mein Kind verließ, verließ mich meine Seele, um bei ihm zu bleiben.

6

Die Lichter waren schon aus, als ich ins Seton House zurückkehrte. Die Dunkelheit verbarg die Traurigkeit, die in ihm wohnte und die mir nach den wenigen Tagen der Abwesenheit, nach den wenigen Tagen, die ich im Licht gelebt hatte, umso tiefer erschien. Zwei Schatten lösten sich aus der Dunkelheit. Anne-Marie und Nora näherten sich, um die Heimgekehrte gebührend in Empfang zu nehmen. Wir waren Heldinnen, die aus der Tiefe zurückkehrten und die beruhigende Gewißheit mitbrachten, daß die anderen überleben würden. Ich nahm noch ein paar Mädchen wahr, die erwartungsvoll im Flur standen, in der Hoffnung, ein wenig aus meiner Erfahrung zu lernen. Ich konnte verstehen, daß sie wissen wollten, was sie erwartete, aber mir fehlten die Worte zu beschreiben, wo ich gewesen war und was ihnen bevorstand. Deshalb schützte ich große Müdigkeit vor und entschuldigte mich mit dem Versprechen, am nächsten Morgen in aller Ausführlichkeit zu erzählen. Ich verstand ihre Begierde, und ich kannte meine Verpflichtung. Ich schloß die Tür zu meinem Zimmer und ließ sie zurückkehren in den Fernsehraum, Unschuldige, die ihre Unschuld bald verlieren würden.

Die Nacht nahm mich auf, als ich mich langsam auf meinem Bett niederlegte. Nicht eine der Nonnen war zu mir gekommen. Ich vermutete, daß mein Kind noch im Krankenhaus war. Ich hatte nicht gefragt, was nun mit ihm geschehen würde. Und keiner hatte es mir gesagt. Ich wußte nicht, wie ich es geschafft hatte, ohne ihn das Krankenhaus zu verlassen. Ich befand mich im Schock; ich benahm mich ganz ›normal‹ und war dabei völlig distanziert von mir selbst.

Aus der Tiefe meiner Verzweiflung stieg ein Gebet auf, aus dem letzten Fädchen geknüpft, das mich noch mit irgendeiner Art von Glauben verband. Ich hatte dieses Fädchen nur deshalb nicht durchtrennt, weil ich eine schwache Hoffnung hegte, daß ich dadurch mit meinem Sohn verbunden bleiben würde. Ich mußte an dieses Fädchen glauben. Ich betete zu Maria, der Großen Mutter:

Heilige Mutter, bitte behüte meinen Sohn für mich. Liebe und beschütze ihn für mich. Gib, daß seine Eltern ihn lieben und so für ihn sorgen, wie ich wünschte, für ihn sorgen zu können. Segne sie und die Geschwister, die er vielleicht haben wird. Bitte hilf ihm, an meine Liebe zu glauben und sie in seinem Herzen zu fühlen. Und bitte umarme ihn jetzt für mich, und gib ihm einen Kuß von mir.

Und während ich wartete, fühlte ich, wie er von der Mutter Maria umarmt und geküßt wurde. Mit diesem Gebet, das meinte ich zu spüren, hatte ich ein uraltes Mysterium beschworen. Ich fühlte, wie das Gebet sich in meinem Herzen verwurzelte und ausging, mein Kind zu trösten, wo immer es auch sein mochte. Ich mußte an die Wirksamkeit dieses Gebets glauben, um weiterleben zu können. Als ich schließlich einschlief, war es, als stürzte ich in tiefe Finsternis.

Ich hatte zwei Tage Zeit, mich darin zu üben, als halber Mensch zu funktionieren. Ich fühlte mich wie amputiert. Ich schnitt mich von meinen Gefühlen ab und blieb mit einer halben Seele zurück.

Ich ging nicht zum Frühstück, sondern tat, als schliefe ich noch, um mich so lange wie möglich den Fragen der Mädchen zu entziehen. Ich konnte beschreiben, was mir körperlich geschehen war, aber ich konnte selbst kaum verstehen, was mir seelisch widerfahren war. Wie sollte ich da auch nur versuchen, sie auf das vorzubereiten, was auf sie zukam?

Ich machte mich auf die Suche nach Nora und fand sie in ihrem Zimmer. Jeden Moment erwartete sie eine Freundin, die versprochen hatte, sie abzuholen. Sie schien immer noch wie in einem Glückstaumel über die Geburt ihrer Tochter. Sie redete, als hielte sie das Kind in ihren Armen. Ich machte eine vorsichtige Andeutung über meinen Schmerz, um zu sehen, ob sie reagieren würde, ob ich mit ihr darüber würde sprechen können. Aber sie war völlig eingesponnen in eine Phantasiewelt, und ich wollte ihren schützenden Kokon nicht zerreißen. Ich setzte mich zu den anderen in den Fernsehraum. Als ich begann, meine Geschichte zu erzählen, erkannte ich kaum meine eigene Stimme.

Die Mädchen waren mir fremd. Nicht eine von ihnen erschien mir dieselbe wie vor meinem Aufenthalt in der Klinik. Hatte ich wirklich drei Monate hier mit ihnen zusammengelebt, *Thanksgiving* und Weihnachten mit ihnen verbracht? Sie waren mir jetzt fremder als bei unserer ersten Begegnung. Indem ich meinen Schmerz abkapselte, isolierte ich mich von allen Gefühlen. Der Selbsterhaltungstrieb differenzierte nicht.

Ich wurde nicht beraten. Ich wurde nicht getröstet. Mein Sohn wurde nicht erwähnt. Alle Aufmerksamkeit richtete sich einzig auf mein körperliches Wohlbefinden. Ein wenig Besorgnis löste mein Entschluß aus, innerhalb einer Woche ans College zurückzukehren, aber ich wußte, daß ich das schaffen konnte.

Am Donnerstag nachmittag untersuchte mich Schwester Beatrice noch einmal. Sie gab mir Einlagen, um die Milch aufzufangen. Auf der einen Seite hatten sie eine absorbierende Gazeschicht, auf der anderen eine Plastikhaut. Sie zeichneten sich viereckig unter meinen Kleidern ab und knisterten, wenn ich mich bewegte. Wie sollte ich im College die Lüge aufrechterhalten, wenn ich mit knisterndem, quadratischem Busen herummarschierte?

Die Schamhaare, die man mir vor der Entbindung abrasiert hatte, begannen jetzt nachzuwachsen. Die Stoppeln juckten wie verrückt. Ich fühlte mich nackt und unnatürlich, schutzlos. Wie sollte ich mit tropfenden Brüsten und stoppeligem Schamhaar den Gemeinschaftswaschraum im Wohnheim benutzen? Hinzu kam, daß ich mir in den kommenden drei Wochen nach jedem Gang zur Toilette eine desinfizierende Spülung aus der Plastikflasche machen mußte. Wie sollte ich die mit mir herumschleppen und dabei allen weismachen, ich sei gerade von vier Monaten Spiel und Spaß in Florida zurückgekehrt?

Ich fühlte das kalte Metall des Untersuchungstischs durch mein dünnes Hemd. Kühn fragte ich Schwester Beatrice, wie es meinem Sohn gehe. Ob jemand bei ihm sei. Ich hörte sie sagen, er werde gut versorgt. Aber ich wußte, daß er mutterseelenallein war. Der Schwester schienen meine Fragen nicht zu passen. Sie gab mir zu verstehen, daß man im Seton House seine Pflicht getan hatte. Man hatte mich hier aufgenommen, als ich nicht gewußt hatte, wohin. Nun, lautete die Botschaft, solle auch ich mich an die Abmachung halten und meinen Sohn vergessen. Ein Teufelspakt!

Als ich fertig gepackt hatte, holte ich aus der Tiefe meiner Kommodenschublade Chris' Briefe und schnürte das Bündel mit einem Weihnachtsband zusammen. Eines Tages wollte ich sie meinem Sohn geben. Vielleicht würden sie ihm eine Vorstellung davon vermitteln, wie wir gewesen waren. Er würde erfahren, daß wir ihn geliebt hatten, und wie ungeheuer schwierig uns unsere Situation erschienen war. In ein Taschentuch gewickelt schob ich den Stapel in meine Rocktasche, damit nicht etwa meine Eltern sie entdeckten. Sie wußten nicht, daß Chris und ich noch in Verbindung waren. Die Vorstellung, daß wir nun wieder zu Lügen greifen mußten, um uns sehen zu können, war mir schrecklich. Merkwürdig, sich wieder wie ein Kind behandeln lassen zu müssen, nachdem man Mutter geworden war.

Ich konnte mich nicht mit dem Gedanken vertraut machen, mein altes Leben wieder aufzunehmen. Ich hatte mich zu sehr verändert.

Ich hörte etwas zu Boden fallen. Es war ein Christbaumanhänger. Ich warf ihn in meinen Koffer, eine kleine Erinnerung an das einzige Weihnachtsfest, das mein Sohn und ich zusammen gefeiert hatten. Schwester Agatha hatte mir eine Heiligenkarte geschenkt. Ich steckte sie an einen versteckten Platz unter dem Einband meines Meßbuches. Es war ein Gebet für ›das Kind, das ich nicht behalten konnte‹. Ich hatte den Eindruck, daß ich ständig nur alles versteckte, was mich als die Frau auswies, die ich geworden war.

Als die Schlösser des weißen Samsonite-Koffers zuschnappten, klopfte es leicht an meine Tür. Es war Schwester Beatrice. Schwester Dominic war eingetroffen. Sie sei in großer Eile und müsse unbedingt sofort wegen der Papiere mit mir sprechen. Es war fast sechs, kurz vor dem Abendessen, meinem letzten im Heim.

Ich öffnete die Tür zu ihrem Büro. Groß und ehrfurchtgebietend stand sie hinter dem Schreibtisch und blieb stehen, während sie mir gebot, auf dem Stuhl vor ihr Platz zu nehmen. Als sie sich über den Schreibtisch zu mir beugte, verfing sich ihr schwarzer Schleier an der Rückenlehne ihres Sessels. Zwischen der steifen weißen Haube, die ihr Gesicht umrahmte, und dem schwarzen Schleier, der von der Stirn aus nach hinten über ihren Rücken fiel, entstand eine kleine Lücke, in der ich die Spitzen ihres kurz geschnittenen Haars, den äußeren Rand ihrer Ohrmuschel und ein kleines Stück ihres Nackens sehen konnte. Ich kam mir vor wie eine Voyeurin, aber ich war fasziniert. Dieser kleine Teil von ihr, der der Welt und wahrscheinlich auch ihr selbst stets verborgen war, hatte etwas rührend Menschliches, wirkte so lebendig im Gegensatz zur papierenen, fahlen Haut ihres Gesichts. Die Gesichter der Heiligen auf Gemälden schienen immer in mystischer Verzükkung zu leuchten. Nicht das Gesicht dieser Frau.

Sie ließ sich in ihrem Sessel nieder, immer noch überwältigend in ihrer Größe. Die Falten des Schleiers ordneten sich wieder. Ich versuchte, Blickkontakt aufzunehmen. Aber davon wollte sie nichts wissen. Statt dessen beschäftigte sie sich mit den Schlössern ihrer Aktentasche, klappte die Tasche auf und nahm mehrere Papiere heraus, die sie auf dem Schreibtisch zwischen uns niederlegte. Noch immer vermied sie es, mir in die Augen zu sehen, doch sie neigte sich mir über den Schreibtisch hinweg zu. Ich wich unwillkürlich zurück und zog die Schultern hoch.

Sie warf einen Blick auf ihre Uhr, um mich daran zu erinnern, daß ihre Zeit begrenzt war. In sachlichem Ton klärte sie mich über die Bedeutung der einzelnen Dokumente auf.

Das erste war eine eidesstattliche Versicherung, daß ich die Mutter meines Sohnes war. Das zweite eine Erklärung, daß ich zum Zeitpunkt der Zeugung des betreffenden Kindes, ebenso während der Schwangerschaft und zum Zeitpunkt der Geburt des Kindes, unverheiratet gewesen war und das Kind meines Wissens nicht für ehelich erklärt worden war. Das nächste Formular war ein ›Antrag auf Trennung von der Mutter‹. Das hörte sich so an, als sollte eher mein Sohn es unterzeichnen. Sie erklärte mir, daß sie dieses Papier brauchten, um ihn aus dem Krankenhaus holen und für dreißig Tage in Pflege geben zu können.

Von einer Pflegestelle hörte ich in diesem Moment das erste Mal. Stets hatte man mich glauben gemacht, mein Kind würde nach der Entlassung aus der Klinik direkt zu seinen sorgfältig ausgesuchten Adoptiveltern kommen. Ich erklärte ihr, unter keinen Umständen sei ich bereit, ein Papier zu unterschreiben, das ihnen erlaubte, ihn in ein Pflegeheim zu stecken. Wenn sie vorhätten, ihn in Pflege zu geben, würde ich überhaupt nichts mehr unterschreiben.

Sie erwiderte, sie täten das nur, um sicherzugehen, daß es keine ›Probleme‹ gäbe. Ich war entsetzt. Ich fand die Vorstellung ekelhaft, daß sie ihren Klienten nur absolut perfekte Kinder lieferten. Was würde denn geschehen, wenn ihm irgend etwas fehlen sollte? Würden sie es mir sagen? Mich überschwemmten plötzlich schreckliche Bilder von meinem Kind, das sein Leben lang in irgendeiner Anstalt dahinsiechte. Und ich würde es nie erfahren. Mir wurde so übel, daß ich fürchtete, ich würde direkt über ihrer Aktentasche erbrechen.

Ich sagte, ich würde nur unter der Bedingung unterschreiben, daß die Adoptiveltern ihn innerhalb von drei Tagen zu sich nach Hause holten. Ohne mir direkt zu antworten, versicherte sie, ich brauche mir keine Sorgen zu machen. Es wäre für die Adoptiveltern ein niederschmetternder Schlag, bemerkte sie, wenn ich es mir jetzt doch noch anders überlegen sollte.

Das nächste Formular, das sie mir vorlegte, war eine ›elterliche Verzichterklärung und Zustimmung zur Adoption‹. Zunächst mußte ich an Eides Statt versichern, daß ich im Vollbesitz meiner geistigen Kräfte sei. Als ich das las, hielt ich inne. So sicher war ich mir da nicht. Danach las ich den Rest. Die Bevollmächtigten, hieß es da, hätten keinerlei Druck auf mich ausgeübt und besäßen nunmehr die alleinige Entscheidungsgewalt darüber, wer die zukünftigen Eltern meines Kindes sein sollten. Mit anderen Worten, er war jetzt ihr Eigentum. Ich dürfe mich auch in der Zukunft nicht in das Leben meines Kindes einmischen, in welcher Weise auch immer.

Als ich unterschrieb, atmete Schwester Dominic hörbar auf. Sie schob die Papiere zusammen und erklärte mir dabei, dies sei der Wille Gottes. In dreißig Tagen würden die Dokumente rechtskräftig werden.

Wenn ich jetzt doch noch eine Möglichkeit finden sollte, mein Kind zu behalten, würde ich nicht nur meinen Eltern Schmerz und Verlegenheit bereiten, die Gesellschaft vor den Kopf stoßen, mein Kind unglücklich machen, Chris und mir selbst alle Chancen für ein geordnetes Leben rauben, ich würde mich auch noch gegen den Willen Gottes auflehnen.

Wie hypnotisiert starrte ich auf die Aktentasche, als die Schlösser zuschnappten. Schwester Dominic nahm sie beim Griff und hob sie vom Schreibtisch. Etwas seltsam, eine Nonne mit einer Aktentasche. Die Holzperlen ihres langen Rosenkranzes schepperten einen Moment, dann wurden sie still. An der Tür drehte sie sich noch einmal nach mir um und sagte: »Gott schütze Sie.«

Ich war unfähig aufzustehen. Sie ließ mich in dem kleinen Büro sitzen und verschwand mit den Papieren, die das Schicksal meines Sohnes besiegelt hatten, in der kalten Januarnacht. Aber nicht nur auf das Leben meines Sohnes würden diese Papiere tiefe Auswirkungen haben, sondern auch auf meines und das von Chris und auf das Leben vieler anderer Menschen. Ich hatte keinen Rechtsbeistand gehabt, keine psychologische Beratung. Ich war neunzehn Jahre alt und ganz auf mich selbst gestellt. Eine Weile saß ich wie betäubt, hilflos meiner Trostlosigkeit ausgeliefert. Dann machte ich das Licht in dem kleinen Büro aus und ging.

Beim Abendessen wirkten die anderen bedrückt. Ich wußte nicht, wie ich mich verabschieden sollte. Ich würde niemals erfahren, wie sich alles für sie entwikkeln würde. Wieder fiel ein Schleier herab, meinen Schmerz zu dämpfen. Mit jedem Trauerschleier, der herabfiel, spürte ich weniger, was in meinem Inneren geschah. Jeder einzelne betäubte den Schmerz und die Sehnsucht ein wenig mehr. Allmählich fühlte ich mich wie eine distanzierte Beobachterin meines eigenen Lebens. Aber ich funktionierte noch, auch wenn meine Abschiedsworte mir leer und hohl in den Ohren klangen.

Ich ging nicht mit den anderen in den Fernsehraum. Ich duschte und ging zu Bett. Ich legte mich hin und dachte an die Nächte mit meinem ungeborenen Kind. Ich betete zur Jungfrau Maria und bat sie, meinen kleinen Jungen, der ganz allein im Säuglingssaal der Klinik lag, für mich in die Arme zu nehmen und zu drücken. Dann fuhr ich plötzlich hoch. Hatte Schwester Dominic ihn mitgenommen? Ich hatte keine Ahnung, welcher Art ihre Pläne waren. Sie hatte mir kein Wort darüber gesagt. Es war anzunehmen, daß sie ihn mitgenommen hatte. Sonst würde sie ja in zwei Tagen extra wieder nach Richmond fahren müssen. Aber vielleicht lebten die Adoptiveltern in Virginia. Panik überkam mich, als mir bewußt wurde, daß ich keine Ahnung hatte, wo er war.

Es klopfte leise. Schwester Agatha schaute zur Tür herein, um mir zu sagen, daß meine Eltern angekommen waren. Sie hatte schon mit ihnen gesprochen. Sie seien so glücklich, mich wiederzuhaben. Dann nahm die Schwester den Weihnachtskarton, ich nahm den Rest und folgte ihren raschelnden Gewändern zum letzten Mal durch den endlos langen, düsteren Korridor.

Meine Eltern erwarteten mich im Foyer. Sie waren überglücklich, mich zu sehen, freudig überrascht über mein gutes Aussehen. Mehr hatten sie zu allem, was geschehen war, nicht zu sagen. Vielleicht hatte man ihnen geraten, möglichst nicht darüber zu sprechen. Ich bin sicher, sie waren sehr erleichtert, daß ich keine sichtbaren Zeichen meiner kürzlichen Schwangerschaft trug. So konnte das Theaterspielen gleich beginnen.

Sie nahmen mich in die Arme. Mein Vater ging hinaus, um das Gepäck im Wagen zu verstauen. Meine Mutter machte charmante Konversation mit Schwester Agatha, und die Schwester antwortete gleichermaßen freundlich und charmant.

Ich stand schweigend abseits von ihnen und starrte auf die Stelle, wo ich mir immer vorgestellt hatte, daß die Adoptiveltern stehen würden, wenn sie mein Kind das erste Mal sahen. Ich hatte mir ihre entzückten Gesichter vorgestellt. Ich hoffte, daß ihnen die Sonne scheinen würde, wenn es zu dieser ersten Begegnung kam, und daß ihnen der Moment heilig sein würde. Ich hatte das Gefühl, ich würde gleich ohnmächtig werden.

Dann kam mein Vater wieder herein und sagte, wir könnten fahren. Ich schüttelte Schwester Jerome und Schwester Beatrice zum Abschied die Hand und dankte ihnen. Sie blieben an der Tür stehen und winkten, als wir ins Auto stiegen.

Als mein Vater den Motor starten wollte, bat ich ihn, einen Moment zu warten. Ich wollte ihm etwas sagen. Seit meiner Rückkehr ins Seton House hatte ich die wenigen Worte im Stillen immer wieder geprobt. Da zwischen uns von Gefühlen niemals gesprochen wurde, war mir, als müsse ich eine riesige Kluft überspringen, um die Worte hervorzubringen. Aber ich mußte es tun.

»Dad«, sagte ich, »ich wollte dir nur sagen, daß ich dich nie, nie wieder enttäuschen werde.«

Meine Stimme klang erstickt, die Worte kamen stockend und unbeholfen. Nachdem ich sie ausgesprochen gehört hatte, hätte ich sie am liebsten zurückgenommen. Ich hatte Angst davor, was geschehen würde, wenn ich auch nur ein weiteres Wort sagte. Es kostete mich eine unglaubliche Anstrengung, meine Tränen zurückzuhalten und nicht laut zu schreien. Ich weiß nicht, warum ich solche Beherrschung von mir verlangte. Vielleicht meinte ich, wenn ihnen mein Schmerz nicht allein aus dem, was ich durchgemacht hatte, offenkundig sei, würden sie mich sowieso niemals wirklich verstehen. Ich war schließlich nicht die erste junge Mutter, die ohne ihr Kind aus einem Heim für ledige Mütter entlassen wurde. Meine Eltern brauchten sich ja nur nach den lächelnd winkenden Nonnen umzudrehen, die uns so enthusiastisch für unseren Entschluß segneten.

Ich spürte, daß mein Vater tief gerührt war von meinen Worten. Er wußte nichts darauf zu sagen. Es war ihm immer schwergefallen, seine Gefühle auszudrükken, aber mir hatte das nie etwas ausgemacht, weil ich sie ihm immer von den Augen ablesen konnte. Meine Mutter drehte sich halb herum und legte ihren Arm auf die Rücklehne des Vordersitzes, so daß ihre Finger beinahe die Schulter meines Vaters berührten. Ohne mich anzusehen, sagte sie: »Wir brauchen darüber nie wieder zu sprechen. Bald werden wir alle vergessen haben, daß es überhaupt geschehen ist.«

Aber einmal würde ich doch noch darüber sprechen müssen, um zu hören, was sie sagen würden, wenn Chris und ich jetzt heirateten. Aber ich wollte damit warten, bis wir zu Hause waren, und zuerst mit meiner Mutter sprechen. Ich wußte, wenn ich jetzt Chris' Namen erwähnte, würde mein Vater völlig außer sich geraten.

Um mich aufzuheitern, begann meine Mutter zu erzählen, was alles zu Hause während meiner Abwesenheit geschehen war. Wieder blickten die Bürgerkriegshelden in der Monument Avenue ernst auf uns herab. Verstohlen spähte ich durch die offenen Räume zwischen ihnen, in der Hoffnung, einen Blick auf das Richmond Memorial Krankenhaus zu erhaschen.

Je weiter wir uns vom Seton House und dem Krankenhaus entfernten, desto traumhafter erschien mir alles um mich herum. Ich beobachtete fasziniert die alltägliche Hektik auf den Straßen, das Kommen und Gehen der Menschen in ihren Autos und auf den Bürgersteigen zu beiden Seiten der Fahrbahn. Alle erschienen sie mir völlig unwirklich. Wenn ich den Arm ausstrecken würde, um sie zu berühren, würden sie sich in Luft auflösen. Wie sollte ich mich in der realen Welt wieder zurechtfinden?

Angespannt starrte ich in das Gesicht jedes einzelnen Menschen, der vor unserem Wagen die Straße überquerte. Hättest du wirklich etwas dagegen, wenn ich mein Kind behielte und seinen Vater heiratete, wenn auch erst nach der Geburt des Kindes? Würden deine Kinder wirklich meinen Sohn in der Schule hänseln und ihn sein Leben lang einen Bastard schimpfen? Ich war nicht sicher.

Wie eine Schlafwandlerin fühlte ich mich, während wir durch welliges Hügelland und malerische Landschaften heimwärts fuhren. Ich schloß die Augen vor diesen Bildern und versuchte zu schlafen, einen Ort in mir zu finden, an dem kein Schmerz war. Ich konnte die Tränen nicht zurückhalten, die mir unaufhörlich in die Augen schossen.

Endlich fuhren wir die Friendly Road hinunter, die Hauptstraße, die durch meine Heimatstadt zu den Vororten hinausführte. Wenig später bogen wir in unsere Straße ein. Ich betrachtete die Häuser der Nachbarn und fragte mich, ob diese Leute wußten, was für eine unglaubliche Macht sie besaßen. Unsere Sorge darum, was ›sie‹ sagen würden, war ein gewichtiger Grund dafür, daß ich jetzt nicht mit meinem Kind in meinen Armen aus dem Auto steigen konnte. Und dabei kannten wir die meisten von ihnen kaum.

Als mein Vater den Motor ausschaltete, schienen meine beiden Eltern sich mit einem tiefen Seufzer der Erleichterung von aller ängstlichen Spannung und Sorge zu befreien. Es war ausgestanden. Sie hatten *ihre* Erstgeborene wieder bei sich.

Wie eine Fremde ging ich ins Haus. Mein Vater mußte wieder ins Büro. Ich zog mich zurück, um mich frischzumachen und mich hinzulegen. Ich wußte, meine Mutter hätte gern etwas für mich getan, aber es gab nichts, was sie für mich hätte tun können, es sei denn, sie hätte es mir irgendwie ermöglicht, mein Kind zu behalten.

Nachdem ich im Bad mein Spülungsritual absolviert hatte, ging ich in das Zimmer, das ich mit Janice teilte. Sie war noch in der Schule. Ich stopfte mir mehrere Kissen in den Rücken und setzte mich auf mein Bett, um nachzudenken. Mein Zimmer, in dem ich mich eigentlich so geborgen hätte fühlen müssen, war mir fremd, fremd gerade in seiner Vertrautheit, die mir zeigte, wie weit ich mich von dem Mädchen, das ich gewesen war, entfernt hatte. Ich wußte, nie wieder in meinem Leben würde ich etwas durchmachen müssen, das schlimmer war als das, was ich soeben erlebt hatte. Da ich dies überlebt hatte, würde ich auch alles andere überleben können. Und dennoch saß mir die Angst im Herzen, als ich mir überlegte, wie ich die Bitte, Chris jetzt heiraten zu dürfen, formulieren sollte.

Nach einer Weile stand ich vom Bett auf und glättete meine Kleider. Sie hingen an mir herunter. Niemals war ich so dünn gewesen. Ich atmete ein paarmal tief durch, um mich zu beruhigen, dann öffnete ich die Tür und faßte mir ein Herz.

Ich fand meine Mutter in der Küche, wo sie gerade einen Teller Suppe für mich gemacht hatte. Sie sagte, es sei so schön, mich wieder zu Hause zu haben. Sie bat mich, nach hinten in den Garten zu kommen, sie wolle ein Foto von mir machen. Ich mußte mir erst eine Jacke holen, da es ziemlich kalt war. Ich nahm unseren Zwergpudel Gigi auf den Arm und ging mit ihm hinaus in die feuchte Nachmittagsluft. Sie tat mir gut nach der muffigen Wärme im Haus. Ich hielt Gigi in den Armen, ohne mir recht bewußt zu sein, daß ich etwas halten mußte, um dem Bild Vollkommenheit zu geben. Meine Mutter fummelte am Fotoapparat. Ich wartete geduldig. Sie machte zwei Aufnahmen. Ich musterte sie mit gespannter Aufmerksamkeit, um ja den rechten Moment zu erwischen. War ihr aufgefallen, daß ich nicht mehr ihr kleines Mädchen war? War ihr klar, daß ich es nie wieder würde sein können – und auch nicht mehr sein wollte?

Zurück im Haus, nahmen wir uns jeder einen Teller Suppe mit ins Wohnzimmer und setzten uns, ich aufs Sofa, meine Mutter in den Ohrensessel rechts von mir. Ich fühlte mich ihr jetzt völlig ebenbürtig. Aber da wir diesen Punkt nicht in gemeinsamer Entwicklung erreicht hatten, war es ein verwirrendes Gefühl für mich. Ich war, wie immer, nicht besonders diplomatisch und kam gleich zum Kern der Sache.

»Mama«, sagte ich, »Chris und ich haben in der ganzen Zeit weiter Verbindung gehalten. Wir lieben uns immer noch.« Sie nahm das ziemlich gelassen hin, darum fuhr ich gleich fort. »Er kam am Abend nach der Geburt unseres Kindes ins Krankenhaus. Er hat sich den Kleinen durch das Fenster im Säuglingssaal angesehen, aber sie haben ihm nicht erlaubt, sich auch sein Gesicht anzusehen.«

Ich schwieg in Erwartung irgendeiner Reaktion, die über höfliche Aufmerksamkeit hinausging. Vielleicht bemühte sie sich, ruhig zu bleiben, um es mir zu erleichtern. Ich wußte es nicht. Zwischen uns war eine

Kluft, und ich schien sie nicht überbrücken zu können. Vielleicht konnte jemand, der nicht gleiche Erfahrungen gemacht hatte wie ich, gar nicht verstehen. Vielleicht hörten sich meine Worte für sie an, als spräche ich in einer fremden Sprache. Aber sie hatte doch selbst vier Kinder zur Welt gebracht, das jüngste erst vor viereinhalb Jahren. Ich wünschte mir, sie würde mich in die Arme nehmen und trösten nach allem, was ich ganz allein durchgestanden hatte. Aber betteln würde ich nicht um ihren Trost. Die Eltern mehrerer Mädchen vom Seton House sprachen kaum noch mit ihren Töchtern, so unversöhnlich waren sie in ihrem Zorn. Ich mußte dankbar sein, wie die Schwester gesagt hatte, daß meine Eltern auch in dieser Zeit zu mir gestanden hatten.

Mit schwacher Stimme sagte ich: »Chris möchte mich heiraten, und ich möchte es auch.«

Einen Moment blieb es still. Dann sagte meine Mutter: »Du weißt, dein Vater und ich würden euch in jeder Weise unterstützten. Aber ihr würdet natürlich in einen anderen Staat ziehen müssen, jedenfalls fürs erste. Sonst kann es passieren, daß dein Vater seine Stellung verliert. Und was würden die Leute von uns denken? Wie sollten wir sonst für alles eine Erklärung finden?«

Ich versuchte, es mir vorzustellen: Allein mit meinem Mann und einem neugeborenen Kind in einem fremden Staat, ohne Freunde, ohne Familie in der Nähe. Konnte ich von Chris ein solches Opfer verlangen? Ich glaubte es nicht. Ich verdiente es nicht. Es würde ja bedeuten, daß Chris und unser Sohn wahrscheinlich ein Leben lang, so wie es im Moment aussah, meinetwegen in Heimlichkeit und Schande würden existieren müssen. Und wann würde man uns endlich aus dem Versteck, aus dem Exil herauslassen?

Ich sagte meiner Mutter, ein solcher Schritt wäre mir unvorstellbar.

»Gut«, sagte sie. »Dann wollen wir dieses Thema von jetzt an nicht mehr ansprechen.«

Ich stellte meinen Suppenteller auf das Tablett und stand auf. Mit tonloser Stimme sagte ich, ich wolle mich eine Weile hinlegen. Milch begann aus meinen Brüsten zu quellen und näßte meine Bluse. Brauchte mich mein Kind? Weinte es? Nahm jemand es auf, um es zu trösten? Ich legte mich auf meinem Bett nieder und starrte, ohne zu sehen, zur Decke hinauf. Ich fühlte mich wie versteinert.

Gedämpfte Geräusche drangen zu mir. Erst hörte ich die Haustür zufallen, dann hörte ich Janices Stimme. Sie war aus der Schule zurück. Meine Mutter bat sie hastig, in einem Ton, der so laut und dramatisch wie Bühnengeflüster war, nicht in unser Zimmer zu gehen. Ich sei mit einer scheußlichen Grippe aus dem College nach Hause gekommen. In der Küche läutete das Telefon.

Ich hörte Janice durch den Flur laufen, um sich Ellen zu schnappen, die gerade zu mir ins Zimmer wollte. Gigi kläffte ihnen aufgeregt hinterher. Lauter als vorher sagte meine Mutter: »Paß auf, daß sie nicht hineingeht. Carol braucht Ruhe.«

Eine Lüge führte zur anderen. Wann würden all diese Lügen endlich überflüssig werden? Zählte der

Priester diese ›Notlügen‹ als Sünden? Hatte meine Mutter überhaupt den Mut, sie zu beichten?

Am Sonntag morgen gingen meine Eltern und meine beiden Schwestern ohne mich zur Messe. Ich belog sie und sagte, ich könne nicht mitkommen, ich sei zu müde und wolle mir meine Energie für die Rückfahrt zum College sparen. Ich hatte überhaupt kein Verlangen, eine Kirche zu betreten. Es wäre die reine Heuchelei gewesen.

In dem stillen, leeren Haus dachte ich an meinen kleinen Sohn, der an diesem Tag eine Woche alt war. Die Erinnerungen an den letzten Sonntag waren noch so frisch, daß ich das Gefühl hatte, alles noch einmal zu durchleben. Eine Woche näher war ich nun schon dem Tag, an dem ich anfangen konnte, ihn zu suchen.

7

Am Montag fuhr ich mit vier Studentinnen aus höheren Semestern, die ich nur oberflächlich kannte, zum Winthrop College zurück. Sie wußten alle, daß ich das letzte Semester ausgesetzt hatte, und natürlich mußte ich eine Menge neugieriger Fragen über mein herrliches Freisemester in Florida beantworten. Wahrscheinlich wußten sie die Wahrheit, hielten aber aus Kameradschaftlichkeit an der Farce fest. Im ganzen College war klar, wenn ein Mädchen für längere Zeit von der Bildfläche verschwand, dann weil sie schwanger war.

Ich sprach nicht viel auf der Fahrt. Die anderen vier waren eng befreundet und hatten genug miteinander zu schwatzen und zu lachen. Ich konnte durch das regennasse Fenster in die Ferne schauen und von meinem Kind träumen. Und heute abend würde ich Chris anrufen können.

Als wir vor dem Wohnheim anhielten, dankte ich ihnen, daß sie mich mitgenommen hatten, und schleppte meinen schweren Koffer ins Zimmer hinauf. Eigentlich hätte ich noch gar nichts Schweres heben dürfen. Ich konnte nur hoffen, daß mir das Koffertragen nicht schaden würde.

Blair, meine Zimmergenossin, und Barbara und Sheila, die das Apartment mit uns teilten, sprangen auf, um mich zu begrüßen, als ich hereinkam. Ich spürte eine gewisse Zurückhaltung von ihnen; sie wußten ja nicht, was nach dem, was ich durchgemacht hatte, von mir zu erwarten war. Wenn sie mich sahen, sahen sie das, was sie am meisten für sich selbst fürchteten. Sie meinten, ich hätte Pech gehabt. Aber an das Wort Pech konnte ich in Verbindung mit meinem kleinen Sohn gar nicht denken. Er war zu schön.

Ich hatte gehofft, daß ich mit dem Betreten des Zimmers augenblicklich in mein altes Leben zurückfinden würde. Aber so war es nicht. Alles erschien mir fern und unwirklich. Wenn ich sprach, stand ich innerlich abseits und hörte mir zu wie einer Fremden. Ich wußte, es hatte keinen Sinn. Ich hatte den Bezug zu meinen Freundinnen verloren. Ich wußte etwas, das sie nicht wußten. Ich hatte ein Kind geboren, ich hatte gespürt, wie es in mir langsam gewachsen war, ich hatte seinen Kampf, ins Leben zu kommen, miterlebt. Ich hatte mein eigen Fleisch und Blut in meinen Armen gehalten. Mein ganzer Körper sehnte sich nach ihm, und nie wieder konnte mein Leben wie ihres werden oder wie meins gewesen war.

Meine Brüste spannten und schmerzten. Milch quoll heraus. Ich hielt meine Handtasche vor die Brust, um die feuchten Stellen zu verdecken. Die Gazeeinlagen knisterten. Ich versuchte, ganz unbefangen zum Toilettentisch zu gehen, und kehrte ihnen den Rücken. Ich glaube, meine Freundinnen hatten ein wenig Angst vor mir. Ja, ich hatte selbst Angst vor mir. Sie fragten, ob ich mit ihnen zum Essen gehen wolle. Ich lehnte ab. Ich müsse noch auspacken, sagte ich und bat sie, mir etwas mitzubringen. Ich wollte nur alleinsein.

Spät am Abend, als ich nicht schlafen konnte, schrieb ich an Chris. Ich hatte ihn eigentlich anrufen und ihm sagen wollen, daß wir nicht heiraten konnten, aber ich hatte nicht den Mut aufgebracht, es ihm direkt zu sagen. Ich war zu niedergeschlagen und schämte mich zu sehr.

In den folgenden Tagen bemühte ich mich verzweifelt, meine alte Unbeschwertheit wiederzufinden. Vielleicht – wenn die Milch nicht mehr einschoß, wenn die Schamhaare nachgewachsen waren, wenn ich keine Spülungen mehr machen mußte, wenn die Erinnerung an den Druck der Gurte, mit denen man mich bei der Entbindung angeschnallt hatte, verblaßte –

vielleicht konnte ich dann diese unaussprechliche Traurigkeit abschütteln und endlich aufhören, um meinen Verstand zu fürchten. Aber ich war wie gelähmt, und die Lähmung schritt fort. Manchmal saß ich nach dem Unterricht stundenlang reglos auf meinem Bett, kaum fähig, einen Muskel zu bewegen. Wenn ich versuchte, mich mitzuteilen, schienen die Worte in dem dichter werdenden Netz hängenzubleiben, das mich umhüllte. Ich lebte wie ein Automat, ohne an irgend etwas Anteil zu nehmen, in einem Gefühl totaler Isolation und totalen Alleinseins. Niemand hatte mich auf diese Gefühle vorbereitet. Ich nahm an, nur ich allein müsse an ihnen leiden, weil ich keinen Willen und keinen Charakter hatte.

Ich wußte, der letzte Tag, an dem unser Sohn noch wahrhaft mir und Chris gehörte, war der Valentinstag, der dreißig Tage auf den Tag folgte, an dem ich die Verzichterklärung unterzeichnet hatte. Lethargisch vermerkte ich jeden vergehenden Tag und stellte mir die ganze Zeit über meinen Sohn so vor, wie man es mir versprochen hatte: glücklich, mit strahlendem Lächeln zu seiner vorbildlichen und schönen neuen Mutter aufsehend. Sein erfolgreicher Vater hatte ihm wahrscheinlich Berge von Spielsachen gekauft. Sie präsentierten ihn allen ihren Freunden als ihren Sohn. In seinem Gedächtnis war wahrscheinlich nicht einmal die schwächste Spur einer Erinnerung an mich zurückgeblieben. So hatten es uns die Nonnen gesagt. Seine Eltern glaubten vermutlich, sie hätten ein ›unbeschriebenes Blatt‹ bekommen. Aber ich hatte seine Seele in seinen Augen gesehen und wußte, daß es nicht so war. Ich fragte mich, ob sie je an mich dachten. Ich hatte nicht das Gefühl, daß sie es taten.

Es war schrecklich, nicht zu wissen, wo sie lebten. Überall stellte ich sie mir vor. Nur auf dem Campus fühlte ich mich sicher, da brauchte ich keine Mütter mit Säuglingen zu sehen, brauchte mich nicht bei jedem Baby zu fragen, ob es vielleicht mein Sohn war.

Ich blieb immer wach, bis alle anderen schliefen. Sie sollten mich nicht weinen hören. Ich konnte nur einschlafen, wenn ich vorher weinte. Anders ging es nicht. Ich hätte mir höchstens eine Flasche Wodka unter der Matratze verstecken können. Am Abend vor dem Valentinstag betete ich besonders inbrünstig zur Mutter Maria und bat sie, meinem Sohn zu helfen, mich zu verstehen, ihn wissen zu lassen, wie sehr ich ihn liebte und stets lieben würde, ihm ein glückliches Leben zu schenken. Ich betete in Panik.

Am nächsten Morgen war mir speiübel, als ich erwachte. Ich rannte ins Badezimmer und übergab mich. Ich glaubte, ich hätte eine Grippe. Den ganzen Tag fühlte ich mich völlig desorientiert.

Schwester Dominic rief nicht an, um mich zu zwingen, der Realität dieses Tages ins Auge zu sehen. In ihrem Büro, das nur vierzig Kilometer entfernt war, nahm sie die Papiere heraus, die ich knapp vier Tage nach der Geburt meines Sohnes unterzeichnet hatte, und zeichnete mit ihrem eigenen Namen gegen. Unser Schicksal war besiegelt.

Da Winthrop ein reines Frauencollege war, war es an den Wochenenden so verlassen wie eine Geisterstadt. Selbst eine Studentin ohne persönliche Probleme wäre spätestens am Sonntag abend aus reiner Langeweile und Einsamkeitsgefühlen die Wände hochgegangen.

Um mir aus meiner Depression herauszuhelfen, drängten mich Blair und andere Freundinnen, doch wieder auszugehen, mich mit jungen Männern zu treffen. Sie hatten alle viel Spaß mit den Studenten eines katholischen Männercolleges in der Nähe. Da mir selbst klar war, daß es nicht ewig so weitergehen konnte, schloß ich mich ihnen an einem Wochende an. Sie verkuppelten mich mit einem jungen Mann, dessen Vater eine Ranch hatte, auf der es auch Pferde gab. Wir unternahmen einen stundenlangen Ausritt. Ich sah endlich wieder die Schönheit der Natur, roch den würzigen Duft der Erde, des Laubs, der Fichten. Ich spürte, wie Gelächter in mir aufstieg. Nur berührte mich jetzt die Schönheit allzu tief und riß die Wunde wieder auf. Ich fragte mich, ob ich meinem Schmerz jemals entkommen würde.

Dave, mein Wochenendpartner, hatte ein geheimes Whiskylager, und am späten Nachmittag fingen wir alle an zu trinken. Unter der Einwirkung des Alkohols ließ der schreckliche Schmerz, der mich nun seit fast einem Jahr unablässig quälte, plötzlich nach. Die Erleichterung war unglaublich. Ich war überrascht, daß ich mich so leicht und unbeschwert fühlen konnte.

Nach dem Abendessen verschwanden meine Freundinnen mit ihren jeweiligen Freunden, und ich blieb mit Dave allein zurück. Ich wünschte, ich könnte zaubern und ihn in Chris verwandeln. Vorher hatte mir niemand gesagt, daß geplant war, über Nacht auf der Ranch zu bleiben. Von den anderen im Stich gelassen, starrten Dave und ich einander verlegen an. Ich schenkte mir noch einen Whisky ein und fragte mich, was er von mir denken würde, wenn er die Wahrheit über mich wüßte.

Im großen steinernen Kamin des Holzhauses brannte ein helles Feuer, doch die Wärme erreichte die Couch nicht, auf der ich saß. Ich wickelte mich in meine Winterjacke und starrte ins Feuer, während Dave hinausging, um noch Holz zu holen. Worüber um alles in der Welt sollten wir uns unterhalten? Wie konnte ich von mir erzählen, ohne zu erwähnen, daß ich einen zwei Monate alten Sohn hatte, den ich hatte weggeben müssen; daß ich immer noch versuchte, über den Verlust hinwegzukommen, und doch wußte, daß ich niemals ganz darüber hinwegkommen würde? Konnte ich denn je wieder eine freundschaftliche Beziehung aufnehmen, ohne das Wichtigste von mir zu offenbaren? Aber ich wußte auch, daß ich lernen mußte, die Dinge ctwas leichter zu nehmen, wieder fröhlicher zu werden, sonst würde ich jedes Wochenende allein auf dem Campus sitzen. Ich brauchte Abwechslung, ich mußte vergessen, mich nicht ewig in meinen Depressionen suhlen.

Dave kam zurück. Seine Worte rauschten an mir vorbei, während er mir von sich erzählte. Im Seton House hatten wir oft darüber diskutiert, wann wir einem Mann, für den wir uns interessierten, sagen sollten, daß wir ein Kind hatten. Manche hatten gemeint, erst dann, wenn eine echte Bindung vorhanden sei. Manche hatten gesagt, niemals. Da wir ›angeschlagene Ware‹ waren, glaubten wir, froh und dankbar sein zu müssen, wenn sich ein Mann fände, der sich in seiner Güte dazu herablassen würde, uns unseren ›schrecklichen Fehltritt‹ zu verzeihen. Auf Knien müßten wir ihm danken. Ewig dankbar sein, daß er uns nicht nur den Verlust unserer Jungfräulichkeit verzieh, sondern auch noch bereit war, die Tatsache zu übersehen, daß sein erstes Kind unser zweites sein würde. Wir zerbrachen uns die Köpfe über unser verletztes Hymen und waren uns überhaupt nicht bewußt, daß die seelische Verletzung weit tiefer ging.

Schweigend sah ich zu, wie Dave mit dem großen schmiedeeisernen Schürhaken im Feuer stocherte. Wieder ging er hinaus, kehrte mit drei neuen großen Scheiten zurück und warf sie alle drei in die Flammen. Ich war erstaunt über mich selbst, daß ich nicht ein Wort herausbrachte. Ich war immer witzig und schlagfertig gewesen. Aber diese Begabung schien mir völlig abhanden gekommen zu sein.

Dave war älter als ich, 23. Er war nur auf einen kurzen Besuch hier, der ideale Mann also, um mit ihm einen Reaktionstest zu machen. Als er sich mir im flakkernden Feuerschein zuwandte, wußte ich, daß er gleich versuchen würde, mich zu küssen.

Obwohl die Hitze des Feuers jetzt bis zur Couch strahlte, zog ich meine Jacke fester um mich. Als er mir den Arm um die Schultern legte, bemerkte ich, ich müsse ihm etwas sagen. Zu meiner Überraschung hörten die Worte sich an, als wollte ich mich entschuldigen, daß ich ihn an der Nase herumgeführt hatte, und wolle ihn wissen lassen, daß er sich mit einer Aussätzigen eingelassen hatte. Ich machte mich nieder, ehe er es tun konnte.

Und während ich diesem Fremden meine Geschichte erzählte, war ich mir selbst eine Fremde; eine Fremde voller Selbsthaß. Anstatt von Liebe und Schönheit der Mutterschaft zu sprechen, sprach ich von Scham und Schande. Ich wußte nicht, woher das kam. Ich hatte geglaubt, ich hätte meinen Stolz gerettet. Jetzt, während ich mit diesem Mann sprach, erkannte ich, wie untreu ich mir selbst geworden war.

Er hörte mir aufmerksam zu und wäre wahrscheinlich liebevoller gewesen, wenn ich zu mir selbst liebevoller gewesen wäre. Ich spürte deutlich die Verschiebung seiner Gefühle von der Verliebtheit zur Brüderlichkeit. Aber das war mir nur recht.

Im nüchternen Licht des Morgens waren mir meine nächtlichen Enthüllungen unglaublich peinlich. Ich wünschte, ich hätte mich nicht gezwungen gefühlt, die Wahrheit zu sagen, ehe ich wirklich dazu bereit war. Dave erwähnte nichts davon. Ich war froh, daß er bald wieder abreisen würde.

Es war dunkel im Postamt des Colleges und ausnahmsweise sehr still. Ich stellte die Kombination an meinem Postfach ein und öffnete das Türchen. Nur ein Brief wartete auf mich. Er war von Chris. Ich spürte seine Anwesenheit, als ich seinen Brief aus dem Kasten nahm. Ich spürte den Kummer in seinem Brief, ohne ihn gelesen zu haben. Leise schloß ich das Türchen und blieb in der Dunkelheit stehen. Wir brauchten einander jetzt noch mehr. Wir hätten eigentlich kein Bedauern mehr empfinden sollen. Der Schmerz hätte sich langsam auflösen sollen, aber er wurde nur immer heftiger. Wenigstens konnten wir uns in unseren tiefen Schuldgefühlen und unserem Zorn darüber, auf alle anderen, nur nicht auf uns selbst gehört zu haben, gegenseitig beistehen und helfen. Nur das Unaussprechliche, daß wir unseren Sohn wildfremden Menschen und einem unbekannten Schicksal ausgeliefert hatten, das konnten wir auch vor uns selbst nicht aussprechen.

Ich wußte, daß der Tag näherrückte, an dem ich auch Chris verlieren würde. Wenn wir zusammenblieben, würde uns das ständig an unseren Verlust erinnern. Wir hatten keine andere Wahl, als irgendwie unser Leben wiederaufzunehmen. Aber noch brauchten wir einander zu sehr, um loszulassen. Es war ja sonst niemand für uns da.

Zwei Monate lang fuhr ich nicht nach Hause und danach nur, um Chris und meine Freundinnen zu sehen. Immer wieder verschob ich die Heimreise, weil ich wußte, ich würde meine Eltern dann nur von neuem belügen müssen: daß ich mit Chris gebrochen hätte, daß ich alles vergessen hätte, daß ich glücklich sei. Es kostete mich zuviel Kraft, die Fassade aufrechtzuerhalten. Ich mied meine Eltern. Ich vermied es, mit ihnen zu sprechen. Ich wußte, daß es sie verletzte, ihnen vielleicht sogar angst machte. Aber ich verfügte nicht über die inneren Reserven, auf ihre Verletzungen Rücksicht zu nehmen, auch wenn es mich bedrückte, ihnen so viel Kummer zu bereiten.

Als ich zu meinem ersten heimlichen Stelldichein mit Chris nach der Geburt unseres Kindes aus dem Haus ging, spürte ich den Zorn meines Vaters gegen ihn. Er machte mir beinahe genug angst, das Risiko nicht einzugehen. Aber wir mußten uns sehen.

Bis zu dem Moment, als ich ihn sah, hatte ich nicht gewußt, daß meine Gefühle noch so bloßlagen. Ich war tief erschüttert und fühlte mich doch zugleich viel lebendiger. Ich sah ihn und konnte wieder fühlen. Aber zugleich wußte ich, daß ich mit diesen Gefühlen auf die Dauer nicht leben konnte. Ich mußte mich wieder totstellen, um weiterleben zu können.

Als ich auf dem Weg zurück zum College an Charlotte vorbeifuhr, begann ich zu zittern. Ich glaubte, es käme von der Erinnerung an die Zeit, als ich mich hier bei Tessa versteckt hatte. Oder konnte es bedeuten, daß mein Sohn hier in der Nähe war? Schwester Dominic hatte uns gesagt, die Kinder würden an Familien gegeben, die weit vom Wohnort der Mütter entfernt lebten. Wenn ich gewußt hätte, daß er sich in der Nähe befand, wäre ich Tag und Nacht durch die Straßen gelaufen und hätte in jeden Kinderwagen hineingesehen. Ich hätte wahrscheinlich das College aufgegeben, um ihn zu suchen. Mein schlimmster Alptraum war, daß ich ihm eines Tages ins Gesicht blicken und nicht erkennen würde, daß er mein Sohn war.

Zurück im College, hing ich stundenlangen Tagträumen nach, in denen ich mir ausmalte, wie mein Sohn war, wie seine Eltern waren, wo er lebte. Ich schwankte ständig zwischen der Überzeugung, er sei allseits von Liebe umgeben, und der Furcht, er sei mutterseelenallein. Oft, wenn ich in Gedanken unter den alten Eichen auf dem Campus spazierenging, wunderte ich mich über das anscheinend so normale Leben der Menschen, die an mir vorüberkamen. Und manchmal glaubte ich, ein Baby weinen zu hören.

Ich hatte ein Seminar über das antike griechische Drama belegt. Das theatergeschichtliche Seminar, das ich in meinem ersten Jahr besucht hatte, hatte mich fasziniert; dennoch konnte mich dieses, genau wie alle anderen, nicht fesseln. Aber dann machte der Dozent eine Bemerkung, die die Nebelmauern durchdrang. Sie mußte mich schon in einer tieferen Schicht getroffen haben, ehe mein Verstand sie registrieren konnte; denn als ich mich vom Fenster abwandte, um den Dozenten anzusehen, waren meine Augen schon weit aufgerissen vor Entsetzen. Ich war erschüttert von der Geschichte des Ödipus, der ohne es zu wissen, seinen Vater tötet und seine Mutter heiratet. Ich konnte das aufsteigende Gelächter kaum unterdrücken. Das Leben erschien mir auf einmal wie ein einziger schlechter Witz. Der Dozent warf mir einen erstaunten Blick zu, aber er sagte nichts.

Als ich nach dem Seminar aus dem alten Gebäude trat, regnete es. Meine Bücher fest an die Brust gedrückt, um sie vor der Nässe zu schützen, hob ich das Gesicht, und meine Tränen vermischten sich mit dem kalten Regen.

Als die Osterferien näherrückten, packte mich allmählich Aufregung. Dies würden die ersten Ferien sein, die ich seit meiner Verbannung zu Hause verbrachte. Ich dachte an die anderen Mädchen aus dem Seton House und fragte mich, ob es ihnen besser ging als mir.

Jessica hatte sich als Mittlerin für Chris und mich zur Verfügung gestellt. Nach meiner Ankunft am Nachmittag des Karfreitag brauchte es sechs heimliche Gespräche, um ein Treffen zu vereinbaren, und ein weiteres, um die Verabredung wieder abzublasen, da meine Mutter darauf bestand, daß ich mit ihr zur Kirche ging, um Janice und Ellen ein gutes Beispiel zu geben.

Kühle Luft aus irgendeiner unerschöpflichen Quelle innerhalb der kalten Steinpfeiler wehte mir ins Gesicht, als ich die Kirche betrat. Sie mischte sich mit dem Duft des Weihrauchs. Der alte Holzfußboden knarrte, als wir uns in die Kirchenbänke drängten. Ich spürte noch das Weihwasser auf meiner Stirn.

Seit ich das Seton House verlassen hatte, hatte ich keine Kirche mehr betreten. Ich bemühte mich nicht einmal, auf die Worte des Priesters zu hören. Sein Singsang diente mir nur als Untermalung meiner eigenen Gedanken, die sich mit dem Karfreitag des vergangenen Jahres beschäftigten. Ich wischte mir die Feuchtigkeit des Weihwassers von der Stirn und strich mein Haar zurück, als könnte mir das helfen, meine Gefühle unter Kontrolle zu bekommen und in die Realität zurückzukehren.

Hinten in der Kirche begann ein Baby zu weinen. Wenig später hörte ich das Zuschlagen des Portals, als die Mutter mit dem Säugling hinausging, um den Gottesdienst nicht zu stören. Ich schmeckte die Tränen auf meiner Zunge und wußte nicht, wie ich sie zurückhalten sollte. Nicht einmal ein Taschentuch hatte ich mit. Ich warf einen Blick auf meine Mutter. In tiefer Hingabe betete sie dem Priester nach.

Bei der dreizehnten Kreuzwegstation stürzt Jesus zum dritten Mal. Mit tränenverhangenem Blick versuchte ich, der Prozession der Priester zu folgen und meine Aufmerksamkeit auf die Flammen der hohen Kerzen zu konzentrieren, die die Ministranten trugen. Es war dunkel. Nur zwei Kerzen erleuchteten den Altar. Purpurroter Samt hüllte die Standbilder ein. Die Luft war schwer von Weihrauch. Alles starb an diesem Abend. Mir war, als atmete ich den beißenden Staub, den die Füße der Menschen auf dem Zug zum Kalvarienberg aufwirbelten. Ich schmeckte den Schmutz und den Schweiß in der bleiernen Luft.

Draußen zog ein Gewitter auf. Nach dem Gottesdienst trafen uns die ersten Regentropfen. Meine Mutter, Bob, Janice, Ellen und ich stiegen ins Auto und fuhren nach Hause, ohne ein Wort miteinander zu wechseln. Es war, als hätten wir nichts miteinander zu tun. Ich starrte in die Dunkelheit hinaus. Vielleicht konnten wir keine glückliche Familie sein, da ein so wichtiges Mitglied fehlte und totgeschwiegen wurde.

Am Ostersonntag in der Kirche glänzten alle im neuen Festtagsstaat, und keiner schien sich so aufgeputzt richtig wohlzufühlen. Als Kind hatte ich für den Ostersonntag eine besondere Gangart entwickelt. Um die Sohlen meiner neuen Lackschuhe zu schonen, damit sie auch nach der Kirche noch elegant über den

Wohnzimmerteppich glitten, pflegte ich auf den Außenkanten zu gehen oder zu trippeln. Es nützte nie etwas. Wenn wir nach Hause kamen, waren die Sohlen schon abgestoßen. Jetzt versuchte ich mir vorzustellen, wie der erste Osteranzug meines Sohnes aussah. Ich holte die Heiligenkarte aus meinem Meßbuch, die Schwester Agatha mir geschenkt hatte, und las die Worte darauf dreimal in einer Art Beschwörung, um meinem Sohn ein glückliches erstes Osterfest zu wünschen.

Nach dem Gottesdienst fuhren meine Eltern auf den Golfplatz. Am Nachmittag brachte Chris mich nach einem heimlichen Treffen im Wagen seiner Eltern nach Hause. Ängstlich wegen seines Besuchs, parkten wir auf der Straße vor dem Haus und nicht in der Einfahrt, obwohl wir glaubten, uns darauf verlassen zu können, daß meine Eltern frühstens in einer Stunde vom Golfspielen zurückkommen würden. Janice war von Anfang an in Chris vernarrt gewesen. Sie hatte mich gebeten, ihn mitzubringen.

Als wir die leicht geneigte Auffahrt hinaufgingen, schoß Janicc aus dem Haus und eilte uns quer über den Rasen entgegen, hocherfreut, Chris zu sehen. Wir gingen noch ein Stück zum Haus hinauf und blieben dann im schützenden Schatten der Pappeln stehen, die unser Grundstück von dem der Nachbarn abschirmten. Ich war so außer Atem, als hätte ich einen steilen Berg erklommen. Ich stand auf dem heißen Asphalt der Auffahrt und setzte mich der Hitze aus, die er abstrahlte, genauso wie ich mich immer dem Zorn meines Vaters gegen Chris ausgesetzt hatte. Chris war der

Sündenbock, der Blitzableiter für jedermanns Zorn und Wut. Ich mußte ihn gehen lassen, er hatte Besseres verdient. Ich mußte ihn freigeben, wie ich mein Kind freigegeben hatte, um ihm ein besseres Leben zu ermöglichen. So jedenfalls sagte ich mir.

Am Abend war ich zurück im College. Spät nachts wurde ich ans Telefon geholt. Mein Vater war am Apparat. Irgendwie hatte er herausbekommen, daß ich mich heimlich mit Chris getroffen hatte, daß Chris sogar bei uns zu Hause gewesen war. Janice hatte Stubenarrest dafür bekommen, daß sie bei dem Komplott mitgemacht hatte, und jetzt drohte er mir, am nächsten Tag Chris' Eltern anzurufen. Ich flehte ihn an, das nicht zu tun. Die Vorstellung war mir entsetzlich. Ich versprach ihm, die Beziehung zu beenden, wenn er nicht anriefe.

Langsam ging ich durch den Flur zu meinem Zimmer zurück. Blair war noch auf. Sie war eine gute Zuhörerin. Ich setzte mich zu ihr aufs Bett und versuchte, mir über meine Möglichkeiten klarzuwerden.

Ohne einen Entschluß gefaßt zu haben, ging ich schließlich zu Bett.

Wachsende Sorge um das Wohl meines Sohnes begleitete meine Tage. Manchmal überfiel mich eine beängstigende Ahnung, daß ihm etwas fehlte. Dann wieder, wie zum Ausgleich, gab ich mich Phantasien hin, daß es mit seiner Adoption nicht geklappt hatte, daß Schwester Dominic anrufen und fragen würde, ob wir unser Kind nicht doch behalten wollten. Ich wollte mir nicht vorstellen, daß die Adoptiveltern bei einem Flugzeugunglück oder einem Autounfall ums Leben gekommen seien; es war also nicht ganz einfach, sie auf akzeptable Weise verschwinden zu lassen. Aber schließlich fand ich die richtige Lösung. Ich stellte mir vor, sie sei schwanger geworden und fühle sich mit zwei Säuglingen völlig überfordert. Auf diese Weise war jedem geholfen.

Chris' Geburtstag fiel auf den kommenden Sonntag, den Muttertag. Ich fuhr mit Blair, die in meiner Nähe wohnte, über das Wochenende nach Hause. Chris und ich verabredeten uns für den Samstagabend. Ich hatte ihm von der Drohnung meines Vaters erzählt, wir hatten also beide eine Heidenangst davor, ertappt zu werden. Jessica war auf dem College, aber Blair kam uns zu Hilfe.

Bei Blairs Familie fand ich die Wärme, die ich von meinen eigenen Eltern nicht mehr bekam, aber so dringend brauchte. Die Küche in ihrem Haus war groß und einladend und immer ein wenig unaufgeräumt. Blairs Mutter war offen und herzlich. Und sie fragte nicht viel.

Am Samstagabend fuhr ich, wie verabredet, zu Blair zum Bridgespielen. Chris wollte später vorbeikommen, sobald wie möglich nach Einbruch der Dunkelheit. Blairs Mutter war eine leidenschaftliche Bridgespielerin; es würde nicht ganz einfach werden, ihr plausibel zu machen, daß ich irgendwann im Lauf des Abends das Spiel unterbrechen mußte, um mich draußen mit einer Freundin zu treffen. Ich sollte hinauskommen, sobald ich den Wagen in der Auffahrt hörte, ganz gleich, wo wir im Spiel standen. Wir wollten nicht, daß sie von meinen heimlichen Zusammenkünften mit Chris erfuhr; wir wollten sie nicht in eine Lage bringen, in der sie für uns lügen mußte.

Ich konnte mich kaum auf das Spiel konzentrieren. Aber das Glück war auf meiner Seite. Ich setzte gerade aus, als ich das Licht von Chris' Scheinwerfern draußen aufleuchten sah. Knirschend rollten die Reifen über den Kies, dann war es still.

Ich lief zur dunklen Ecke der Einfahrt und stieg zu ihm in den Wagen. Mir fiel auf, daß er etwas unordentlich aussah. Ich hatte ihn immer nur wie aus dem Ei gepellt gesehen. Von meinen Eltern und den Familien aller meiner Freundinnen geächtet, fühlte er sich wohl allmählich wie ein gemeiner Verbrecher. Ich war entschlossen, mich eisern zusammenzunehmen, aber der Schmerz war stärker, als ich ihn ansah.

Die Luft war kühl, aber noch so mild, daß wir keine Pullover brauchten. Die Grillen zirpten. Jasminduft wehte durch die beiden geöffneten Fenster herein. Das Mondlicht lag schimmernd auf den großen Blüten der Magnolie.

Mit erschreckendem Ernst sagte Chris, er habe das Gefühl, daß es unserem Kind schlecht gehe. Angst packte mich, als ich ihn meine eigenen düsteren Ahnungen aussprechen hörte. Er meinte, ob wir nicht Schwester Dominic anrufen sollten.

Ich glaubte nicht, daß sie uns Auskunft geben würde. Ich hatte Angst, mit ihr zu sprechen. Lastendes Schweigen trat zwischen uns. Ich starrte durch die Windschutzscheibe auf die Magnolie und hörte mich sagen: »Wir können uns leider nicht mehr treffen.«

Ich spürte förmlich, wie sein Körper den Schlag hinnahm. Dann seufzte er.

»Ich werde mit dieser ständigen Heimlichtuerei und den dauernden Lügen nicht mehr fertig. Ich habe nicht mehr die Kraft, mich dem Willen meines Vaters zu widersetzen. Ich kann ihn nicht umstimmen. Ich sehe überhaupt keine Hoffnung für uns. Vergiß nie, daß ich dich immer lieben werde.«

Ich hielt es nicht eine Sekunde länger im Wagen aus. Es tat zu weh. Ich wollte nicht hinsehen, als er abfuhr. Aber ich drehte mich doch um, und sah gerade noch seine Rücklichter verschwinden.

Es war Muttertag, aber mein Sohn war bei einer anderen Mutter. Ich betete wieder zur Mutter Maria und bat sie, mein Kind zu behüten, es für mich in die Arme zu nehmen und zu küssen. Ich sprach mein Traumgebet immer nur sehr früh am Morgen oder spät am Abend, wenn ich sicher sein konnte, daß mein Kind schlief und ich ihn nicht in seinem wachen Leben störte. Während ich betete, fühlte ich mich ihm so nahe, daß es war, als ginge ich selbst zu ihm, höbe ihn aus seinem Bettchen und drücke ihn an mich, während ich ihm sagte, wie sehr ich ihn liebte. Ein tiefer Friede erfüllte mich. Ich roch den süßen Durft seines Köpfchens, und er nahm mir den Atem. Der Moment war Ewigkeit.

Am Muttertag in der Kirche machte ich mir Gedanken über seine neuen Eltern. Dachte seine neue Mutter an mich? Oder hatte sie mich aus ihren Gedanken gelöscht, wie Schwester Dominic ihr das zweifellos geraten hatte? Vielleicht fiel es ihr schwer, nicht an mich zu denken, und sie fragte sich, wie das kam, glaubte vielleicht, das Nicht-vergessen-Können sei ein Unvermögen von ihr. Sie hatte mehr Recht auf meinen Sohn als ich. Sie war verheiratet und hatte Geld. Waren meine bitteren Gedanken Beweis dafür, wie unwürdig ich war? Ich blickte über das Meer sommerlicher Hüte und weißer Handschuhe, zarter Spitzenschleier auf hochtoupierten, spraysteifen Haartürmen befestigt, unter denen selbstgerechte Gesichter frömmelten. War es eine Sünde, von meinem Sohn als ›meinem Sohn‹ zu denken?

8

Ich weinte fast nie, höchstens wenn ich allein war. Ich war stolz darauf. Das zeigte Selbstbeherrschung. Ich war keine schwache, wehleidige Frau. Ich stürzte mich ins Collegeleben. Ging aus. Legte Prüfungen ab.

Ich bekam Florida endlich wirklich zu sehen. Ich machte gleich nach Semesterschluß einen kleinen Urlaub dort unten, zusammen mit Sheila, die mit Blair und mir im selben Apartment wohnte. Sie machte mich mit einem alten Freund von sich bekannt, der mir sehr gefiel und dem wirklich etwas an mir zu liegen schien. Aber es war zu schwierig. Am Abend vor meiner Abreise klappte ich völlig zusammen und sagte ihm die Wahrheit über mich. Ich bat ihn, mich nicht mehr anzurufen. Ich fand, er hätte etwas Besseres verdient.

Zu Hause belegte ich Sommerkurse, um das verlorene Semester nachzuholen. Ich wollte unbedingt zur ursprünglich vorgesehenen Zeit abschließen, so als hätte ich nie ausgesetzt.

Ich arbeitete wieder im Warenhaus Penney, spielte viel Bridge, ging mit alten Freunden aus, füllte jeden wachen Moment meines Lebens mit Aktivitäten. Nur ja keinen Leerlauf, da bekam ich sofort eiskalte Panik.

Auf der Rückfahrt zum College, wo ich nun mein drittes Jahr beginnen würde, packte mich, sobald wir Charlotte erreichten, wieder diese heftige Unruhe. Ich begann zu zittern, mein Atem ging flach, Angst und Panik drohten mich zu überwältigen. Erst als wir uns Winthrop näherten, beruhigte ich mich wieder. Was hatte das zu bedeuten? War Charlotte von Geistern besessen? Oder ich?

Die Pflichtfächer des Grundstudiums waren erledigt, ich konnte mich nun ganz meinem Hauptfach widmen. Trotz der wenig verlockenden Aussicht, in experimenteller Psychologie eine Maus dressieren zu müssen, und trotz der gefürchteten Statistikkurse hatte ich mich für Psychologie als Hauptfach entschieden. Ich wollte nicht sein wie die anderen, die sich für das Lehramt ausbilden ließen, nur um gleich nach dem Abschlußexamen zu heiraten und Kinder zu bekommen. Ich hatte keine Lust, bloß das zu tun, was von Frauen ›erwartet‹ wurde. Ich fühlte mich für ein Durchschnittsleben nicht geeignet und fand das ganz logisch, da ich im Unterschied zu meinen Kommilitoninnen aus dem frommen Süden in vielen verschiedenen Teilen des Landes gelebt und somit um einiges mehr von der Welt gesehen hatte. Ich kam nicht auf den Gedanken, meine Widerspenstigkeit der Tatsache zuzuschreiben, daß ich bereits ein Kind geboren hatte und daher unabänderlich ›anders‹ war. Und schon gar nicht dachte ich daran, daß ich vielleicht schlicht und einfach so zornig war, daß ich genau das Gegenteil von dem tun mußte, was von mir erwartet wurde.

Gleich in einer der ersten Sitzungen des Seminars über experimentelle Psychologie stellte mir Dr. Murdy, der Dozent, einen Käfig mit einer Maus auf meinen Tisch. Ich hatte ihn mit ängstlichem Herzklopfen zu mir herantreten sehen, und dann war ich innerhalb von zwei Sekunden hingerissen von meinem Mäuschen.

Die Dozenten unserer psychologischen Abteilung waren Behavioristen. Für Dr. Murdy kam B.F. Skinner gleich nach Gott. An die Tafel gelehnt, mit offenem Jackett und lose geknoteter Krawatte, erläuterte er uns Skinners Theorien, und ich beobachtete dabei meine Maus, die in ihrem Käfig herumsauste. Ich beschloß, sie Hermann zu nennen. Sie sah wie ein Hermann aus, fand ich, und ich hoffte, ein so anspruchsvoller Name würde sie zu höheren Leistungen anspornen. Meine akademische Zukunft hing schließlich von ihrer Lernfähigkeit ab. Unsere Aufgabe war es, eine Reihe von Experimenten durchzuführen, die die Macht positiver Verstärkung illustrieren sollten. Das Experiment dieses ersten Tages würde den Grundstein für die folgenden legen, die immer komplizierter werden würden. Jeden Montag mußten unsere Mäuse eine Aufgabe von ständig steigendem Schwierigkeitsgrad bewältigen. Es kam nicht selten vor, daß die Studentinnen Nächte und Wochenenden bei ihren Mäusen im Labor zubrachten, um mit ihnen zu üben.

Ich trug Hermann hinüber zum sogenannten Skinner-Käfig. Ehe ich ihn hineinsetzte, führte ich mit ihm ein intensives Gespräch über die Wichtigkeit schnellen Lernens. Ich hatte den Eindruck, daß er mir sehr aufmerksam zuhörte. Und in der Tat, ruck zuck hatte er begriffen, daß er den Hebel drücken mußte, schneller als alle anderen. Er war so intelligent, daß ich stets die erste war, die das Labor verließ. Ich empfand uns als Partner und ging oft auf einen Sprung im Labor vorbei, nur um ihm guten Tag zu sagen.

Dank Hermanns genialer Intelligenz wurde ich zum Hauptfach Psychologie zugelassen. Ich war fasziniert von allem, was ich lernte, und doch zwickte mich innerzu mein katholisches Gewissen. Viele Katholiken waren der Auffassung, das Studium der Psychologie vertrüge sich nicht mit der Religion, und es gab unter den baptistischen Studentinnen aus dem Süden genug, die meinten, alle Psychologiestudenten befänden sich auf dem direkten Weg zur Hölle. Die Psychologie wurde als eine Art narzistischer Hokuspokus angesehen, der den Charakter nicht stärkte, sondern schwächte; wer Psychologie studierte, mußte selbst verrückt sein. Für meinen Fall fand ich diese Vermutung gar nicht so abwegig; ein Teil des Eifers, mit dem ich mich dem Studium der Psychopathologie widmete, entsprang der Hoffnung herauszufinden, was sich eigentlich in mir selbst abgespielt hatte.

Im Rahmen dieses Semesters besuchten wir die staatliche Nervenheilanstalt von South Carolina. Nach dem offiziellen Rundgang durch die modernen neuen Gebäude, in denen die Rehabilitationspatienten untergebracht waren, bat unser Dozent die Führerin, uns den »Bauch« der Anstalt zu zeigen. Es war klar, daß sie das nicht wollte. Verzweifelt sah sie sich nach Hilfe in Gestalt irgendeines Vorgesetzten um. Aber es war niemand da. Schließlich führte sie uns widerstrebend zwischen Rasenflächen hindurch in einen staubigen Hof. Die Gebäude rund um den kahlen Platz wirkten uralt. Patienten lehnten sich weit aus den Fenstern und zogen eine regelrechte ›Irren-Show‹ ab, um uns nicht zu enttäuschen.

Der Dozent forderte die Führerin auf, uns auch die schlimmsten Stationen zu zeigen. Mit einem Blick, der ›Sie wollen es ja nicht anders‹ sagte, sperrte sie die erste einer Folge von Türen auf. Von Mal zu Mal wurde das Gewirr schreiender, heulender Stimmen lauter. Wir befanden uns in der Frauenabteilung, in der die schwer Schizophrenen und die Katatonikerinnen untergebracht waren. Alles hier hatte die Farbe von Staub. Es war, als hätte ein Sturm alles und jeden mit einer beige-rosa Schicht bedeckt.

In der Abteilung befanden sich ungefähr fünfundzwanzig Frauen. Viele standen oder saßen nur da und wiegten sich in ununterbrochener Monotonie. Andere lagen in Fötusstellung zusammengerollt. Keine von ihnen sah uns an. Eine Frau fegte mit einem völlig ausgefransten alten Besen immer wieder dieselbe Stelle auf dem Fußboden. Es war grauenhaft hier drinnen, und es roch entsetzlich. Wie waren diese Frauen hierher gekommen? Die Führerin bat uns, nicht in die Gummizelle zu schauen; das würde die Patientin stören, erklärte sie. Natürlich blieb ich augenblicklich zurück und wartete, bis die Gruppe sich ein Stück entfernt hatte, um dann durch das kleine Fenster in der abgeschlossenen Tür in die Zelle zu spähen. Ich mußte es tun, es war wie ein Zwang.

Sie war in eine Zwangsjacke eingebunden und lag auf der Seite wie hingeworfen. Das strohblonde Haar fiel ihr verfilzt ins Gesicht. Die langen schlanken Beine waren bis zur Brust hochgezogen. Sie schien in meinem Alter zu sein. Ihr Gesicht, die klaren Linien der Wange und des Kinns sprachen von verlorener Schönheit, auch wenn die weitoffenen blauen Augen völlig blicklos waren. Mir kamen die Tränen. Am liebsten wäre ich in die Zelle gestürzt und hätte versucht, mit ihr zu sprechen, ihr irgendwie zu helfen. Ich stellte zahllose Fragen über sie, während unsere Führerin uns schleunigst wieder aus der Abteilung hinauslotste.

In Vorbereitung auf unsere nächste Exkursion in das ›Staatliche Heim für Ausnahme-Kinder‹ – wobei das Wort ›Ausnahme‹ vielleicht einer der neuartigen Euphemismen ist –, befaßten wir uns eingehend mit der Arbeit Harry F. Harlows. Harlow verglich in seinen Experimenten Affen, die von Ersatz-›Müttern‹ aus nacktem Draht großgezogen wurden, mit solchen, deren Drahtmütter in weichen Frotteestoff eingehüllt waren. Aufgrund seiner Untersuchungen gelangte er zu dem Ergebnis, daß Affenjunge die Wärme und Behaglichkeit der Frotteemütter selbst jenen Drahtmüttern vorzogen, die die Flasche gaben. Die Intensität der Reaktion auf die Ersatzmutter stand in direktem Verhältnis zum zeitlichen Abstand zwischen Geburt und Einführung der Ersatzmutter. Bei den Affen, die von Geburt an eine Ersatzmutter bekamen, war die Prägung weit stärker; je später nach der Geburt die Ersatzmutter eingeführt wurde, desto schwächer war die Prägung. Im Erwachsenenalter erwies sich keiner der Affen, die von einer Ersatzmutter, gleich, welchen Typs, großgezogen worden waren, als lebenstüchtig. Nur die, welche von ihren eigenen Müttern großgezogen worden waren, entwickelten sich zu gesunden, erwachsenen Affen.

Für mich war das Studium dieses Materials ein einziger Schrecken. Immer wieder mußte ich die Fotografie in meinem Lehrbuch anstarren, die einen verängstigten kleinen Affen zeigte, der sich verzweifelt an seine Stoffmutter klammerte. Und immer wieder las ich eine Passage aus Harlows Aufsatz »Die Natur der Liebe«:

> »Zwar liegt erwiesenermaßen die Sterblichkeits- und Erkrankungsrate bei Kindern, die von ihren Müttern getrennt werden, höher als bei solchen, die ihre Mutter nicht entbehren müssen; es ist aber unbekannt, welcher Art die lebenswichtigen Faktoren sind, die von der Mutter geliefert werden. Zweifellos müssen neben Nahrung, Kleidung und Wärme, die Säuglinge ja auch im Heim erhalten, andere Faktoren eine Rolle spielen.«

Gründlichen Untersuchungen Dr. John Bowlbys zufolge wird »die seelische Gesundheit von Kindern durch die Trennung von der Mutter auf tragische Weise geschädigt. Die Schwere der Schädigung hängt natürlich von der Qualität der Ersatzmuttererfahrung ab, ebenso von der Zeitdauer bis zur Einführung einer angemessenen Ersatzmutter und der Anzahl solcher Ersatzmütter in den ersten drei Lebensjahren. Durch die Trennung erfährt die Persönlichkeit oftmals eine »charakteristische Prägung«. Die Kinder wirken in sich zurückgezogen und isoliert. Es gelingt ihnen nicht, liebende Bindungen zu anderen Kindern oder zu Erwachsenen herzustellen. Man kann »Geselligkeit im oberflächlichen Sinn feststellen, aber bei genauerem Hinsehen wird sich herausstellen, daß diese Beziehungen ohne Gefühle und ohne Wurzeln sind.« Ein »Mangel an emotionaler Reaktion, eine Gefühlsseichtigkeit, wenig oder keinerlei Zeugnis dafür, daß eine echte Bindung hergestellt worden ist«, charakterisieren ihre sozialen Interaktionen. War dieses Schicksal dem Zusammenleben mit einer Mutter, die vor der Ehe mit einem Mann geschlafen hatte, vorzuziehen, fragte ich mich.

Zu schade, daß es Harlow nicht eingefallen war, die Affenmütter zu beobachten, nachdem man ihnen ihre Jungen genommen hatte, um sie von verkleideten Drahtgestellen großziehen zu lassen. Hatte man die Mütter einfach getötet, da man sie ja nicht mehr brauchte? Wirklich jammerschade! Hier hätte sich die Chance zu weiteren Untersuchungen geboten, um festzustellen, ob die Mütter ohne ihre Jungen psychotisch oder katatonisch, schizophren, suizidal oder trunksüchtig wurden. Man hätte sie beobachten sollen, um herauszufinden, ob sie nach der Trennung ein normales Leben führen und vergessen konnten.

Oder würden sie, wenn sie weiterlebten, ebenfalls depressiv und unnahbar werden? Würden sie imstande sein, gesunde Beziehungen einzugehen? Würden sie aus lauter Angst vor neuer Schwangerschaft jede intime Beziehung vermeiden? Würden sie ihren zukünftigen Kindern die gleiche Zuwendung geben können wie ›normale‹ Mütter? Oder würden sie vielleicht unfruchtbar werden?

Wenn man die Mütter studiert hätte, hätte ich vielleicht erfahren, was ich für mich selbst zu erwarten hätte. Fühlten sie sich so isoliert, wie ich mich jetzt fühlte, litten sie die gleichen Schmerzen, hatten sie auch all diese Fragen? Und was wurde aus den Vätern? Was wurde aus Chris?

Was geschah mit meinem Kind?

Die Anstalt, in der die ›Ausnahme‹-Kinder des Staates South Carolina untergebracht waren, war ganz neu erbaut. Aber nicht ein Baum, nicht eine Blume unterbrach die flache Monotonie der gepflegten Rasenflächen rund um das Haus. Die Luft war feucht und drükkend, der Himmel stahlgrau.

So gespannt ich dem Besuch in der Nervenheilanstalt entgegengesehen hatte, so sehr graute mir vor dem Besuch hier. Ich hatte mich davor drücken wollen, aber mir war keine überzeugende Ausrede eingefallen. Ich konnte nicht erklären, daß mein abgrundtiefer Widerwille der Angst entsprang, meinen schlimmsten Alptraum erfüllt zu finden: hier meinem Sohn zu begegnen.

Immer wenn die Angst, die daraus entstand, daß ich nicht wußte, wo er war und wie es ihm ging, überhand nahm, quälten mich Bilder, wie er allein und verlassen in einem Bettchen in einer Anstalt wie dieser lag. Und niemand würde mich benachrichtigen. Einsam würde er dahinsiechen, ohne daß ich je davon erfuhr.

Ich hatte ihn in jeder Hinsicht gesund und vollkommen geglaubt, aber im Unterricht lernte ich, daß ein Wasserkopf sich erst drei Tage nach der Geburt bildet. Ich geriet in Panik. Hydrozephalus, eine krankhafte Ansammlung von Wasser im Gehirn, vergrößerte den Kopf auf das Drei- bis Vierfache und beeinträchtigte die geistige Entwicklung. Ich hatte ihn nicht lange genug bei mir gehabt, um zu wissen, ob sich diese Krankheit bei ihm entwickelt hatte, und Schwester Dominic hatte angedeutet, daß nur völlig gesunde Kinder zur Adoption geeignet wären. Was geschah mit den anderen?

Als wir nach endlosem Marsch den Betonweg hinauf schließlich die Eingangstür erreichten, war ich starr vor Angst. Die Leiterin der Verwaltung nahm uns in Empfang und führte uns ohne Umschweife auf die erste Station, in der die am schwersten geschädigten Kinder untergebracht waren. In dem kleinen Raum standen vielleicht zwanzig Gitterbetten, doch es war unheimlich still. Aus bodenlosen Tiefen der Leere starrten Augen uns an, kindliche Gesichter, in denen nichts stimmte.

Unsere Führerin wies uns auf jedes einzelne Kind hin, sagte einige Worte zu Krankheitsursachen und Alter – sechs Jahre, zwölf Jahre – und tat das so sachlich, wie vielleicht ein Botaniker gewisse Blumen oder Sträucher beschreiben würde. Das Gesicht eines Stiefmütterchens besaß mehr lebendigen Ausdruck als die Gesichter dieser Kinder. Die meisten Eltern, wurde uns gesagt, besuchten ihre Kinder niemals. Es wäre zu schmerzlich für sie gewesen, und die Kinder hätten sie sowieso nicht erkannt.

»Das in der Ecke«, sagte unsere Führerin, »ist Jonathan. Er leidet an Hydrozephalus.«

Ich fuhr herum, um meiner schlimmsten Angst ins Auge zu sehen. In erstaunlichem Gegensatz zu den neunzehn anderen Kindern, die still in ihren Betten lagen, saß Jonathan trotz des Gewichts seines schweren, unförmigen Kopfes aufrecht in seinem Bett. Wie konnte so ein enormer Kopf auf so einem schmächtigen Körper gewachsen sein? Dieser Wille! Dieser Mut! Er betrachtete uns mit einem Ausdruck, in dem ich Intelligenz sah. Ein Wissen war in seinem Blick, ein Funke in seinem Auge, und da erzählte uns die Verwalterin, er bekäme überhaupt nichts mit! Hatte ihm denn nie jemand in die Augen gesehen? Hatte nie jemand seine Präsenz gefühlt? Ich hatte den Wunsch, seine Schulter zu berühren, ihm einen Teil seiner Bürde abzunehmen. Es drängte mich, ihm etwas mitzuteilen. Ich wußte nicht, was. Aber wir hatten strenge Anweisung, keines der Kinder zu berühren. Es hätte sie unruhig machen können. Sie sagte, Jonathan sei sechzehn Jahre alt, ein Alter, das ihres Wissens nie ein Kind mit seinem Leiden erreicht hätte. Wozu wollte er leben? Was wußte er vom Leben, das mir verschlossen war und das seinen Lebenswillen aufrecht erhielt? Was speiste seinen Willen?

Tief in den Smoky Mountains gerieten wir in einen Verkehrsstau. Ein gewaltiger alter Baum lag an der Straße, von den Winterstürmen gefällt. Die aus der Erde gerissenen Wurzeln lagen nackt und bloß. So entwurzelt, war er seiner Würde beraubt, nichts Majestätisches war mehr an ihm.

Mein Bruder Bob und ich waren auf der Fahrt nach Akron in Ohio. Gleich nachdem ich das neue Semester angetreten hatte, war die Familie nach der Versetzung meines Vaters dorthin gezogen. Bob studierte an der Clemson-Universität, nur wenige Stunden Fahrt vom Winthrop-College entfernt, darum hatten wir beschlossen, gemeinsam nach Hause zu fahren. Thanksgiving waren wir im Süden geblieben; die Fahrt nach Ohio hätte zuviel Zeit gekostet. Das letzte Weihnachtsfest hatte ich an einem Ort verbracht, der mir fremd gewesen war, in Trauer um mein Kind, von dem ich Abschied nehmen mußte. Und auch dieses Weihnachtsfest würde ich an einem Ort feiern, der mir fremd war, in Trauer um eine Heimatstadt, die ich geliebt hatte. Vielleicht war es eine Chance zum Neubeginn. Ich fragte mich, ob meine Eltern es so sahen.

Wir hielten vor einem hübschen einstöckingen Haus im Kolonialstil, das von Bäumen umgeben war. Die Lichter des Weihnachtsbaums, die hinter dem großen Erkerfenster leuchteten, begrüßten uns zuerst. Ihr

Schein glänzte auf einer feinen Schneedecke. Wie eine Weihnachtskarte. Was war aus Mary und Susan, aus Anne-Marie, Nora und den anderen geworden? War ihnen das Leben auch so schwer? Sie fehlten mir, obwohl ich sie nur bei ihren Vornamen kannte.

Es war das erste Weihnachten meines Sohnes. Konnte er schon stehen? Versuchte er vielleicht die ersten Schritte? Was für Weihnachtsgeschenke hatten sie für ihn ausgesucht?

Wärme und der Duft frisch gebackener Plätzchen strömten aus dem Haus in die kalte Abendluft. Meine Eltern und meine Schwestern eilten uns freudestrahlend entgegen. Aber meine Erinnerungen erschienen mir realer als das, was ich in diesem Moment erlebte. Es war beinahe so, als brauchte ich nur die nächste Tür zu öffnen, um wieder dort zu sein. Und ich wäre auch hindurchgegangen, nur um wieder schwanger zu sein, mein Kind bei mir zu haben, mich wieder ganz zu fühlen.

In diesem Jahr war die Familie häufiger zusammen, da Bob und ich in Akron niemanden kannten. Aber jede liebevolle Geste meiner Mutter machte mir ironischerweise diese Ferientage schwerer.

Nach Weihnachten wollte Tim mich besuchen, ein junger Mann, mit dem ich mich näher angefreundet hatte. Er hatte ein kleines Elitecollege in North Carolina besucht und war jetzt an der Universität von Kentucky. Sein Vater war Geistlicher. Ich konnte mir nicht vorstellen, daß er von der Freundschaft seines Sohnes mit einer ledigen Mutter angetan gewesen wäre, hätte er davon gewußt. Ich hatte Tim von meinem Sohn erzählt, und er hatte mir hoch und heilig versprochen, mit keinem Menschen darüber zu sprechen. Mit Tim nahm ich eine Art Fernbeziehung auf. Dank der Trennung konnte ich echte Intimität vermeiden, ohne auf eine feste Beziehung verzichten zu müssen. Im vergangenem Semester hatte ich mit seinen Freunden von der Sigma-Chi-Studentenverbindung viele Partys besucht. Sie wußten alle, daß Timm und ich zusammengehörten, ich konnte also ihre Gesellschaft genießen, ohne Annäherungsversuche fürchten zu müssen.

Je heftiger ich mich bemühte, alle Gedanken an mein Kind, alle Erinnerungen an das Seton House zu unterdrücken, desto mehr bedrängten sie mich. Am Heiligen Abend, mitten im Einkaufsrummel der letzten Minute, fand ich mich, als wäre ich soeben aus tiefem Schlaf erwacht, plötzlich vor einer Krippenszene, die im Schaufenster eines Kaufhauses aufgebaut war. In der Nähe bimmelten die Glocken der Heilsarmee, Schneeflocken fielen auf die vorbeieilenden Menschen herab. Ich starrte auf die leere Krippe und weinte.

Mit einer Anstrengung riß ich mich von dem Fenster los und ging weiter. Überall begegnete ich Bildern, die Erinnerungen und Schmerz auslösten. Ein Baby im Kinderwagen. Ist dies sein erstes Weihnachtsfest? Ein großer Teddybär, ein altes Schaukelpferd. Konnte das mein Kind sein, dort mit der großen blonden Frau und ihrem gutaussehenden Mann? War es möglich, daß eine Laune des Schicksals auch sie nach Akron, Ohio verschlagen hatte? Tränenblind lief ich nach Hause.

Ja, Mama, ich habe alles bekommen, was ich wollte.

Ja, in den Geschäften war es voll. Alles ging wunderbar. Wirklich, es war ein richtig schöner Einkaufsbummel. Mir war alles zuviel. Ich zählte die Tage bis zum Ende der Ferien.

Am Abend tranken wir alle zusammen Punsch und ließen uns von Ellen, die erst fünf war und noch an den Nikolaus glaubte, ein Weihnachtsgedicht aufsagen. Wir klatschten ihr Beifall und lobten sie sehr, vor dem Zubettgehen, stellten wir Weihnachtsplätzchen für den Nikolaus heraus.

Gefielen meinem Sohn die bunten Weihnachtslichter? Verzauberte ihn ihr Glanz? Was erwartete ihn unter dem Baum? Meine Sehnsucht nach ihm war kaum zu ertragen. Weihnachten ohne ihn würde für mich nie wieder dasselbe sein. Ich hätte ihn jetzt auf dem Arm halten und ihm die Kugeln und Anhänger am Christbaum zeigen sollen. Ich wünschte, ich könnte ihm *The Night Before Christmas* vorlesen, so wie meine Eltern mir die Geschichte vorgelesen hatten, als ich noch ein kleines Mädchen gewesen war. Immer wieder tauchten blitzartig Bilder unseres kleinen Baums im Seton House vor mir auf. Trotz aller Trauer und allen Kummers war ich damals glücklicher gewesen.

Der erste Geburtstag meines Sohnes fiel auf einen Montag, den ersten Unterrichtstagstag nach den Weihnachtsferien. Es war wahrscheinlich ein Glück, daß ich den ganzen Tag in Seminaren saß und nicht viel zum Nachdenken kam.

Später machte ich einen Spaziergang zur Kirche. Ich zog die große schiefergraue Tür auf und trat ein.

Eine ältere Frau zündete gerade eine Votivkerze an. Ein schwarzer Schleier fiel ihr auf die Schultern herab. Sie schien in Trauer zu sein. Mein Schleier lag im Wohnheim, und ich legte mir deshalb, den Vorschriften folgend, ein Papiertaschentuch auf den Kopf. Ich kam mir albern vor dabei. Frauen mußten ihren Kopf bedecken, Männer nicht. Wieso? Schwerer Weihrauchgeruch hüllte mich ein, als ich niederkniete. Nur durch die Fenster sickerte etwas Licht, sonst war es dunkel.

Ich wartete auf meine Erinnerungen. Es kam nichts. Ich versuchte, irgendeine Kleinigkeit, und sei es nur ein winziges Fragment, hervorzulocken, aber es gelang mir nicht. Ich betete. Nichts. Alles in der Kirche fing an, mich zu ärgern. Ein Mann um die Fünfzig, stämmig, in einem Anzug von der Farbe seines rotblonden Haars, kam durch die Seitentür herein und kniete in einer der Kirchenbänke nieder. Die Frau in Trauer kniete vor den Kerzen und betete ihren Rosenkranz. Beide leierten laut ihre Gebete herunter und störten die Stille, die ich suchte.

Ich konnte einzig daran denken, daß ich das Abendessen in der Mensa verpaßte. Vielleicht hatte ich mich dieses ganze Jahr hindurch selbst belogen, hatte mir nur vorgemacht, daß mein Kind mir fehle und meine Liebe zu ihm so überwältigend sei. Vielleicht wollte ich mit meinem Schmerz und meinen Tränen nur meine Schuldgefühle lindern, mich von meiner Sünde reinwaschen. Ich konnte mich an nichts erinnern. Ich hatte keinerlei Gefühle.

Der Mann im hellen Anzug hievte sich schwerfällig

aus der Kirchenbank. Krachend klappte er den Sitz hoch. Die Frau vor den Votivkerzen fuhr zusammen.

Durch die Fenster drang kein Licht mehr. Die Sonne war untergegangen. Die Farben der Glasfenster schimmerten matt und dunkel.

Ich setzte mich auf die Bank. Die Knie taten mir weh. Ich sah mir die Gemälde der einzelnen Kreuzwegstationen an, die die Wände schmückten. Die Darstellungen der Passion und des Leidens Jesu ließen mich kalt, langweilten mich. Nichts berührte mich. Jener Tag vor einem Jahr hätte genausogut einer anderen geschehen sein können. Hatte ich ihn mir eingebildet? Hatte ich wirklich einen Sohn?

Ich hielt es nicht mehr aus. Ich nahm meine Bücher, stand auf und schob mich aus der Kirchenbank hinaus. Ob Chris daran gedacht hatte, daß unser Sohn heute Geburtstag hat? Und da plötzlich, wie von einer Flutwelle überschwemmt, fiel ich nieder, fiel auf die Knie, weinte und weinte. Ich verbrauchte meine ganze Packung Taschentücher und mußte am Schluß noch das zu Hilfe nehmen, das ich zur Kopfbedeckung umfunktioniert hatte. Ich weinte, bis ich keine Tränen mehr hatte.

Ich sprach ein Gebet für mein Kind, dann setzte ich mich erschöpft in die Bank. Dennoch fühlte ich mich von neuem Leben erfüllt. Ich fragte mich, wie spät es sein möchte. Ich konnte sehen, daß es draußen dunkel war. Ich wollte etwas essen und dann in mein Zimmer zurückkehren, damit ich um 21 Uhr 51 bei meiner Uhr sein konnte.

Ich ging aus der Kirche hinaus. Erinnerungen begleiteten mich, als ich über das Campus ging. Im Wohnheim zurück, setzte ich mich im Schneidersitz auf mein Bett, rundherum meine Bücher. Immer wieder sah ich auf die Uhr. Um neun Minuten vor zehn wünschte ich meinem Sohn »alles Gute zum ersten Geburtstag«. Egal, wie er diesen Tag mit seiner Familie feiern würde, ich fühlte, dieser Moment würde immer nur uns beiden gehören.

9

Ihr werdet die Wahrheit wissen und die Wahrheit wird Euch frei machen

Wie gebannt blieb ich vor der Tafel an der alten Backsteinmauer des Geisteswissenschaftlichen Gebäudes stehen und fragte mich, warum ich diesen Worten bisher nie Beachtung geschenkt hatte. Sie waren mir nicht neu.

Nach einer Weile riß ich mich los, trat in das Gebäude und eilte durch den langen Gang zu dem aufregendsten Seminar, das ich bisher mitgemacht hatte. Ich setzte mich neben meine neue Zimmergenossin Anita in die erste Reihe und blickte in das gütige Gesicht unseres Philosophieprofessors, Nolan P. Jacobson. Hinter Anita und mir saßen fünfundzwanzig Frauen, die streng im baptistischen Glauben erzogen waren. Als Dr. Jacobson von seiner Überzeugung zu sprechen begann, daß in der nahen Zukunft eine Verschmelzung der östlichen und westlichen Religionen stattfinden werde, ergriff die Mädchen hinter uns hörbares Unbehagen. Sie schienen nur darauf zu warten, daß der Zorn Gottes wie ein Blitz auf uns herabsausen würde. Bei Dr. Jacobsons Ankündigung, daß wir unter anderem über die Wiedergeburt sprechen würden, war ich begeistert. Das war ein Thema, das mich seit langem beschäftigte und faszinierte.

Zu den anderen Veranstaltungen, die ich besuchte, gehörten Seminare über die Entwicklung des Menschen, Ehe und Familie und die gefürchtete Statistik. Ich saß mit Staunen und Schmerz in diesen Kursen. Wir befaßten uns mit der Schwangerschaft, der Entwicklung des Fötus, der Geburt, der Entwicklung des Säuglings und des Kindes. Ich hungerte nach jeder noch so kleinen Information, die mir Wissen und Verständnis über die Entwicklung und das Leben meines Sohnes vermitteln konnte.

Ich trug meinen eigenen kleinen Privatkrieg gegen alle die aus, die der Theorie anhingen, daß das Milieu auf die Entwicklung eines Menschen stärkeren Einfluß habe als das Erbgut. Ich hoffte auf ein zumindest ausgeglichenes Verhältnis zwischen Milieu und Vererbung, um mir sagen zu können, daß sich das, was ich meinem Sohn mitgegeben hatte, in seinem Leben auch auswirken würde. Angst und Niedergeschlagenheit überfielen mich bei der Vorstellung, ich könnte ihm, sollten wir einander eines Tages begegnen, völlig fremd sein, nicht mehr Bedeutung für ihn besitzen als ein zufälliger Passant auf der Straße. Er *mußte* von mir und Chris etwas mitbekommen haben, das uns für immer miteinander verbinden würde.

Vielleicht glaubten seine neuen Eltern, sie könnten meinem Sohn ein ganz neues Lebensskript schreiben. Aber da täuschten sie sich. Ich hatte meinem Sohn tief in die Augen gesehen. Schon damals hatte ich eine Ahnung von einem starken Charakter bekommen. Er besaß seine eigene Persönlichkeit. Keiner der Texte, die wir lasen, sprach von diesem enthüllenden Blick. Ich wußte, daß er Realität gewesen war. Ich wußte, was jede Mutter weiß – daß die Individualität eines Kindes schon bei der Geburt vorhanden ist und sogar vorher. Ich hatte keine Stoffpuppe in den Armen gehalten, und ich war nicht aus Draht und Frottee gemacht.

Es war Ostern. Ich war zum ersten Mal bei Tims Eltern in Kentucky zu Besuch. Ein leichtes, aber nachdrückliches Klopfen an der Tür des Gästezimmers. Ich setzte mich im Bett auf und fuhr mir hastig durch das Haar. Da kam schon Tims Mutter herein.

Ohne mich anzusehen, stellte diese stattliche Frau ein kleines Tablett mit einem Täßchen Espresso auf den Nachttisch und ging wieder. Das runde Gesicht war eine Maske der Höflichkeit, aber sie zog die Tür zu rasch hinter sich zu. Eine Wolke der Verachtung blieb zurück.

Ich kannte ihren Ursprung. Timm hatte mir gestanden, daß er seiner Mutter die Wahrheit über mich gesagt hatte. In den Augen seiner Mutter war Tim vollkommen, ebenso seine jüngere Schwester, die mit ihrem Studium ein Jahr weiter war als ich. Am Abend zuvor hatte ich mir eine lange Litanei all ihrer großartigen Leistungen anhören müssen, unter anderem, daß sie erst kürzlich ins *Who is Who an amerikanischen Universitäten und Colleges* aufgenommen worden war. Nur wenn sie mit den Leistungen ihrer Kinder prahlte, sah Tims Mutter mir ins Gesicht. Es war deutlich zu spüren, daß sie mich für ihren Sohn nicht gut genug fand.

Wenn ich gekonnt hätte, hätte ich meine Sachen gepackt und wäre abgereist. Ich hatte mich nie für feige gehalten, aber jetzt war ich feige. Und ich war wütend auf Tim, daß er es ihr gesagt hatte.

Als ich die Treppe hinunterkam, wartete er schon auf mich. Er wollte mich in die Kirche seines Vaters mitnehmen. Es war der erste protestantische Gottesdienst, den ich besuchte. Auf der Fahrt zur Kirche musterte ich Tim aufmerksam. Wieso hatte ich nicht gesehen, was für ein Muttersöhnchen er war?

»Er weidet mich auf einer grünen Aue und führet mich zum frischen Wasser ...« Die Predigt regte zum Nachdenken an, sie war nicht moralisierend. Keine Standbilder, die mit der Energie von Millionen Projektionen geladen waren, starrten mich an. Ich fühlte mich einfach und rein in ihrer Kirche. Und sie sangen eindeutig besser als die Katholiken.

Nach der Kirche tischte Tims Mutter ein Sonntags-Brunch nach Südstaaten-Tradition auf: Gebratenes Hühnchen und Brötchen, grüne Bohnen mit Sahnesoße, hausgemachte Pasteten. Es schmeckte köstlich. Aber ich konnte mich in ihrer Gegenwart nicht wohlfühlen. Am Nachmittag trat ich die lange Rückfahrt zum College an, allein.

Mächtige Bäume neigten sich über die alten Steinmauern, die einst von den Sklaven Kentuckys erbaut worden waren. Über Kilometer säumten diese Mauern die Straße zum Schutz der Weiden und der grasenden Rassepferde. Ich fragte mich, ob ich vielleicht zu empfindlich gewesen war in bezug auf seine Mutter. Ich nahm mir vor, *allen* zu zeigen, daß ich nicht ›angeschlagen‹ war, sondern eine selbstbewußte junge Frau.

Der Gedanke munterte mich auf, und, zurück am College, stürzte ich mich in mein Studium und Sigma-Chi-Feste. Das klappte ganz gut, bis ich in meinem Lehrbuch über Psychopathologie im Kapitel über ›abweichendes sexuelles Verhalten‹ folgendes las:

> Andere Arten der Psychopathologie, wie zum Beispiel manische Reaktionen, können auch bei sexueller Promiskuität von grundlegender Bedeutung sein. Es liegt entweder eine Unfähigkeit vor, normale innere Kontrollen zu entwickeln, oder ein Nachlassen dieser Kontrollmechanismen infolge schwerer emotionaler Störungen. Bei einer Untersuchung von 54 ledigen Müttern im Alter zwischen 15 und 39 Jahren erhielt Cattell (1954) in jedem Fall einen psychopathologischen Befund: 30 litten an Persönlichkeitsstörungen, 17 waren schizophren, 7 waren neurotisch.

Hatte der Forscher den Schluß gezogen, daß diese Frauen, da sie ja ledige Mütter waren, ihre psychologischen Probleme übermäßiger sexueller Aktivität zu verdanken hatten? Vergleiche mit verheirateten Frauen schien er nicht angestellt zu haben. Vielleicht hätte er bei etwas genauerem Hinsehen festgestellt, daß die psychischen Störungen bei ledigen Müttern Folgen der Trennung von ihren Kindern waren.

Die meisten Mädchen im Seton House hatten nur wenige Male mit ihren Freunden geschlafen, und wenn häufiger, so deshalb, weil eine dauerhafte Beziehung sie mit dem betreffenden Mann verband. Nicht eine von ihnen hatte mit wechselnden Partnern geschlafen.

Angesichts dieser bemerkenswerten Forschungsergebnisse fühlte ich mich etwas weniger verrückt, da ich ja nun wußte, daß ich tatsächlich verrückt war, wie ich das gelegentlich vermutet hatte. Gleichzeitig fühlte ich micht etwas verrückter, da ich nun wußte, *wie* verrückt ich war. Vielleicht hatte Tims Mutter mich ganz richtig eingeschätzt.

Nach Semesterschluß kehrte ich nach Akron zurück und jobbte dort den Sommer über, aber meine alte Heimatstadt fehlte mir sehr. Mit Akron konnte ich mich nicht anfreunden. Als Bob und ich Ende August wieder auf der Fahrt nach Süden waren, befand ich mich in einer schweren Depression.

Sobald Anita und ich wieder in unserem Zimmer zusammenwaren, überlegten wir angestrengt, wie wir dieses endlose letzte Studienjahr auf möglichst abwechslungsreiche Weise hinter uns bringen könnten. Warum ich es so eilig hatte, das Studium abzuschließen, hätte ich nicht sagen können; ich hatte keine Zukunftspläne. Wir beschlossen, in die College-Politik einzusteigen und uns um ein Amt zu bewerben. Als ich mich um die Vizepräsidentschaft der Studentenvertretung bewarb, wurde ich knapp geschlagen. Danach kandidierte ich für den Posten der Campus-Koordinatorin und siegte. Anita arbeitete am Literaturmagazin mit, und wir waren beide in der Studentenvertretung aktiv. Ich hatte einen vollen Stundenplan, zumal ich ein zusätzliches Seminar absolvierte, um das verlorene Semester aufzuholen. Bald fing ich an, Appetitzügler zu nehmen (Aufputschmittel in Wirklichkeit), um wachbleiben und meinen Aufgaben gerecht werden zu können. Tatsächlich jedoch brauchte ich die Tabletten, um Ängste und Depression niederzukämpfen. Ich fühlte mich gut, aufgeputscht von den Appetitzüglern, ständig in Aktion, aber schon nach ein paar Minuten des Alleinseins bekam ich Angstzustände. Ich wurde reizbar und ungeduldig; Anita ging mir aus dem Weg. Alle anderen ebenfalls. Ich fühlte mich alleingelassen und ausgegrenzt, obwohl ich ja diejenige war, die alle vor den Kopf stieß. Die Folge war, daß ich noch mehr Tabletten nahm, und wenn ich von den Tabletten high war, fühlte ich mich wie ein Genie.

Dann wurde ich krank, bekam einen starken Husten, der alle wachhielt. Während sie versuchten, mir zu helfen, gaben sie zu, wie besorgt sie um mich waren und wie sehr ihnen allen meine Launen und meine Reizbarkeit zu schaffen machten. Am nächsten Tag ging ich in die College-Krankenstation; ich war viel zu krank, um über *Thanksgiving* nach Hause fahren zu können.

Zwei Tage lang schlief ich beinahe rund um die Uhr.

Auf dem Campus war geisterhafte Stille. Ich war die einzige Patientin in dem kleinen Krankenquartier.

Träume plagten mich, und ich war froh, daß das Schlafmittel, das ich bekam, mich meistens in Bewußtlosigkeit versinken ließ. Ich hatte das quälende Gefühl, daß es meinem Sohn sehr schlecht ging, und wollte gern mit Chris über diese Ahnungen sprechen. Aber vielleicht, dachte ich dann, waren das nur Fieberträume. Ich konnte meinen Gefühlen nicht mehr trauen.

Erst zwei Tage, nachdem der Unterricht wieder begonnen hatte, wurde ich entlassen. Ich konnte mich nicht erinnern, je so krank gewesen zu sein. Ich war immer noch schwach, vor allem aber tief deprimiert. Ich mußte arbeiten und versuchen, mich abzulenken. Das dauernde Nachdenken über meinen Sohn tat mir gar nicht gut. Als ich das Krankenhaus verließ, war mir, als sei ich aus einem langen Traum erwacht.

Einige Dinge waren klar. Ich würde keine Appetitzügler mehr nehmen. Ich wollte mich bei allen entschuldigen, vor allem bei Anita, und ein neues Kapitel aufschlagen. Ich war entschlossen, mich zusammenzunehmen, aber meine Selbstachtung hatte einen schweren Schlag erlitten. Auf keinen Fall wollte ich anders erscheinen als die anderen. Ich lief herum wie jemand, der ständig Angst hat, daß sein Unterrock hervorschaut. Ich hatte Geheimnisse, die ich wahren mußte, und das war harte Arbeit.

Im Rahmen eines Seminars über Vorschulerziehung mußte ich viele Stunden lang die Kleinen im College-Kindergarten beobachten. Mein Sohn war jetzt fast zwei. Während ich den Kindern beim Spiel zusah, versuchte ich, ihn mir vorzustellen. War er blond und geschäftig wie der kleine Junge, der mit Holzklötzen Tunnel und Brücken baute? Oder war er still wie der Kleine, der vor der Staffelei stand und malte? Oder wie der Schüchterne, der stumm alle anderen beobachtete? Unmöglich konnte er frech und mutwillig sein wie der Junge, der alle anderen Kinder im Sandkasten mit Sand bewarf. Es war so schlimm, nichts von ihm zu wissen.

Zum ersten Mal in meinem Leben bekam ich in allen Fächern Einsen. Weihnachten traf ich mich in Akron mit Tim. Wir hatten uns während des Semesters nicht gesehen. Kurz nach Neujahr fuhr ich mit Bob zusammen ins College zurück, um mein letztes Semester zu beginnen.

Eine Nachricht von einem der Studenten, die der Sigma-Chi-Verbindung angehörten, erwartete mich. Ich hatte geglaubt, sie hätten mich völlig vergessen. Sie luden mich zu einer Veranstaltung am folgenden Abend ein, bei der die neuen Mitglieder der Verbindung eingeführt werden sollten. Sie versprachen, mich mit dem Auto abzuholen, da ich selbst keinen Wagen hatte, und mich pünktlich zurückzubringen, ehe das Wohnheim um elf Uhr geschlossen wurde. Ich fühlte mich von der Einladung sehr geschmeichelt, und mein angeschlagenes Selbstwertgefühl erholte sich ein wenig.

Als ich in das Verbindungshaus trat, wurde ich mit solcher Herzlichkeit begrüßt, daß mir ganz warm ums Herz wurde. Immer wieder fiel mir, während ich mit alten Freunden sprach und mit neuen Mitgliedern bekanntgemacht wurde, einer der Verbindungsbrüder auf, den ich bisher nie kennengelernt hatte. Er war sehr groß, blond und hatte ein ausgesprochen gewinnendes Lächeln. Nach einer Weile kam er auf mich zu und dankte mir für mein Kommen. Er hieß Jerry. Er hatte den Abend organisiert und erzählte mir, die anderen hätten darauf bestanden, mich einzuladen. Jetzt verstehe er, warum. So gern hätte ich mich einfach in aller Unbefangenheit an Jerrys Aufmerksamkeit erfreut, aber ich mußte dauernd daran denken, daß morgen mein heimlicher Sohn seinen zweiten Geburtstag feiern würde. Konnte er schon sprechen? Wem sah er ähnlich? War er glücklich? Gesund? Wenn ich das alles nur hätte erfahren können, dann hätte sich die unterschwellige Angst, mit der ich ständig lebte, vielleicht aufgelöst.

Meine Gefühle an diesem Geburtstag waren anderer Art als im vergangenen Jahr, der Schmerz jetzt gedämpft, die Erinnerungen verschwommen. Wieder dachte ich um neun Minuten vor zehn ganz intensiv an meinen Sohn und sprach das Gebet, das ich immer noch jeden Abend für ihn sprach.

Einige Zeit später rief Jerry an. Er wollte nach Winthrop kommen und mich besuchen und erkundigte sich, ob ich eine Freundin für seinen Zimmergenossen Frank hätte. Ich fragte Anita, und sie war sofort mit von der Partie. Als Anita und ich die beiden Männer im Aufenthaltsraum begrüßten, fühlte ich mich sofort wieder von Jerrys Lächeln angezogen. Und als ich ihm in die Augen sah, hatte ich das Gefühl, einen alten Freund zu begrüßen, so wohl fühlte ich mich in dieser Gesellschaft.

Obwohl wir erst Anfang Februar hatten, war die Luft so mild wie im späten Frühling. Wir fuhren auf ein Bier ins Holiday Inn und setzten uns in die schummrig beleuchtete Bar. Wir verstanden uns alle vier auf Anhieb, unterhielten uns angeregt und lachten viel.

Irgendwann, als der Abend schon weit vorgeschritten war, wandte sich Jerry mir zu. Sein Gesicht war plötzlich ernst. Mich wunderte dieser Stimmungsumschwung, aber noch ehe ich eine Bemerkung darüber machen konnte, sagte er, er habe eine Frage an mich. Doch ehe er sie mir stelle, wolle er mir sagen, daß es ihm einzig darum ginge, etwas aufzuklären, was er gehört habe und was unmöglich wahr sein könne.

Ich war plötzlich wie erstarrt. Mein Verstand weigerte sich, das Schlimmste zu glauben.

Einige seiner Verbindungsbrüder hatten ihm erzählt, ich hätte ein Semester ausgesetzt, weil ich ein Kind bekommen hätte.

Ich rannte hinaus. Draußen, bei Franks Auto holte Jerry mich ein. Ich wandte mich schluchzend ab, aber er nahm mich in die Arme und hielt mich fest an sich gedrückt. »Es ist wahr«, sagte ich, den Kopf an seiner Schulter.

»Ach Gott«, sagte er und hielt mich noch ein wenig fester. Nie zuvor hatte mich jemand so getröstet. »Ich empfinde es als eine Ehre für mich«, sagte Jerry, »daß du mir die Wahrheit sagen konntest, und ich bewundere deinen Mut.«

Als ich mich nach einer Weile aus seinen Armen löste, atmete ich leichter. Ich fragte Jerry, wie er von der Geschichte erfahren habe. Tim, antwortete er, habe es den anderen erzählt, kurz nachdem wir angefangen hatten, uns regelmäßig zu sehen.

Ich fühlte mich tief gedemütigt und verraten. Ich konnte mir nicht vorstellen, je wieder einem von Tims Freunden ins Gesicht sehen zu können, aber ich war Jerry dankbar für sein Verständnis, obwohl ich glaubte, daß ich auch ihn jetzt, da er die Wahrheit über mich wußte, nie wiedersehen würde.

Am nächsten Morgen marschierte ich gleich in aller Frühe zum Telefon. Ich war unglaublich wütend, als ich Tim in Lexington anrief. Er war da, und ich sagte ihm gründlich meine Meinung. Wie konnte er es wagen, mein Vertrauen so zu mißbrauchen? Wie konnte er mir die letzten anderthalb Jahre unbefangen ins Gesicht sehen? Meine Geschichte der ganzen Verbindung zum Besten geben und mich glauben machen, kein Mensch wüßte etwas! Mich so zu demütigen! Ich wolle ihn nie wiedersehen, sagte ich und knallte den Hörer auf. Das war's mit Tim.

Jerry und ich sahen uns weiterhin. Ich mochte ihn sehr. Meine Gefühle für ihn wurden immer tiefer, aber dann bekam ich Angst vor der Nähe und schaffte Distanz, indem ich in freundliche Unverbindlichkeit auswich.

Der Unterricht war anregend, und meine Dozenten schienen sich für meine Arbeit zu interessieren. Im April flogen Anita und ich mit sechs weiteren Studentinnen als Vertreterinnen unseres Colleges zu einer

Konferenz der Studentenparlamente in Mobile, Alabama. Es war eine Ehre, dafür ausgewählt worden zu sein. Wenn sie die Wahrheit über mich wüßten, dachte ich, hätten sie mich wahrscheinlich in die Wüste geschickt. In mir tobte ein ständiger Kampf zwischen Selbstachtung und tiefer Scham. Dennoch versuchte ich, mein Leben in die Hand zu bekommen. Wenn die schwarzen Gefühle übermächtig wurden, trank ich, um sie eine Zeitlang auszuschalten.

Ich warf nur einen kurzen Blick über den Rand der Studentenzeitung, um zu sehen, an welchen Tisch in der Mensa sich Anita und die anderen gesetzt hatten. Sie winkten mir zu, um auf sich aufmerksam zu machen, und ich setzte meine Lektüre fort, während ich zur Schlange an der Selbstbedienungstheke ging. Der Aufmacher war ein Bericht über die Wahl derer, die ins *Who is Who an amerikanischen Colleges und Universitäten* aufgenommen worden waren. Ich überflog die Liste vorhersehbarer Namen und hielt inne wie vom Donner gerührt, als ich meinen eigenen sah. Ich blieb stehen, um noch einmal mit aller Aufmerksamkeit die Namen zu lesen, und meine Gefühle vollführten Sturzflüge: überschwengliche Freude, Entsetzen, Begeisterung, Schuldgefühle, Stolz, tiefe Verlegenheit. Ohne mir etwas zu essen zu holen, rannte ich zum Tisch, an dem meine Freundinnen saßen. Eine kleine Stimme in meinem Inneren flüsterte mir zu, daß ich es wirklich verdient hatte, und ich nahm die Glückwünsche der anderen lächelnd entgegen, während ich mir mit Genugtuung die Reaktion von Tims Mutter vorstellte.

Am Muttertag hielt die Sigma-Chi-Verbindung wie jedes Jahr ihre große Beach-Party ab. Die meisten Mädchen waren noch dabei, sich schön zu machen. Ich war viel zu ungeduldig, mir stundenlang die Haare zu fönen, damit sie auch ja richtig saßen. Meine weißen Levis waren stocksteif vor lauter Stärke. Sie waren absolut perfekt.

Ich fand Jerry auf der Höhe einer Sanddüne, wo er über den Grill wachte. Ich fühlte mich stark zu ihm hingezogen und bekam es sofort wieder mit der Angst zu tun. Er sah mir entgegen, als ich auf ihn zuging. Auf seinen Lippen lag ein Lächeln, aber sein Blick war ernst, fast traurig. Für mich war es einer jener zeitlosen Momente, die aus der Realität herausgehoben zu sein scheinen. Dann brach der Bann. Ich reichte ihm ein Glas Whisky und half ihm bei den Vorbereitungen für das Essen. Ich bemühte mich zu vergessen, daß dies das Muttertagswochenende war, das Wochenende, an dem Chris Geburtstag hatte. Immer blieben diese beiden Tage für mich miteinander verbunden. Die Anstrengung zu vergessen machte mich traurig.

Etwas später gingen Jerry und ich zum Strand hinunter. Es war schon spät, und wir waren beide erschöpft von der Woche und von der langen Fahrt. Er wollte mir erklären, wie die Schlafgelegenheiten für die Nacht verteilt waren. Es war das erste Mal, daß die Frage des Miteinander-Schlafens zur Sprache kam. Bisher hatte ich immer mit den anderen Mädchen im Wohnheim übernachtet. Wir waren beide verlegen.

Ich wollte irgendwo allein mit Jerry schlafen, nicht in einem Raum mit den anderen, obwohl klar war, daß wir nichts weiter tun würden als eben das – schlafen. Jerry hätte es leicht einrichten können, aber er lehnte es ab. Als ich ärgerlich wurde und nicht lockerließ, sah er mich nur schweigend an, und ich konnte im Mondlicht den Widerstreit der Gefühle auf seinem Gesicht erkennen.

»Da gibt es etwas, was ich dir eigentlich nicht sagen wollte«, sagte er schließlich, »aber jetzt bleibt mir nichts anderes übrig, damit du verstehst, warum wir nicht ein Zimmer für uns nehmen können.« Es gehörte in der Verbindung offenbar zur Tradition, daß am Sonntagabend das ganze Wochenende gründlich durchgehechelt wurde und alle ihre Erfahrungen austauschten, wobei es vor allem darum ging, wer ›gepunktet‹ hatte und wer nicht. Natürlich behaupteten alle, ›gepunktet‹ zu haben. Und alle hatten natürlich erwartet, daß Jerry sehr bald mit mir schlafen würde, da ich ja kein unbeschriebenes Blatt mehr war. Doch Jerry wollte ihnen jeden Sonntag abend sagen können, daß er mich nicht angerührt hatte, was ja auch stimmte. Auf diese Weise, erklärte er, hoffte er, den Gerüchten ein Ende zu bereiten und meine ›Ehre‹ wiederherzustellen, auch wenn es ihm oft schrecklich schwer gefallen war, die Hände von mir zu lassen. Wir müßten einen Raum mit den anderen teilen, sagte er, weil er für sich selbst nicht die Hand ins Feuer legen könne.

Am folgenden Abend bat Jerry mich, mit ihm zum Strand hinunterzugehen. Zwei seiner besten Freunde beobachteten uns aufmerksam. Sie schienen etwas zu wissen, wovon ich keine Ahnung hatte. Jerry war nervös und schweigsam, und mir war den ganzen Weg hinunter bange.

Als wir uns in der Dunkelheit niedergesetzt hatten, begann er von seiner langjährigen Freundin zu Hause in Houston zu sprechen. Sie verlangte eine Entscheidung von ihm. Er habe uns beide sehr gern, sagte er, aber ich würde nach dem College in den Norden zurückgehen, und er sei aus Houston. Er hielt es für unwahrscheinlich, daß es uns gelingen würde, unsere Beziehung am Leben zu erhalten. Aber, sagte er, das sei nicht die einzige Basis für seine Entscheidung. Er glaubte, daß sie ihn dringender brauche als ich, daß unsere Beziehung nicht in der Realität verankert sei. Er war der Überzeugung, eine Beziehung könne auf Dauer nicht romantisch bleiben, sie müsse sich im täglichen Leben bewähren. Und außerdem, erklärte er, sei ich viel stärker als sie. Ich brauche ihn in Wirklichkeit nicht. Mir würde der Bruch nicht so viel ausmachen.

Ich fing an zu weinen. Jerry betrachtete mich hilflos. Er sagte, er habe keine Ahnung gehabt, daß ich so reagieren würde. Er habe geglaubt, mich könne nichts aus der Ruhe bringen, ich hätte sowieso keine tieferen Gefühle für ihn.

Und ich konnte ihm das nicht einmal übelnehmen. Nur ein einziges Mal hatte ich ihn etwas von meinen wahren Gefühlen sehen lassen.

Ich sprang auf und rannte in unser Zimmer hinauf, während Jerry verwirrt am Strand sitzen blieb. Ich konnte überhaupt nicht mehr aufhören zu weinen. Als Jerry mir nachkam, sagte ich ihm, er solle verschwinden, mich allein lassen. Ich lag stundenlang auf dem Bett und weinte, bis ich völlig ausgeleert war.

Am nächsten Morgen machte ich ihm keinen Vorwurf. Sie verdiente ihn mehr als ich. Ich hatte kein Recht, irgend etwas zu verlangen. Ich tat also auch mit diesem Schmerz, was ich bisher mit jedem Schmerz in meinem Leben getan hatte, sei er groß oder klein. Ich vergrub ihn.

Meine Zeit am College war fast um. Mitten in der Prüfungswoche, als ich in einer stillen Ecke in der Küche des Wohnheims saß und lernte, kam Anita hereingestürzt, sagte, ich solle alles stehen und liegen lassen und mit ihr in unser Zimmer kommen. Ich konnte mir nicht vorstellen, worüber sie, die im allgemeinen ruhig und gelassen war, so aus dem Häuschen war.

Im Zimmer war es bis auf das Licht einer Kerze ganz dunkel. Eines der Mädchen hatte eine Hindu-Schallplatte geschenkt bekommen, und sie hatten nun auf mich gewartet, um sie noch einmal abzuspielen. In Winthrop lebten wir ziemlich abgeschirmt vom Rest des Landes. Obwohl wir uns mitten im Jahr 1968 befanden und sich überall an den Universitäten und Colleges der östliche Mystizismus ausbreitete, hatte er unseren Campus noch nicht erreicht. Ich wußte auch nicht, was Marihuana war und hatte außer in der Kirche nie Weihrauch gerochen. Das ganze Land wurde von politischen Protesten und Studentenunruhen erschüttert, aber wir hatten bisher nichts davon erlebt.

Ich hockte mich auf das letzte freie Fleckchen auf dem Fußboden und schloß die Augen, wie Anita es verlangte. Schwingungen gingen durch meinen Körper, sachte zunächst, während die dunkle, sonore Stimme ›Om‹ intonierte. Es erklang keine Musik, sondern nur diese eine Silbe, dieser eine Laut, der immer eindringlicher wurde, bis ich mich von ihm erhoben und fortgetragen fühlte. Es war ein wunderbarer Laut, der mich über mich selbst hinaushob. Als der Gesang endete und die Lichter wieder angingen, wäre ich am liebsten nicht zur Erde zurückgekehrt. Aber das Mädchen, dem die Platte gehörte, mußte wieder lernen. Dr. Jacobsen hatte uns gesagt, daß ›Om‹ der heilige Laut des Universums und ›Amen‹ von ihm abgeleitet sei.

Als ich meinen Koffer packte, fand ich mein altes Meßbuch wieder. Über ein Jahr lang hatte ich es nicht mehr aufgeschlagen. In seinem Einband versteckt war die alte Heiligenkarte aus dem Seton House. Würde ich mein Kind hier im Süden zurücklassen? Würde es spüren, daß ich fortgegangen war? Ein schrecklicher Gedanke war das, beinahe so, als würde ich meinen Sohn noch einmal verlassen. Aber er konnte ja überall sein. Ich wiegte mich hin und her, um die steigende Angst zu dämpfen, und sagte mir, er sei bestimmt bei einer guten Familie untergekommen.

Jerry kam zu meiner Abschiedsfeier und saß mit meinen Eltern zusammen. Nun hatte ich meine Ausbildung, eines der Dinge, für die ich mein Kind aufgegeben hatte. Es war ein leerer Tag ohne Bedeutung.

10

Ich fing in Ohio als Sozialarbeiterin an. Um diese Zeit streikten die Arbeiter bei Goodrich und Firestone. Der Streik dauerte schon Monate an, der Gewerkschaft begann das Geld auszugehen. Stolze Männer mit verängstigten Familien standen um Essensmarken Schlange. Ich sollte einer völlig überlasteten älteren Kollegin helfen, die sich um die Familien der Streikenden kümmerte.

Ich hätte gern mit den Ärmsten der Armen gearbeitet. Ich wünschte mir die schweren, verzweifelten Fälle. Statt dessen übergab man mir die leichtesten Fälle, achtzig Familien in einem relativ ruhigen Bezirk. Ich hatte so viel Schreibarbeit zu erledigen, daß für Hausbesuche nur wenige Stunden blieben. Aber einen Hausbesuch machte ich, den ich nie vergessen werde.

Ich parkte im Schatten einer ausladenden alten Ulme vor einem heruntergekommenen Häuschen, von dessen Holzschindeln die Farbe abblätterte. Trotz offenkundiger Armut hatte sich die Straße eine Würde bewahrt, die man in den Slums selten antrifft. Ich ging den rissigen Betonweg zum Haus hinauf. Die Holztür mit dem Fliegengitter schepperte, als ich klopfte. Von drinnen hörte ich Schritte und das Stimmchen eines kleinen Kindes. Es dauerte lange, ehe die Tür geöffnet wurde. Wir machten unsere Besuche immer unangemeldet, um eventuelle Betrüger unvorbereitet zu ertappen. Ich fand es peinlich, auf diese Weise vorgehen zu müssen.

Eine große Frau Anfang zwanzig mit kurzem Haar musterte mich durch das Fliegengitter. Ihr kleiner Sohn klammerte sich an ihren braunen Baumwollrock. Sie war eine ledige Mutter, die vom Jugendamt Kindergeld bekam. Ich sagte ihr, ich sei die für sie zuständige Sozialarbeiterin. Sie bat mich ins Haus, sagte aber gleich dazu, sie habe nur wenig Zeit, sie müsse zur Arbeit. Als ich ihr Einkommen und ihre Miete überprüfte, sah ich sofort, daß sie den Höchstsatz weit überschritten hatte. Ich sagte nichts, aber sie tat es.

Sie bat mich, sie nicht aus dem Haus zu vertreiben. Sie könne nicht in eine noch schlimmere Gegend ziehen, wo sie ständig um ihren Sohn Angst haben müsse. In sechs Monaten hoffe sie, genug gespart zu haben, um ohne Sozialhilfe auskommen zu können. Der Vater ihres Sohnes hatte sie verlassen, als er erfuhr, daß sie schwanger war. Ihre Eltern hatten sie hinausgeworfen. Es gab niemanden, der ihr half.

Der Blick des kleinen Jungen hing unverwandt am Gesicht der Mutter, während wir miteinander sprachen, und während ich ihr zuhörte und sah, wie sie schützend die Hände um das Kind legte, wurde mir bewußt, daß ich diese Frau hätte sein können, wenn ich nur den Mut dazu gehabt hätte. Sie stammte aus einer gutsituierten Familie; sie hätte das College besuchen, sich hübsch kleiden, einen guten Beruf ergreifen können. All das hätte sie haben können, wenn sie ihr Kind zur Adoption freigegeben hätte, sagte sie. Statt dessen arbeitete sie als Bedienung in einem Schnellrestaurant, lebte in einer fremden Stadt am Rande der Slums und hatte nicht einmal genug Geld übrig, um ab und zu ins Kino zu gehen. Aber die Liebe, die sie und ihr Kind verband, war fühlbar und sichtbar. Sie saß auf der Kante des zerschlissenen Sofas, dem einzigen Möbelstück im Zimmer, und war ein ganzer Mensch. Ich saß in der anderen Ecke, zerrissen und gespalten.

Sie mußte zur Arbeit. Ich versicherte ihr, sie brauche sich keine Sorgen zu machen. Ich würde ihr Geheimnis nicht verraten. Wir gingen zusammen aus dem Haus. Ich saß in meinem nagelneuen goldenen Mercury Cougar und blickte ihr nach, wie sie mit ihrem kleinen Sohn die lichtgesprenkelte Straße hinunterging.

Zum erstenmal übernahm ich die ganze Verantwortung dafür, meinen Sohn nicht behalten zu haben. Den Kopf auf den Armen, die auf dem Lenkrad lagen, ließ ich mich von meiner Scham und meinem Schmerz überwältigen. Ich kämpfte gegen den aufsteigenden Ekel vor mir selbst. Ich schaffte es, den Motor anzulassen, den Gang einzulegen und ins Büro zurückzufahren. Ich funktionierte. Aber das war auch alles.

Im frühen Herbst kam mein Vater mit der Nachricht nach Hause, daß er nach New York versetzt werden sollte. Die Familie wollte Mitte November umziehen. Ich erwog, in Akron zu bleiben und ein vorhersehbares Leben zu führen. Aber die Gelegenheit, New York kennenzulernen, war zu verlockend. Ich ging mit.

Ich trat aus den Gewölben des Grand-Central-Bahnhofs und winkte einem Taxi, um zu Anita zu fahren, bei der ich wohnen wollte, bis ich etwas Eigenes fand. Meine Begeisterung war so ansteckend, daß der Taxifahrer es gar nicht schaffte, unfreundlich zu sein.

Anita war glücklich mit ihrem neuen Leben. Als sie sich um die Stellung als Stewardeß beworben hatte, war sie noch nie geflogen und hatte große Angst gehabt; jetzt flog sie mit Leidenschaft. Auf dem Weg durch die Wohnung mußte man ständig über irgendwelche Matratzen oder Menschen steigen. Sie lebte mit vier Kolleginnen in einer Zweizimmerwohnung zusammen, in der es zuging wie in einem Taubenschlag. Auch für mich fand sich noch ein Eckchen, jedenfalls vorübergehend.

Sobald ich mir die Stellenanzeigen vornahm, wurde mir klar, daß ich auf keinen Fall mehr in die Sozialarbeit wollte. Das war New York, ich wollte einen Job mit Glanz und Prestige. Aber ich hatte wenig Glück bei meiner Suche und begann, mich mit der tristen Möglichkeit vertraut zu machen, eine Stellung in der Personalabteilung einer Krankenversicherung anzunehmen. Mein Vater hatte versucht, seine Beziehungen spielen zu lassen, um mir eine Anstellung bei einer Werbeagentur zu verschaffen – das wäre mein Traum gewesen –, aber ich hatte beim Bewerbungsgespräch völlig versagt. Ich wußte nicht einmal, was ein Werbetexter war.

Mit dem Mut der Verzweiflung versuchte ich schließlich mein Glück bei einer neuen Vermittlungsagentur. Als ich das muffige kleine Büro betrat, hielt ich mir einen strengen Vortrag über die Torheit, unrealistischen Träumen nachzujagen. Ich hatte das Ende der Straße erreicht. Morgen würde ich die Stellung bei der Versicherungsgesellschaft annehmen. Bei der Durchsicht meiner Unterlagen stellte die Sekretärin fest, daß ich aus Akron kam. Bei uns arbeitet auch eine Frau aus Akron, sagte sie und führte mich in ein Büro. Die Frau war großartig, offen und direkt. Und zu ihren Klienten gehörte eine kleine Werbeagentur, die derzeit eine Art Mädchen für alles suchte.

Ich war nervös, als ich durch das große Art-Deco-Foyer des Chrysler Buildings ging und mit dem Aufzug nach oben fuhr, pünktlich zu meinem Termin. Das Gespräch begann allerdings nicht gerade verheißungsvoll. Ob ich Maschine schreiben könne? Nein. Ob ich schon einmal als Telefonistin gearbeitet hätte? Nein. Ob ich schreiben könne? Schreiben mache mir Spaß, versicherte ich mit nervöser Piepsstimme. Ob ich irgendwelche künstlerischen Fähigkeiten besäße? Nicht daß ich wüßte.

Die Straßen und die gewaltigen Bauten der Stadt waren grau. Der eisige Winterwind pfiff durch meinen dünnen Mantel. Ich hatte noch keine Lust, in die Wohnung zurückzukehren, und ging die Fifth Avenue hinauf. Ich war niedergeschlagen, weil ich fürchtete, die Arbeit bei der Versicherung würde mich nicht genug fordern, um den Schmerz zu betäuben, der mich immer noch quälte, sobald ich eine freie Minute zum Nachdenken hatte. Alles, was ich tat, mußte das normale Maß sprengen, zum Ausgleich dafür, daß ich mein Kind weggegeben hatte.

Wie durch ein Wunder bekam ich die Stelle bei der Werbeagentur. Ich fing am 1. Dezember an, das war ein Sonntag, aber darauf wurde keine Rücksicht genommen, da man an diesem Tag gerade einen Werbespot für das Fernsehen drehte. Dafür erlebte ich die Schauspielerin Sandy Duncan, die zum erstenmal Werbeaufnahmen für das Fernsehen machte. Unser Klient, die Firma Leeming Pacquin, ein Ableger der Firma Charles Pfizer, hatte mit Hy Karate, dem ersten Eau de Cologne für Männer, für das groß Reklame gemacht worden war, einen Riesenerfolg eingefahren und wollte jetzt mit einem Toilettenwasser für Teenager namens Skinny Dip einen zweiten Coup landen. Es war zum Lachen, mitten in der sexuellen Revolution und während uns allen im Fernsehen täglich die Schrecken des Vietnamkriegs vorgeführt wurden, regten sich die Sponsoren über den Namen auf – Skinny Dip bedeutet etwa ›Nackedei‹ – und hatten eine Heidenangst, daß Sandy Duncan das Badetuch ein wenig zu weit hinunterrutschen könnte.

Es war eine aufregende Zeit. Gleich in meiner ersten Woche fuhr ich in einem Taxi zu Peter Max in die Wohnung, um Probeabzüge eines Fernsehspots für unser Produkt Nutrament abzugeben. Es war der erste psychedelische Werbespot. Innerhalb eines Monats war ich in der Agentur wie zu Hause, auch wenn meine Hauptaufgabe darin bestand, die Telefone zu bedienen. Mein Vater arbeitete in der City und rief jeden Tag an, um mir beizubringen, wie man mit einer fröhlichen, beschwingten Stimme antwortete. (Danke, Dad!)

Als eine Kollegin von Anita für ihre riesige Wohnung an der Ecke 79. Straße und Riverside Drive eine Mitbewohnerin suchte, zog ich bei Anita aus. Aber die Wohnung erschien uns soweit abseits der *Action*, daß wir, Peg und ich, schon nach einem Monat wieder auf die East Side zogen. Wir tauschten unseren riesigen, leeren Palast auf der West Side gegen ein winziges Zwei-Zimmer-Penthouse über einer Bar mit dem Namen *The Flower Pot*. Die Miete war so hoch, daß wir uns noch eine Mitbewohnerin suchen mußten. Im Schlafzimmer war gerade genug Platz für ein Etagenbett und ein niedriges Rollbett. Um zum Etagenbett zu gelangen, mußte man über das Rollbett hinwegsteigen. Aber das machte uns nichts aus. Wir hatten es geschafft. Zum Glück flogen sowohl Peg als auch Trela, unsere neue Wohnungsgenossin, für TWA International und waren häufig lange Zeit unterwegs. Selten waren wir alle drei zur gleichen Zeit in der Wohnung.

Allmählich lernte ich Leute kennen und begann, wieder auszugehen. Aber zu einer engen Bindung fühlte ich mich immer noch nicht fähig. Manchmal, wenn ich mit einem Mann ausgewesen war, kam ich total deprimiert nach Hause. Ich konnte ihnen nicht sagen, wer ich war – eine Mutter. Niemals konnte ich das Mädchen ihrer Träume sein. Und jedes Mal, wenn ich lügen mußte, fühlte ich mich stärker isoliert. Oder vielleicht hatte ich auch Angst, setzte Liebe mit Verlust gleich und wollte mich nicht verletzlich machen.

New York war für mich eine tägliche Herausforderung. Wollte ich kämpfen oder aufgeben? New York weckte die Lebensgeister. Wenn ich es von einem Straßenzug zum nächsten schaffen, wenn ich eine menschenwimmelnde Straße überqueren wollte, ehe ich von einem Taxi angefahren wurde, mußte ich das Tempo halten. Wollte ich mich in der Sicherheit meiner

Wohnung verbarrikadieren? Oder wollte ich mich erproben? Die Stadt, die niemals aufhörte, mich zu fordern, war meine große Lehrmeisterin, indem sie mich zwang, mit dem Schmerz, dem Kummer und der Freude, die das Leben ausmachen, umzugehen, indem sie mich mit dem Besten und dem Schlechtesten der menschlichen Natur konfrontierte.

Jeden Tag auf dem Heimweg von der Arbeit kam ich am New Yorker Findlingskrankenhaus vorüber; immer wieder dachte ich daran, mich dort zu ehrenamtlicher Arbeit zu melden. Aber ich war noch nicht stark genug. Wenn ich an einer katholischen Kirche vorbeikam, ging ich hinein und zündete eine Kerze für meinen Sohn an.

Als die Agentur mich eingestellt hatte, war mir versprochen worden, daß ich nach Ablauf von drei Monaten in eine der Abteilungen zur Ausbildung versetzt werden würde. Man steckte mich zu den Textern. Es war eine goldene Gelegenheit, wie sich zeigte. Nach wenigen Monaten schon wurde mein Vorschlag ›Damit eine Frau sich richtig schön fühlt‹ zum Slogan der Skinny-Dip-Werbung in Rundfunk und Fernsehen. Als ich an der Clairol-Werbung mitarbeitete, erfand ich für eines der Produkte – in Anlehnung an *Frühstück bei Tiffany* – den Namen (Lemon-Go-Lightly) und entwarf die Verpackung. Ich war mit Leib und Seele bei meiner Arbeit.

Beruflicher Erfolg stand genau wie Studium auf der Liste jener guten Dinge, die mir geschahen, weil ich den Entschluß, mein Kind herzugeben, akzeptiert hatte.

Eines Samstags, als Peg und Trela beide unterwegs waren und ich gerade meine Wäsche waschen wollte, klingelte es draußen. Durch den Spion sah ich, daß es ein junger Mann war, den Peg ein paar Tage zuvor kennengelernt hatte. Ich bat ihn herein und trug meinen Wäschekorb hinaus, damit er sich auf das Sofa setzen konnte. Ron hatte eine Lederjacke und Cowboystiefel an, und sein Haar war länger als das irgendeines Mannes, den ich je persönlich gekannt hatte. Ich fand ihn unheimlich attraktiv, wenn auch etwas verlottert, und hielt ihn für einen Hippie. Tatsächlich studierte er an der Columbia-Universität Betriebswirtschaft.

Im Gespräch wirkte er ziemlich normal, auch wenn er mit den erzkonservativen Typen, die ich gewöhnt war, nichts gemein hatte. Er leistete mir beim Waschen Gesellschaft. Beim Schleudergang küßte er mich.

Als mein zweites Jahr in New York begann, waren Ron und ich praktisch ein Paar. Ganz allmählich hatte er mir geholfen, mich sicher und geborgen zu fühlen. Er wußte von meinem Kind, und er hörte mir zu. Wir gehörten unterschiedlichen Konfessionen an, aber das spielte für keinen von uns eine Rolle.

Vor unserer Heirat bat ich Ron, mir zwei Dinge zu versprechen. Mir waren sie so wichtig, daß ich wußte, ich würde ihn nicht heiraten können, wenn er mir diese beiden Wünsche nicht erfüllen konnte.

Ich fragte ihn, ob er mir versprechen könne, sich nicht einzumischen, wenn ich mich eines Tages auf die Suche nach meinem Sohn begeben sollte, und ob er bereit sei, ihn zu akzeptieren, da ich ihm, wenn irgend möglich, einen Platz in meinem Leben einräumen wolle. Er versprach mir beides. Mein zweiter Wunsch war, unsere Kinder nicht in einer formalen Konfession aufzuziehen. Ich fand, wir sollten sie jeweils das lehren, was wir selbst glaubten, und es dann ihnen überlassen, sich später, wenn sie alt genug waren, selbst für einen Glauben zu entscheiden. Auch mit dieser Bedingung war Ron einverstanden.

Am zweiten Weihnachtsfeiertag 1970 wurden wir im Haus meiner Eltern in Connecticut von einem Rabbi und einem katholischen Priester getraut. Meine Eltern hatten keine Einwände dagegen, daß ich einen Nichtkatholiken heiratete. Meine Mutter wußte, daß ich mit der Kirche gebrochen hatte, und akzeptierte es, wenn auch mit Trauer. Vielleicht glaubte sie, ich gerate meinem Vater nach, der im baptistischen Glauben erzogen worden war. Er ging jeden Sonntag brav zur Messe, aber er war nie zum katholischen Glauben übergetreten. Sie selbst jedoch hätte keinen Frieden gefunden, wenn ich nicht das Sakrament der Ehe empfangen hätte. Eine Ehe ohne den Segen der Kirche wäre einer wilden Ehe gleichgekommen. Hauptsache, der Priester waltete seines Amtes, was danach folgte, war meiner Mutter gleichgültig.

Bald nach unserer Hochzeit zogen wir nach San Francisco. Ron war von der New Yorker Maklerfirma, bei der er zu arbeiten angefangen hatte, dorthin versetzt worden. Unsere kleine Wohnung lag in Sausalito, direkt am Wasser, mit großen Fenstern auf die Bucht. Ich hatte keine Stellung, glaubte aber zuversichtlich, daß ich mit Hilfe meiner Mappe schnell eine finden würde. Doch die Umstellung setzte mir mehr zu, als ich vorausgesehen hatte. Ich begann mein neues Leben fern von Familie und Freunden an einem Ort, an dem ich keinen Menschen kannte. Heftige Stimmungsschwankungen plagten mich; ich weinte oft ohne ersichtlichen Grund. Ich nahm zu; meine Angst, eine dicke Hausfrau zu werden, drohte sich zu erfüllen. Und doch waren wir auch sehr glücklich miteinander.

Als meine Regel vier Monate hintereinander ausblieb, suchte ich einen Arzt auf und ließ einen Schwangerschaftstest machen. Das Ergebnis war negativ. Zwei Monate später war es immer noch negativ. Ich konnte also meine Stimmungswechsel und die Gewichtszunahme nicht auf eine Schwangerschaft schieben. Ich fand trotz aller Bemühungen keine Stellung. Es war schwieriger, in San Francisco in die Werbebranche hineinzukommen, als ich mir vorgestellt hatte. Ich gab die Hoffnung auf und verkroch mich. Die leeren Tage begannen, sich mit Erinnerungen zu füllen, von denen ich gehofft hatte, sie würden sich nicht wieder melden. Der alte Schmerz flammte wieder auf. Das einzige, was mich aufrechthielt, war die Gewißheit, daß ich eines Tages mein Kind finden würde.

An einem Nachmittag im Frühjahr, als ich in der Sonne lag, fiel mir auf, daß ich, wenn ich mich auf den Bauch drehte, einen Knoten fühlen konnte, wie eine große Geschwulst etwa. Ich ließ mir gleich für den folgenden Nachmittag einen Termin beim Gynäkologen geben. Seit zwei Monaten hatte ich auf sein Geheiß täglich Temperatur gemessen, weil er hoffte, so die Ursache für das Ausbleiben der Regel feststellen zu können. Jetzt war ich sehr beunruhigt und fürchtete das Schlimmste.

Am Morgen ließ sich Ron von einem Kollegen ins Büro mitnehmen und ließ mir den Wagen da. Als es Zeit wurde zu fahren, war ich plötzlich glänzender Stimmung, was angesichts der Umstände reichlich merkwürdig war, und als ich die Golden-Gate-Brücke erreichte, war ich gerade euphorisch. Die Sonne schien mir mit beinahe unirdischem Glanz auf der Brücke zu leuchten; alle meine Sinne waren von äußerster Empfindlichkeit. Am Mauthäuschen bremste ich kaum ab und fuhr durch, ohne zu bezahlen. Während ich über die Brücke brauste, wußte ich auf einmal, was der Arzt mir sagen würde. Hinter mir schrillten Trillerpfeifen, und als ich in den Rückspiegel blickte, sah ich drei der Mautkassierer, die mir wild winkend bedeuteten anzuhalten. Ich bremste ab, stieß zurück und gab ihnen lachend ihr Geld.

Als ich dem Arzt von dem Knoten erzählte, den ich gespürt hatte, führte er mich ohne Umschweife ins Untersuchungszimmer und bestätigte mir wenig später überrascht, daß ich schwanger sei. Mit Hilfe eines Sonogramms konnte er feststellen, daß ich bereits im fünften Monat war.

Ron und ich waren wie im Schock. Am Abend dieses Tages gingen wir mit Freunden in eine Jazzkneipe, und ich saß den ganzen Abend nur da und lachte vor mich hin. Während ich mit einer Hand auf dem Bauch dasaß und der Band zuhörte, merkte ich, daß ich bereits die Bewegungen des Kindes spüren konnte.

In emotionaler Hinsicht war diese Schwangerschaft

für mich nicht einfach. Je mehr ich mich auf das kommende Kind freute, desto schmerzlicher wurde mir der Verlust meines ersten bewußt. Mit Ron wollte ich darüber nicht sprechen, um sein Glück über dieses Kind, das ja für ihn das erste war, nicht zu stören. Ich konnte ihn doch nicht dauernd daran erinnern, daß ich alles schon einmal erlebt hatte. Ich hörte auf, von meiner ersten Schwangerschaft zu sprechen. Doch die Erinnerungen waren umso lebendiger; ich hätte es dringend gebraucht, mehr über sie zu sprechen.

Rons Eltern waren ganz aus dem Häuschen, als sie erfuhren, daß sie bald Großeltern werden würden. Meine Familie tat so, als wäre es auch mein erstes Kind. Mir tat das weh, ich wollte die Existenz meines ersten Kindes nicht verleugnen. Meine Geschwister allerdings glaubten ja wirklich, dies sei mein erstes. Und dann waren da natürlich die anderen Leute, teilnahmsvolle Fremde, flüchtige Bekannte. Der Fleischer: »Ah, es ist Ihr erstes? Wie schön! Herzlichen Glückwunsch.« Die Frau in der Reinigung: »Ihr erstes? Ach, ich kann mir vorstellen, wie aufgeregt Sie sind.« Nachbarinnen: »Als ich damals mein erstes Kind erwartete …«

Und dann mußte ich ihnen aufmerksam zuhören und so tun, als sei mir das alles ganz neu. Ich freute mich von ganzem Herzen auf dieses Kind, aber meine Freude war getrübt von der Notwendigkeit, wieder zu lügen.

Hinzu kam, daß ich immer noch Zweifel hatte, ob ich überhaupt zur Mutter taugte. Würde meine ›Sünde‹ nicht vielleicht diesem zweiten Kind in irgendeiner Weise schaden? War ich die einzige ehemals ledige Mutter, die so unangemessen reagierte? War es allen anderen gelungen, einfach zu vergessen? War ich die einzige, die das nicht konnte?

Allen Vermietern zum Trotz, die es ablehnten, an Leute mit Haustieren zu vermieten, kauften wir einen Hund, Wiffle. Wir zogen in eine Wohnung in der Nähe des Jachthafens um. Ron legte sich ein Sympathiebäuchlein zu. Wir gingen zur Schwangerschaftsvorbereitung. »Ja, das ist mein erstes Kind.«

Mein Arzt wollte im Oktober zwei Wochen in Urlaub gehen. Er versicherte mir, ich würde nicht vor seiner Rückkehr entbinden. Ich spürte, daß er sich täuschte. Anfang Oktober hatten wir eine Woche lang eine teuflische Hitzewelle. Ich hatte gerade noch Kraft, um mich vom Bett zum Sofa und wieder zurück zu schleppen.

Am 18. Oktober war ich mit einer Freundin zum Besuch einer Kunst- und Antiquitätenauktion verabredet. Ich rief sie an und sagte ab. Es war ein schöner, angenehmer Tag, aber ich hatte das Bedürfnis, zu Hause zu bleiben. Eine halbe Stunde später verlor ich plötzlich ein wenig Blut. Dann folgte in großen Abständen einige Kontraktionen. Ich ging in das Kinderzimmer, das ich gerade fertig eingerichtet hatte, ein sonniger Raum mit gelben Baumwollvorhängen, die ein mildes Licht schufen. Lange saß ich in dem weißen Schaukelstuhl, den wir gekauft hatten, obwohl wir ihn uns eigentlich gar nicht leisten konnten. Wiffle rollte sich zu meinen Füßen zusammen. Ich schaukelte sachte hin und her und genoß die Heiterkeit des Raums. Alles war bereit. Bei dem Gedanken an das Kommen des Kindes fühlte ich mich leicht und glücklich. Die plötzlich aufsteigende Angst, daß ich auch dieses Kind verlieren würde, kämpfte ich nieder. Ich wußte, sie war völlig irrational, diese Furcht, von neuem die Kontrolle über mein Leben zu verlieren, wenn ich ins Krankenhaus kam. Sei nicht albern, sagte ich mir, du kannst doch nicht mit deinen Ängsten Ron die ganze Freude verderben. Aber ich mußte mir immer wieder streng vor Augen halten, daß mir nichts passieren konnte, daß niemand mir mein Kind wegnehmen würde. Ich ging in der Wohnung auf und ab und sagte mir, welche Freude mir dieses Kind bringen würde. Nur diese Phase jetzt mußte ich durchstehen.

Wiffle folgte mir wie ein Schatten. Ich mußte mich unter Kontrolle bekommen, ehe ich Ron anrief. Ein stechender Schmerz ließ mich alle Angst vergessen. Es war später Nachmittag. Ich rief Ron im Büro an; er war in einer Besprechung. Ich entschuldigte mich bei seiner Sekretärin und erklärte, was los war. Ob sie ihn bitten könne, nach Hause zu kommen. Ich ärgerte mich darüber, daß ich so devot war. Die Sekretärin schrie mir ins Ohr: »Er ist schon unterwegs.«

Als Ron kam, entschuldigte ich mich bei ihm noch einmal dafür, daß ich ihn mitten in der Besprechung gestört hatte. Er antwortete mir nur mit einem verwunderten Blick.

Da mein Arzt immer noch im Urlaub war, riefen wir seinen Vertreter an. Er riet uns, so lange wie möglich zu Hause zu bleiben und darauf zu achten, in welchen

Abständen die Wehen kamen. Während ich es mir auf dem Sofa im Wohnzimmer bequem machte, holte Ron unsere einzige Uhr aus dem Schlafzimmer. Er steckte sie ein, zog sich einen Sessel neben die Couch, stellte die Uhr auf sein Schwangerschaftsbäuchlein, und – plötzlich gingen alle Lichter aus. Das ganze Viertel um den Jachthafen war dunkel.

Ron setzte sich wieder und versuchte zu zählen, ein-und-zwanzig, zwei-und-zwanzig. Aber das wurde schnell langweilig. Wir trugen beide keine Uhren. Nach etwa zwei Stunden spürte ich eine plötzliche Verlagerung des Kindes und wußte, es war Zeit, ins Krankenhaus zu fahren. Als wir aus dem Haus traten, gingen die Lichter wieder an.

Man führte uns in einen trübe erleuchteten Kreißsaal, der viel kleiner war als der, den ich aus dem Richmond-Memorial-Krankenhaus in Erinnerung hatte. Es waren zwei Betten im Raum. Wir warteten, die meiste Zeit allein. Ron saß auf einem Stuhl am Fußende des Bettes und drehte unaufhörlich die Schnur der Sonnenjalousie des Fensters. Die Schwester bat ihn, hinauszugehen, als sie mich untersuchen wollte. Ich bekam panische Angst, als die Tür hinter ihm zufiel. Ich brauchte Ron an meiner Seite.

Sie fragte mich, ob dies mein erstes Kind sei. Ich hätte gern gelogen. Ich wußte nicht, ob es für die Entbindung wichtig war, daß ich die Wahrheit sagte. Konnte sie nicht einfach mein Patientenblatt lesen? Das Medikament, das sie mir gegeben hatten, begann schon zu wirken. Ich fühlte mich schlapp und schwerfällig. In tiefer Scham erzählte ich ihr kurz von meinem ersten Kind. Ich bat um eine örtliche Betäubung, ohne mir bewußt zu sein, daß es die seelischen Schmerzen waren, die ich abtöten wollte.

Der Arzt, der unser Kind zur Welt bringen sollte, kam herein, um zu sehen, wie weit ich war, und um sich mit uns bekanntzumachen. Wieder wurde Ron gebeten, hinauszugehen, wieder geriet ich in Panik. Meine Beine, von der Anästhesie völlig betäubt, hingen wie lebloses Fleisch an mir, als der Arzt mit der Untersuchung begann. Ich kämpfte mich aus Nebelschwaden empor. Die Stimme des Arztes schien aus weiter Ferne zu kommen. »Durch die Narkose sind die Wehen unterbrochen worden«, sagte er. Ich bat ihn, mir keine Medikamente mehr zu geben. Die Wehen setzten wieder ein. Aber die Erinnerungen blieben zum Glück im Hintergrund.Ich war ganz in der Gegenwart, völlig konzentriert auf diese Geburt. Als man mich in den Entbindungsraum brachte, warf der Arzt nur einen Blick auf Ron und riet ihm, draußen zu warten. Das Kind kam jetzt sehr schnell. Unmittelbar bevor ich es herausstieß, hörte ich aus dem Nebenraum den ersten Schrei eines anderen Neugeborenen. Dann hörte ich das Schreien meines eigenen Kindes. Plötzlich war Ron an meiner Seite. Ich fragte ihn sofort, ob es ein Junge oder ein Mädchen sei. Ein Junge, sagte er. Sie reichten ihn mir, und ich hielt ihn so fest, als wollte ich ihn nie wieder hergeben.

Ich bekam einen Schluckauf. Das Geräusch plätscherte durch die sonnige Stille des Kinderzimmers. Ich sah lächelnd zu Brett hinunter, so klein, gerade zwei Wochen alt. Sein Blick traf meinen. Er war ein so fröhlicher kleiner Junge und viel zu gesellig, um schlafen zu wollen. Und dann bekam auch er den Schluckauf, genau wie ich erwartet hatte. Wir waren so aufeinander eingestimmt, daß ich immer kurz vor ihm den Schluckauf bekam. Ich rieb ihm den Bauch, um das Unbehagen zu lindern. Zur Ablenkung las ich ihm die Gedichte aus dem Babybuch vor, das meine Mutter geschickt hatte. Er hörte mir mit großer Aufmerksamkeit zu. Ich kam zu einem Gedicht mit dem Titel ›Meinem kleinen Jungen‹, und als ich zu Ende gelesen hatte, stellte ich fest, daß eine meiner früheren Freundinnen aus dem Winthrop College es geschrieben hatte. Wie schön, dachte ich. Und wie seltsam. Zum ersten Mal war mir hier in Kalifornien die Vergangenheit begegnet.

Da Brett noch äußerst munter zu sein schien, erzählte ich ihm in aller Ausführlichkeit von meiner Freundin, der Dichterin, und wie es auf dem College zuging. Und ich erzählte ihm von seinem Bruder und sagte, daß er, genau wie ich, im Herzen mit ihm verbunden sei. Eines Tages würden wir mit ihm zusammentreffen, und ich hoffte von Herzen, sie würden einander dann wie Brüder lieben. Aber bis dahin war noch ein weiter Weg.

Nachdem ich sechs Jahre lang mein Muttersein hatte verleugnen müssen, konnte ich jetzt offen sagen: »Ich bin Mutter.« Auch wenn ich nicht rückhaltlos ehrlich sein konnte, war das eine Erlösung. Ron und ich waren glücklich. Wir hatten gute Freunde. Ich konnte in der Gegenwart leben.

Aber es fiel mir schwer, das Kind alleinzulassen, auch nur, um ins Kino zu gehen. Ich wollte es keinem Babysitter anvertrauen.

Als Brett acht Monate alt war, wollte Ron mit mir eine zweite Hochzeitsreise nach Hawaii machen. Wir ließen ihn in den Händen der tüchtigsten Kinderpflegerin zurück, die wir hatten finden können. Er war bei ihr wahrscheinlich besser aufgehoben als bei mir. Dennoch war es mir fast unerträglich, ihn zurückzulassen. Ich weinte im Flugzeug, ich weinte in unserem luxuriösen Zimmer im Royal Hawaiian Hotel, ich weinte am sonnigen Strand. Die acht Tage erschienen mir endlos.

Als wir nach Hause kamen, verhielt sich Brett, als erkenne er mich nicht wieder. Vergaßen Säuglinge ihre Mutter doch so schnell? Hatte es mit den Geburtsbanden in Wirklichkeit gar nichts auf sich? Bedeutete die Tatsache, daß er mein Gesicht vergessen hatte, daß er auch vergessen hatte, was ich für ihn empfand? Sind Mütter so leicht ersetzbar? War es möglich, daß die seelische Bindung an meine Söhne, an die ich so fest glaubte, nichts als Einbildung war?

Ron begann Karriere zu machen. Ich arbeitete einmal in der Woche ehrenamtlich im Kinderkrankenhaus. An Bretts erstem Geburtstag zogen wir in unser eigenes Haus um. Wir wünschten uns ein zweites Kind und wenig später wurde ich schwanger.

Brett war knapp zwei. Ich konnte diese Schwangerschaft genießen, ohne vorgeben zu müssen, es sei meine erste. Die Erinnerungen waren nicht mehr so grell. Sie kehrten erst zurück, als der Entbindungstermin vorbeiging, ohne daß etwas geschah. Während ich auf dieses Kind wartete, durchlebte ich noch einmal die lange schmerzliche Wartezeit im Seton House. Ich war zwei Wochen über den Termin, als die Wehen begannen.

Diesmal war Ron bei der Geburt dabei. Ich ließ mir keine Narkose geben. Der Arzt kam gerade noch rechtzeitig ins Zimmer, um das Kind aufzufangen. Kip sah aus wie ein kleiner Indianer mit seinem rabenschwarzen Haar – wie Phillip.

Am Nachmittag kam Ron wieder, und wir gingen zusammen zum großen Fenster des Säuglingssaals und sahen uns Kip und all die anderen Säuglinge an. Am Abend schmuggelte Ron Brett herein und zeigte ihm seinen kleinen Bruder. Ich wollte, das Neugeborene und ich hätten mit den beiden nach Hause fahren können. Das Krankenhaus deprimierte mich. Es schien, als brächte jede Umgebung, die Ähnlichkeit mit dem Seton House oder dem Richmond-Memorial-Krankenhaus hatte, alle Traurigkeit zurück. Der Schmerz und die Trauer hörten niemals auf. Sie versanken nur manchmal unter die Schwelle meines bewußten Lebens. Als ich aus dem Krankenhaus entlassen wurde, ebbten sie wieder ab.

11

Brett war drei, Kip fast ein Jahr alt. Legosteine waren über den Parkettboden im Wohnzimmer verstreut. Ich saß mitten in dem Durcheinander auf dem Boden, hob langsam die einzelnen Steine auf und warf sie in den Karton. Der Erfinder von Lego konnte nur kinderlos gewesen sein. Ron war unten, um die Kinder zu ihrem Mittagsschlaf ins Bett zu bringen. Ich hörte seine Schritte auf der Treppe; von Stufe zu Stufe schienen sie langsamer zu werden. Ich wurde ein wenig unruhig. Oben an der Treppe wartete schwanzwedelnd Wiffle.

Als Ron sich bückte, um Wiffle zu streicheln und mir beim Aufräumen zu helfen, wich er, ganz uncharakteristisch, meinem Blick aus. Irgend etwas bedrückte ihn, und es schien etwas Ernstes zu sein. Ich fragte ihn, was los sei. Er sah mich noch immer nicht an, sagte aber, er sei der Meinung, ich solle meinen ersten Sohn vergessen, aufhören von ihm zu sprechen und an ihn zu denken. Er habe seine eigene Familie, und wir hätten unsere. Ich habe zwei wunderbare kleine Söhne, sagte er, und es sei ihnen gegenüber nicht fair, wenn ich fortwährend an dieses andere Kind dächte, das sowieso nicht mehr zu mir gehöre. Er sagte, ich solle mir den Gedanken, ihn eines Tages zu suchen, aus dem Kopf schlagen. Ich konnte nicht glauben, was ich hörte.

Fürchtete er denn, meine Liebe zu Phillip schmälere meine Liebe zu Brett und Kip? Wieso fanden alle Leute meine Liebe zu diesem Kind nicht in Ordnung? Fand er das etwa auch? Warum ich nicht loslassen könne, aufhören könne, ihn zu lieben, mir Sorgen um ihn zu machen? Ron wiederholte genau das, was alle anderen mir gesagt hatten.

Mein erstes Kind war nicht sein Kind, aber es war der Halbbruder seiner beiden Söhne. Und Blutsbande zählen, dachte ich. Er ist ihr Bruder. Ohne etwas zu sagen, räumte ich die restlichen Spielsachen ein. Schließlich schlug ich Ron vor, er solle eine Weile in den Tennisklub gehen. Als ich seinen Wagen wegfahren hörte, spürte ich, wie in mir etwas zerbrach.

Ron hatte ein Versprechen gebrochen, das mir heilig gewesen war. Wenn mir jemand geholfen hätte, mit der Vergangenheit fertigzuwerden, hätte das vielleicht nicht diese große Bedeutung gehabt. Es hätte sich wahrscheinlich bereinigen lassen. Aber nach allem, was vorher geschehen war, war das unmöglich. Es war gewiß das letzte, was ich mir wünschte, und ich war kaum imstande, mir selbst einzugestehen, daß unsere Ehe soeben einen schweren Bruch bekommen hatte.

Gerade als ich den letzten Legostein weggepackt hatte, hörte ich von unten kleine Stimmchen. Zwischen den Kindern und dem Legokasten mußte eine unsichtbare Verbindung bestehen, die ihnen signalisierte, wann alle Steine eingeräumt waren. Wiffle leckte sie beide, als sie die oberste Treppenstufe erreicht hatten. Sie holten sich zwei Bücher und kletterten auf meinen Schoß. Eines der Bücher hieß ›Horton brütet ein Ei aus‹. Es erzählte von Mayzie, der faulen Vogelmutter, die ein Ei gelegt hatte, aber nicht in ihrem Nest sitzenbleiben wollte, um es auszubrüten. Darum bat sie Horton, den Elefanten, sich auf ihr Nest zu setzen, und der tat es allen Mühen und Schwierigkeiten zum Trotz, wobei er sich stets mit dem Satz Mut machte: »Ein Elefant ist hundert Prozent treu.« Als das Ei schließlich platzte, kam ein Elefantenvogel heraus. Nachdem nun alle Arbeit getan war, erschien Mayzie wieder, um Anspruch auf ihr Kind zu erheben, und erntete damit natürlich bei niemandem Teilnahme, auch bei mir nicht. Würde ich ebenso angesehen werden, wenn ich meinen Sohn fand?

Mit Kip auf dem einen Arm, einer Einkaufstüte auf dem anderen und Brett vor den Füßen versuchte ich, die Küchentür zu öffnen. Wenn ich sie zu weit aufmachte, würde der Wind hereinstürmen. An Orten wie diesem an der nordkalifornischen Küste waren die Sommer kälter als die Winter. Meine Kinder spielten in dicken Anoraks draußen, während zehn Minuten entfernt, unterhalb der Nebelgrenze, das schönste Sommerwetter war. Wir mußten umziehen.

Gerade als wir halbwegs zur Tür herein waren, begann das Telefon zu läuten. Brett kletterte auf den Stuhl, um es zu erreichen, und der Wind riß mir die Tür aus der Hand. Papiere, Spielsachen und Fotos wirbelten durch den Raum. Ich stellte Kip zu Boden und stieß die Tür zu.

»Es ist Großmutter Anne«, sagte Brett.

Ron kam in die Küche und nahm mir die Kinder ab, damit ich sprechen konnte. Zunächst hörte ich nur Schluchzen und bekam schreckliche Angst. Schließlich konnte meine Mutter mir sagen, daß sie und mein Vater beschlossen hatten, sich scheiden zu lassen.

Ich hatte gesehen, wie sich meine Eltern im Lauf

der Jahre immer weiter voneinander entfernt hatten, trotz ihrer Bemühungen, ihre Ehe zu erhalten. Sie waren einfach zu gegensätzliche Naturen. Ich konnte meiner Mutter nicht helfen, ich konnte sie nur weinen lassen. Während ich zum Fenster hinaus in den dicken Nebel starrte, überkam mich ein Gefühl tiefen, schmerzlichen Verlusts. Ich konnte kaum glauben, daß es mit unserer Familie wirklich so weit gekommen war.

Vor neun kurzen Jahren noch hatten meine Eltern sich ängstlich den Kopf darüber zerbrochen, was die Nachbarn von uns denken würden, wenn ich mit einem ledigen Kind nach Hause käme. Jetzt waren sie diejenigen, die das Undenkbare taten. Waren sie mutiger geworden? Oder hatten sich die Sitten der Gesellschaft in nicht einmal zehn Jahren so sehr verändert?

Im Herbst 1976 zogen wir in ein Haus unterhalb der Nebelgrenze, und Brett kam in den Kindergarten. Unser neues Haus war nichts Besonderes, aber das dazugehörige Grundstück war außergewöhnlich. Auf der einen Seite des Gartens stand eine Gruppe Mammutbäume. Die andere Seite war licht und sonnig mit einem Schwimmbecken. Ich fand den Bach am schönsten, der hinter dem Haus am Schwimmbecken vorbeifloß. Als erstes bauten wir über den Bach einen Steg, auf dem man in den Wald hinter den Mammutbäumen gelangen konnte. Hier, auf diesem Stück Land, würden es die Kinder wirklich schön haben. Ich erinnerte mich all der Häuser, in denen ich in den fünfziger Jahren gelebt hatte. Oftmals war im ganzen Viertel nicht ein einziger Baum gewesen. Die Baugesellschaften pflegten stets den ganzen Grund plattzuwalzen, ehe sie anfingen zu bauen, und wenn wir dann einzogen, mußte mein Vater einen ganz neuen Rasen anlegen und Bäume pflanzen, die wir nie zu voller Größe heranwachsen sahen.

Mehr als alles andere wünschte ich mir eine glückliche Familie und war bereit, alles dafür zu tun. Und wir waren auch die meiste Zeit glücklich. Dennoch kam es nicht selten vor, daß ich mich in meinem schönen, normalen Leben einsamer, verrückter und mir selbst entfremdeter fühlte denn je. Und wenn nicht alles in vollkommener Harmonie war, versagte ich selbst vor der kleinsten Schwierigkeit.

Eines Tages geriet ich beim Fernsehen durch Zufall in eine Sendung über eine Adoptiertensuchgruppe. Es gab also auch Adoptierte, die suchten. Aber ich war kaum fähig, die Informationen, die die Sendung lieferte, aufzunehmen, und tagelang lief ich hinterher wie benommen herum. Ich war unfähig, irgendwie sinnvoll zu reagieren.

Ich suchte einen Therapeuten, weil ich fand, Ron müsse seine Probleme bearbeiten. Es ist immer leichter, sich einzureden, daß der andere Probleme hat. Der Therapeut wollte uns zunächst beide sehen.

Dann ging ich zu einer Einzelsitzung zu ihm. Es brauchte mehrere Sitzungen, ehe ich aufhören konnte, mich als unschuldiges Opfer zu sehen. Ich konnte nicht für mich eintreten, ich konnte in der Ehe keine Wünsche äußern, ich glaubte, ich hätte kein Recht dazu. Ob Ron mich nun so eingeschätzt hatte oder nicht, ich war zum Fußabtreter geworden. Die Therapie half mir, mich so zu akzeptieren, wie ich war, ohne deswegen Schuldgefühle zu haben. Aber es dauerte sechs Monate, ehe ich wie nebenbei erwähnte, daß ich mit neunzehn Jahren ein Kind bekommen und es zur Adoption freigegeben hatte.

Während ich meine Geschichte erzählte, ließ ich den Therapeuten nicht aus den Augen. Ich sprach ohne Emotion, wie bei einem belanglosen Plausch auf einer Party. Normalerweise war er ruhig und sachlich, ein Spiegel, der mich mir selbst reflektierte. Jetzt zeigte sein Blick Bestürzung. Nicht über das, was ich ihm erzählte, sondern darüber, daß ich es ihm nicht schon viel früher erzählt hatte. Ich wußte intuitiv, noch ehe er es mir sagte, daß er mir hier nicht weiterhelfen konnte. Ich fühlte mich mir selbst fremd, an einem Ort, an dem ich begonnen hatte, mich kennenzulernen. Ich fürchtete, seine Achtung zu verlieren. Aber das war ein Irrtum.

Seine teilnahmsvolle Reaktion war ungeheuer hilfreich. Er fand schlimm, was ich durchgemacht hatte. Ich hörte seine Empörung und konnte mir selbst ein wenig verzeihen. Aber, sagte er, er sei ein Eheberater und für die Arbeit an diesem Problem nicht der Richtige. Er empfahl mir eine Therapeutin. Ich lehnte es ab, sie aufzusuchen.

Ron, das erkannte ich jetzt, hatte nur eine halbe Frau geheiratet. Da lag unser Problem. Mein Schuldgefühl hatte mich schwach gemacht. Meine Lügen hatten meine Integrität unterminiert. Allein, darüber sprechen zu können, zu erkennen, wie die Autoritätsfiguren meiner Jugend mir die Kraft geraubt hatten, mein Kind zu behalten, machte mich stärker. Aber mein neues Selbstbewußtsein, mein Wille, mich zu behaupten, waren für meine Ehe eine neuerliche Erschütterung. Ich war nicht klug genug, Ron Zeit zu lassen, sich mit dieser neuen Frau an seiner Seite auseinanderzusetzen, ehe ich begann, meine Forderungen an ihn und meine Umwelt zu stellen. Da ich nicht arbeitete und kein eigenes Einkommen hatte, mußte ich immer Ron um Geld bitten, wenn ich etwas brauchte. Ich kam mir vor wie ein Kind. Ich schlug vor, wir sollten das Problem durch ein gemeinsames Girokonto lösen. Das würde ein Beweis dafür sein, daß Ron meine Arbeit als Mutter nicht geringer achtete als seinen finanziellen Beitrag zu unserem Familienleben. In einer unserer gemeinsamen Sitzungen bei dem Therapeuten überreichte mir Ron ein Kästchen mit Schecks für unser gemeinsames Konto. Er hatte die Formulare mit kleinen Bildern ausstatten lassen; jedes zeigte eine berühmte geschichtliche Schlacht. Ich war gerührt. Eben das war unsere Stärke, diese Fähigkeit, über uns selbst zu lachen. Doch es dauerte nicht lange, da mußte ich Ron bitten, doch etwas Geld auf unser Konto einzuzahlen. Ich rebellierte bei der Vorstellung, auf immer in einer solchen Position gefangen zu sein.

Ich fing an zu fotografieren, richtete mir eine kleine Dunkelkammer ein und brachte mir das Entwickeln von Schwarz-Weiß-Fotografien bei. Langsam traten im Entwickler die Bilder zutage, die zunächst auf dem Papier verborgen waren. Zuerst hoben sich die dichtesten, dunkelsten Stellen, an denen am wenigsten Licht das Negativ getroffen hatte, aus dem Weiß des Papiers.

Dann folgten die Grautöne. Das Schwierige war, die Aufnahme genau in dem Moment aus dem Entwickler zu nehmen, wenn die Schwarztöne ihre tiefste Dichte erreicht hatten und das Weiß noch rein war. Anfangs war es schon aufregend, überhaupt ein Bild zum Vorschein zu bringen. Doch mit fortschreitender Schulung meines Auges wurde ich kritischer.

Ich las viel, vor allem Bücher über die Suche nach der eigenen Identität. Ich war getrieben in meiner Suche: Wenn ich nur das richtige Buch finden könnte, das mir sagen würde, wonach ich suchte! Meine Studien waren faszinierend, aber sie füllten mich nicht aus. Ich übernahm einen ehrenamtlichen Posten an der Schule meiner Söhne, spielte Tennis, beschäftigte mich so viel wie möglich mit Fotografie.

Unsere Ehe zerbrach. Im April 1980, nach zehn gemeinsamen Jahren, trennten wir uns. Wir kamen danach viel besser miteinander aus und blieben uns in guter Freundschaft verbunden. Im September kaufte ich ein Haus. Es war alt, aber sehr schön und reizvoll. Natürlich machte ich mir Sorgen, wie sich die Trennung von ihrem Vater auf Brett und Kip auswirken würde. Aber wir würden ja in der Nähe bleiben. Vater und Kinder konnten sich sehen, so oft sie es wünschten.

Eines Freitagnachmittags, als Ron vorbeikam, um die Kinder für das Wochenende abzuholen, reichte er mir einen kleinen Zettel, eine Notiz aus einer Zeitschrift. Vorsichtig faltete ich ihn auseinander. Es war eine Adresse für ALMA, eine Suchgruppe für Adoptierte, ähnlich der, von der ich einige Jahre zuvor im Fernsehen gehört hatte. Wir hatten seit Jahren nicht mehr über meinen Sohn gesprochen. Ich blickte stumm auf das Fetzchen Papier und begann zu weinen.

Ich holte meine Handtasche und schob den kleinen Zettel in das tiefste, sicherste Fach meiner Geldtasche. Mehrmals am Tag vergewisserte ich mich, daß er noch da war. Und jedes Mal, bevor ich ihn fand, geriet ich in Panik bei dem Gedanken, ich könnte ihn verloren haben. In drei Jahren wurde mein Sohn achtzehn.

Anfang November begann die Regenzeit. Ich fegte gerade das Laub der japanischen Pflaumen von der Veranda, als die ersten dünnen Regentropfen zwischen den großen gefiederten Blättern unserer hohen Palmen herabfielen. Ich hielt in meiner Arbeit inne, um ganz bewußt den süßen Duft des Regens zu genießen.

Am späten Abend war es mit dem Genuß vorbei. Es goß in Strömen, und das Wasser plätscherte lustig durch ein klaffendes Loch in das frisch renovierte untere Badezimmer. Nachdem ich das Loch abgedichtet hatte, folgte gleich der nächste Schreck: Die Toilette lief über, als ich die Spülung betätigte, und die ganze Bescherung ergoß sich über den Teppich, den ich gerade vor dem Regen gerettet hatte. Zugleich hörte ich unter dem Haus ein merkwürdiges Geräusch. Erst nach einer Weile begriff ich, daß es von der Pumpe der Senkgrube kommen mußte. Ich ging in die Küche, um mich mit einem Glas Wein zu stärken, und hörte es tropfen. Im Eßzimmer hörte ich es ebenfalls tropfen, aber stärker, es klang fast wie ein Glucksen. Mein Haus hatte angeblich ein neues Dach. Aber bald begleitete mich in sämtlichen Räumen das monotone

Lied des Wassers, da in die vielen Eimer tropfte, die ich überall verteilt hatte.

Viel Zeit und Geld mußten aufgewendet werden, um die Lecks abzudichten, die elektrischen Leitungen zu isolieren, die Wände neu zu streichen, all die Mängel eines alten Hauses zu beheben, die die ehemaligen Eigentümer unter schönen Tapeten versteckt hatten. Ich mußte mich allein mit Handwerkern und Versicherungsgellschaften herumschlagen; es war kein Mann da, der mir etwas abgenommen hätte. Ich mußte stark genug werden, um mit den alltäglichen Schwierigkeiten des Lebens ganz allein fertigzuwerden.

Ohne mir der Schwere des Unwetters bewußt zu sein, setzte ich mich mit den Kindern am ersten Schultag nach den Weihnachtsferien in den Wagen, um zur Schule zu fahren. Als wir um die erste Ecke bogen, sahen wir ein Auto die Straße hinuntertreiben. Ron war anderthalb Kilometer entfernt in unserem früheren Haus. Der Bach hinter dem Grundstück mußte sich mittlerweile zum reißenden Strom ausgewachsen haben. Wir konnten ihn nicht erreichen, da die Telefone nicht mehr funktionierten. Den ganzen Tag halfen wir den Nachbarn, während wir ängstlich beobachteten, wie das Wasser immer höher stieg. Als ich unsere neue Hündin, Buffy, hinausließ, mußte sie schwimmen, um auf höher gelegenes Gelände zu gelangen. Kips Katze Blackie hatte sich unter das Haus verkrochen, wo sie dank des hohen Fundaments zunächst einmal sicher war. Aber wie lange? Nach einer Stunde guten Zuredens gelang es mir schließlich, sie herauszulocken.

Irgendwann in der Nacht begann das Wasser zu sinken, und am nächsten Tag konnten wir endlich mit Ron sprechen. Unser früheres Haus war mit knapper Not einer Überschwemmung entgangen.

Ich kaufte mein erstes neues Auto, feilschte mit Autoverkäufern, verhandelte mit Versicherungsvertretern. Ich gewann langsam wieder Selbstvertrauen. Ohne Erfolg versuchte ich noch einmal, eine Stellung in der Werbung zu finden. Nebenbei nahm ich Kurse in Fotografie und richtete mir in der Garage eine neue Dunkelkammer ein. Ich begann, Journalismus zu studieren. Mein Vater hatte mir einst von diesem Beruf abgeraten. Seine Tochter habe in Gesellschaft von paffenden, saufenden Reportern nichts zu suchen. Eine wohlerzogene junge Dame gehörte nicht in eine Zeitungsredaktion.

Als erste Frau in unserer Gegend leitete ich ein Baseball-Team der Jugendliga. Mein Vater hatte immer mit Bob und mir Baseball gespielt, aber in der Jugendliga durften nur Jungen mitspielen. Das war damals eine bittere Pille für mich gewesen. Jetzt wollte ich den Mädchen und auch meinen Söhnen ein Beispiel geben.

Immer noch von diffuser Unzufriedenheit geplagt, erwog ich schließlich, noch einmal eine Therapie zu machen. Ich lag noch immer mit einer Welt im Kampf, für die die Frau passiv und servil zu sein hatte. Die sechziger und siebziger Jahre hatten Veränderungen aller Art mit sich gebracht, aber das stereotype Frauenbild bestand weiter. War denn selbst die Jungfrau Maria so passiv gewesen, wie die Kirchenväter sie darstellten? Meiner Meinung nach mußte sie eine leidenschaftliche Frau gewesen sein und ganz gewiß eine Frau mit Humor. Aber in den Litaneien war niemals von der Freudenreichen die Rede, sondern immer nur von der Schmerzensreichen.

Mein früherer Widerstand gegen weibliche Therapeuten löste sich auf, als mir klar wurde, daß ich Frauen und auch mir selbst als Frau nicht traute. Frauen waren es gewesen, die mich dazu ermutigt hatten, mein Kind aufzugeben: meine Mutter, die Sozialarbeiterin, die Nonnen im Heim, die Schwestern im Krankenhaus. Nicht eine einzige Frau war für mich eingetreten, nicht eine hatte sich betroffen gezeigt über das, was da von mir und meinem Kind verlangt wurde. Ich war die ganze Zeit wütend gewesen über diesen Verrat durch meine Geschlechtsgenossinnen. Sie hätten wissen müssen, was sie da einer anderen Frau antaten. So unmöglich war es nicht, als ledige Mutter in der Gesellschaft zu leben. Jede einzelne der Frauen, die damals mit mir in Berührung kamen, hätte mir einen anderen Weg zeigen können. Warum hatten sie es nicht getan? Nachdem ich die Quelle meines Zorns erkannt hatte, brauchte ich nicht mehr zu glauben, eine Frau sei weniger kompetent, mir zu helfen als ein Mann. Und ich machte mich auf die Suche nach einer Frau, die es konnte.

Toni war die Therapeutin einer guten Freundin von mir. Ihre Praxis hatte sie auf einem Hausboot. Ich wunderte mich über mich selbst: wie unkonventionell ich geworden war! Ich bemühte mich sehr, meine gutbürgerlichen Vorurteile zu vergessen. Auf der *Omphale* (nach der lydischen Königin benannt, bei der Herkules ein Jahr lang in Frauengewändern Sklavendienste verrichtete) war ein großer Empfangsraum. Toni erwartete mich an einer Treppe und führte mich in ihr kleines Arbeitszimmer hinauf. Von meinem Sessel aus konnte ich aus dem Fenster über die Decks der anderen Hausboote hinwegsehen, die wie aufgefädelt im Hafen von Sausalito lagen. Ich beobachtete Toni aufmerksam, während wir miteinander sprachen, und ich sah, daß sich in ihr innere Stärke und Weiblichkeit verbanden. Sie war die alterslose reife Frau, die im Märchen immer an den Weggabelungen erscheint, um weiterzuhelfen. Sie war schön und klug, sie hatte Humor, und sie war ehrlich mit sich selbst.

Im Laufe der Wochen führte sie mich, weg von den Gesprächen über meine äußeren Lebensumstände und die Menschen um mich herum, behutsam zu mir selbst und der Frage, wer ich eigentlich war. Aber war ich denn nicht definiert durch die Menschen und die Umstände meines Lebens, die mich mir ständig spiegelten? Nein. Durch meine ganz persönlichen Reaktionen auf diese Menschen und Umstände konnte ich mich selbst kennenlernen. Und durch die Veränderung dieser Reaktionen konnte ich mein Leben verändern.

Toni war Jungianerin. Sie arbeitete viel mit Träumen und den Jung'schen Archetypen, im besonderen den weiblichen. Während sie mir die Welt der Mythen zeigte, begann ich, das kulturelle Stereotyp zu hinterfragen, das ich von mir und allen Frauen hatte. Es war allerdings nur allzu leicht, die neugewonnenen Erkenntnisse wieder zu vergessen, sobald ich die *Omphale* verlassen hatte und wieder in das Alltagsleben eintauchte. Dennoch begann ich langsam, feine Fäden der Wahrheit in mein Leben einzuweben.

In jeder Sitzung bemühte ich mich, die Träume und besonderen Ereignisse der vergangenen Woche einzubringen. Dann kam ein Tag, an dem ich überhaupt nicht sprechen konnte. Toni wartete geduldig. Ich hatte die ganze Woche überlegt, ob ich ihr von meinem Sohn erzählen sollte. Aber ich fürchtete, ihre Wertschätzung zu verlieren, wenn ich ihr gestand, was ich getan hatte. Schweigend, mit mir selbst im Widerstreit, saß ich da und wußte nicht, wie anfangen. Scham und Schuldgefühle, Reue und Selbstverachtung lähmten mich. Aber dann holte ich einmal tief Atem und sagte: »Als ich neunzehn war, habe ich ein Kind bekommen, das ich zur Adoption freigegeben habe.«

Während ich krampfhaft versuchte, die Kontrolle zu bewahren, beobachtete ich mit einer Distanziertheit, die mich selbst erstaunte, Tonis Reaktion. Ich sah, wie ihre Augen feucht wurden. Ich beruhigte mich. Ich sah ihre Tränen, und ich sah das tiefe Mitgefühl in ihrem Blick. Mit einer Frau über dieses Erlebnis zu sprechen, war etwas ganz anderes, als sich einem Mann mitzuteilen. Es war schwerer, einer Frau zu bekennen, wie ich mich gegen mich selbst vergangen hatte.

Ich erzählte ihr meine Geschichte. Ich berichtete die Fakten, aber von den Gefühlen sprach ich nicht. Sie waren mir überhaupt nicht mehr greifbar. Mein Atem war flach, während ich sprach, meine Stimme beinahe schrill. Ich beobachtete jede Reaktion Tonis, wie ein Reisender in einem fremden Land die ihm unbekannten Bräuche beobachtet, um ja keinen Fehler zu begehen, der ihn das Leben kosten kann. Manchmal sah sie entsetzt aus. Manchmal zornig. Sie weinte mehrmals. Ich hoffte, sie hielt mich wegen meines sachlichen Berichts nicht für gefühllos. Ich konnte es mir nicht erlauben zu weinen. Ich spürte, daß sie mich gern in den Arm genommen und getröstet hätte, aber das hätte ich in diesem Moment nicht ertragen. Ich saß stocksteif in meinem Sessel. Sechzehn Jahre lang hatte ich in Versteinerung gelebt. Wenn ich jetzt meinen aufgestauten Gefühlen freien Lauf ließ, dem Schmerz, meinen eigenen Sohn nicht zu erkennen, nachgäbe, was hätte das für Auswirkungen gehabt? Ich konnte es nicht riskieren, außer Kontrolle zu geraten; ich konnte es nicht riskieren, Brett und Kip zu verlieren. Ich wäre gestorben.

Am Ende meines Berichts sagte ich Toni, daß ich entschlossen sei, meinen Sohn zu suchen, sobald er achtzehn sei. Sie wollte wissen, warum ich glaubte, so lange warten zu müssen. Ich erklärte ihr zu ihrem Erstaunen, daß dem Gesetz zufolge Adoptionsakten in allen Staaten Geheimsachen sind und mir meine Suche daher fast wie ein Verbrechen vorkam. Frühestens wenn mein Sohn achtzehn sei, meinte ich, könne ich die Suche aufnehmen. Dann war er nicht mehr minderjährig. Dann konnte ich mich an ihn direkt wenden, wenn es sein mußte. Es war weniger wahrscheinlich, daß man mich wie eine lieblose Rabenmutter behandeln würde. Das hoffte ich jedenfalls.

»Ich liebe ihn so sehr«, sagte ich entschuldigend. »Ich hätte ihn vergessen sollen. Ich kenne ihn nicht.

Ich würde ihn nicht erkennen, wenn er auf der Straße an mir vorüberginge. Trotzdem muß ich ihn finden. Ich habe ihn weggeben. Er hat keine Erinnerung an mich, vielleicht auch gar nicht den Wunsch, mich kennenzulernen. Er ist wahrscheinlich bei einer guten Familie. Es kann sein, daß ich mit meiner Suche nur sein Leben und das seiner Familie durcheinanderbringe. Ich weiß, es ist egoistisch von mir, ihn sehen zu wollen, aber ich kann es nicht ändern.«

»Natürlich können Sie das nicht«, meinte Toni. »Sie sind doch seine Mutter.«

Ach, was sagte sie da? Mir schossen die Tränen in die Augen, und beinahe wäre ich zur Tür hinausgestürzt. Statt dessen jedoch blieb ich still sitzen und hörte Toni zu. Sie war der erste Mensch, der mir bestätigte, daß es gut und richtig war, mein Kind zu lieben, obwohl ich es nicht kannte und alle gesetzmäßigen Rechte auf eine Beziehung zu ihm aufgegeben hatte. Mein Urteil hatte ›lebenslänglich‹ gelautet, wie das einer Mörderin. Diese Frau gab mir Hoffnung auf Bewährung.

Verlegen erzählte ich ihr von meinem täglichen Gebet zur Muttergottes, dem einzigen Band zu meinem Sohn. Toni fand das völlig natürlich. Ich solle ihm Liebe senden, wann immer mir danach zumute sei, sagte sie, und darauf vertrauen, daß er sie empfangen und in einer tiefen Schicht spüren würde. Ich war sprachlos vor Freude und Erleichterung. Toni hatte mich in meinem Glauben bestätigt. Vielleicht war ich doch nicht verrückt. Ich umarmte Toni. Ich würde ihr ewig dankbar sein.

Als ich am Abend meinen gewohnten Spaziergang machte, öffnete ich der süß duftenden Feuchtigkeit der grünen Bäume jede Pore meines Körpers, um ihn von dem Schmerz und der Qual reinigen zu lassen, die er so lange in sich eingeschlossen hatte. Und dann sandte ich meinem Sohn meine ganze Liebe, endlich überzeugt, daß er sie empfangen würde. Ich sagte ihm nochmals, daß ich ihn stets geliebt hatte und daß es tödlich gewesen war, ihn hergeben zu müssen, daß ich ihn suchen würde und er darauf vertrauen solle, daß ich ihn finden würde. Ich erzählte ihm von seinen beiden Brüdern, die er gewiß lieben würde. Ich betete darum, daß er und seine Adoptivfamilie gesund und glücklich waren, daß er in der Tat jenes bessere Leben genoß, daß die Nonnen versprochen hatten.

9. Januar 1983. Dieses Jahr war beinahe ein Gedenkjahr: der letzte Valentinstag, der letzte Frühling, mein letzter Geburtstag vor dem Beginn der Suche, die letzten Geburtstage meiner Kinder, bevor sie von ihrem Bruder erfuhren ...

Manchmal erschien das Jahr mir endlos. Seltsam zu wissen, wie bedeutungsvoll es war, und zu sehen, daß das Leben rundherum weiterging wie immer. Ich schwankte zwischen Hochstimmung und Angst, aber ich behielt diese Gefühle für mich.

Als der Sommer zu Ende ging, war ich mit meinen Gedanken ständig woanders, immer nur halb anwesend. Als ich an einem Tag Anfang September mit Freunden am Pool saß, merkte ich selbst, wie ich mich innerlich zurückzog. Ich dachte nur an die tiefgreifenden unwiderruflichen Veränderungen, die in einigen Monaten vor sich gehen würden. Ich betete darum, daß niemand, vor allem nicht Brett und Kip, unter dem, was ich tun mußte, leiden würde.

Ich trat in die Praxis des Dermatologen und läutete am Schalterfenster. Das kleine Schiebefenster wurde geöffnet. Die Sprechstundenhilfe begrüßte mich und bat mich, Platz zu nehmen. Auf einem Schild im Wartezimmer las ich, daß man sich hier kostenlos untersuchen lassen konnte, um festzustellen, ob man ein Melanom hatte, eine gefährliche Form des Hautkrebses. Warum nicht? Ich war sowieso hergekommen, um zwei Muttermale entfernen zu lassen.

Nachdem ich die Muttermale los war, bat ich die Ärztin, sich eine dunkle Stelle an meinem linken Knie anzusehen.

Eine halbe Stunde später vernähte sie den Einschnitt an meinem Bein und teilte mir mit, daß sie das entfernte Gewebe an den besten Pathologen in San Francisco senden würde. Es war ein Melanom. Zu denken, daß ich eine Stunde zuvor hier hereinspaziert war, um mich aus reiner Eitelkeit einer kleinen Schönheitsoperation zu unterziehen, und nun …

Die Ärztin war zu 99 Prozent sicher, daß es ihr gelungen war, das gesamte erkrankte Gewebe zu entfernen, da der Krebs sich noch in einem Frühstadium befunden hatte, aber ich mußte bis zum folgenden Tag auf den Befund des Pathologen warten. Zornig und bestürzt sah ich beim Ankleiden auf mein Bein hinunter. Ich stammte aus einer kerngesunden Familie, in der körperliche Gesundheit eine Selbstverständlichkeit war. Ich hatte immer geglaubt, wenn ich meinen Körper nur pflegte, würde er auch lange gesund bleiben. Ich schämte mich dieses Makels, als wäre ich schuld an dieser Erkrankung und hätte da etwas ausgebrütet, was nun allen zukünftigen Generationen zu schaffen machen würde.

Immer, wenn ich vor einer wichtigen Entscheidung stand, versuchte ich, sie aus dem Blickwinkel hohen Alters zu sehen. Ich stellte mir vor, ich säße hochbetagt in einem Schaukelstuhl auf den weißgestrichenen Dielen einer Sonnenveranda und blickte zurück. Ich wollte von diesem Stuhl aus ohne Bedauern zurückblicken können. So sah mir gewissermaßen immer in meinem Leben der Tod über die Schulter. Jetzt aber stand er vor mir, der schwarze Engel, und ich war erst siebenunddreißig. Warum gerade jetzt? Sollte ich Phillip nicht finden? War das die Strafe dafür, daß ich ihn aufgegeben hatte? Aber ich konnte nicht Brett und Kip verlassen, wie ich ihren Bruder verlassen hatte. Es konnte für mich noch nicht Zeit sein zu sterben.

Am folgenden Morgen um zehn sagte mir die Ärztin, der Pathologe sei absolut sicher, daß alle krebskranken Zellen aus meinem Körper entfernt waren. Dennoch bat sie mich sicherheitshalber eine Computertomographie machen zu lassen. Eine Stunde später stand ich vor einer großen weißen Kapsel, die aussah, als gehörte sie ins nächste Jahrhundert. Ich mußte mich auf einen schmalen Tisch vor der Tunnelöffnung legen. Mir war, als würde ich lebendig begraben. Es war wieder wie damals, als ich festgeschnallt im Krankenwagen gelegen und die Sirene mein Geheimnis in die ganze Welt hinausposaunt hatte. Mein Kind wurde geboren, und ich konnte die Arme nicht heben, um es an mich zu drücken. Ich drehte durch. Ich bekam keine Luft mehr. Rasch zog man mich wieder aus dem Tunnel heraus, und einer der Laboranten gab mir eine Blitzlektion in Zen-Atmung. Dann schoben sie mich wieder in den Schlund hinein.

Diesmal blieb ich ruhig. Und das Ergebnis fiel gut aus.

Trotz der Scheidung hatte ich weiterhin engen Kontakt zu Rons Familie. Rons Schwester Barbara kannte einen Handleser, den sie für sehr gut hielt. Ich beschloß, ihn aufzusuchen. Der Mann, der mir die Tür öffnete, hätte auch an einem Bankschalter sitzen können. Ich konnte mir kaum vorstellen, daß jemand, der so bieder aussah, ein Handleser sein sollte. Er nahm hinter einem hübschen antiken Schreibtisch Platz, und ich setzte mich ihm gegenüber. Das große Wohnzimmer war lichtdurchflutet. Seine Frau kam mit einem kleinen Kind auf dem Arm herein, sagte guten Tag und verschwand in der Küche.

Er nahm meine beiden Hände in seine und drehte sie mit den Handflächen nach oben. Nach kurzem Schweigen begann er mir zu erzählen, was er sah.

»Hm«, sagte er, »ich sehe, daß Sie in letzter Zeit an klassischer Musik Geschmack gefunden haben.«

Also bitte! Hatte er die Musik aus meinem offenen Autofenster in seinem Wohnzimmer gehört? Er bemerkte meine Skepsis und zeigte mir die Linie unter meinem kleinen Finger, die meine neuentdeckte Liebe zur klassischen Musik verriet. Die linke Hand, sagte er, zeige das Lebenspotential eines Menschen, die rechte das, was der Mensch aus dem Potential mache. Meine Hände, erklärte er, seien sehr unterschiedlich, ich hätte bis jetzt offenbar das Potential nicht verwirklicht, das meine linke Hand zeigte. Er sähe, daß ich schreiben würde, sagte er. Und dann sagte er etwas, bei dem ich aus allen Wolken fiel: Er sagte, meine Hand zeige, daß ich mit neunzehn Jahren eine schwere seelische Verletzung erlitten habe, daß ich aber sicher sein könne, daß mir nie wieder etwas so Schlimmes geschehen würde.

12

9. Januar 1984. Der achtzehnte Geburtstag meines Sohns. Es war ein Montag. Ich machte den Kindern ihr Frühstück. Der Zimttoast duftete. Die Tüten mit dem Pausenbrot knisterten, als sie sie in ihre Ranzen stopften. Tschüs, Mama! Und die Tür fiel zu. Buffy stand mit wedelndem Schwanz an der Tür, die Nase an die Glasscheibe gedrückt. Ich sah, wie sie ihre Fahrräder aus der Garage holten, und blickte ihnen nach, bis sie vorn beim Stopzeichen um die Ecke bogen und verschwanden. Für sie war es ein Schultag wie jeder andere; für mich ein Tag, an dem ich eine Suchaktion ins Rollen

bringen würde, die unser aller Leben auf den Kopf stellen konnte.

Mir war plötzlich so flau, daß ich mich setzen mußte. Buffy suchte sich ein sonniges Plätzchen auf dem Boden und rollte sich zusammen. Ich stand von meinem Stuhl auf und setzte mich zu ihr. War es unrecht von mir, meinen Sohn finden zu wollen? In allen Staaten außer Alaska und Kansas waren Adoptionsunterlagen streng geheim. Das hieß, daß man ein Wiedersehen zwischen adoptiertem Kind und leiblicher Mutter für das Kind für schädlich hielt. Natürlich würden viele Leben von dieser Suche in Mitleidenschaft gezogen werden. Hatte ich das Recht, sie zu stören?

Ich gab Buffy einen Klaps und stand auf. Meine Handtasche stand auf der Anrichte zwischen der leeren Toast-Box und dem halbvollen Orangensaft-Karton. Ich zog den Reißverschluß auf und nahm meine Geldtasche heraus. Mit zitternden Fingern zog ich den kleinen gefalteten Zettel heraus, den Ron mir vor vier Jahren mitgebracht hatte.

Dann ging ich zum Telefon. Das Herz schlug mir bis zum Hals. Die Last von achtzehn Jahren fiel von mir ab. Mein ganzer Körper erschien mir leichter. Ich wählte die Nummer von ALMA (Adoptees Liberty Movement Association).

Ich erklärte der Fremden am anderen Ende der Leitung, daß mein Sohn heute achtzehn Jahre alt geworden sei und ich ihn ausfindig machen wolle, aber keine Ahnung hätte, wo ich anfangen solle. Sie sagte mir, am Sonntag Mittag um eins fände ganz in der Nähe die monatliche Versammlung der Organisation statt. Es würde sich für mich gewiß lohnen zu kommen, meinte sie.

Welches Wort hatte er zuerst gesprochen? Wie waren seine Eltern? Wußte er, daß er adoptiert war? Trieb er Sport? Mußte er eine Zahnspange tragen? Wie war er in der Schule? Hatte er eine Freundin? War er vielleicht schon auf dem College? Liebten seine Eltern ihn? Hatten sie ihm erklärt, daß auch ich ihn geliebt hatte, als er geboren wurde? Glaubte er ihnen? Wollte er mich kennenlernen? Die Antworten auf all diese Fragen rückten näher.

Sonntag. Die Versammlung fand in einem Haus hinter dem Krankenhaus in Alameda statt. Bei einem ersten Blick durch den großen Raum stellte ich mit Erleichterung fest, daß die Leute alle ganz normal und angenehm wirkten. An der Tür erklärte man mir, der erste Teil der Versammlung stehe allen offen. Es würden, ein, zwei kurze Vorträge gehalten werden, danach würden verschiedene Leute vom Wiedersehen mit ihren leiblichen Kindern oder Eltern berichten. Der zweite Teil der Veranstaltung war der Beratung gewidmet. Um daran teilnehmen zu können, mußte ich Mitglied bei ALMA werden. Ich schrieb den Scheck für den Beitrag auf der Stelle aus. Ehe die Versammlung begann, wanderte ich ein wenig herum, sah mir die ausgelegte Literatur an, um die Atmosphäre auf mich wirken zu lassen. Es war erstaunlich, wieviel über Adoption geschrieben worden war.

Die Vorsitzende klopfte an das Mikrophon und eröffnete die Versammlung mit einem Zitat Florence Fishers, einer Adoptierten, die ALMA gegründet hatte.

»Es gibt im ganzen Gesetz keinen anderen Vertrag – abgesehen vom Sklavenverkauf –, der, zwischen Erwachsenen abgeschlossen, ein Kind über seine Volljährigkeit hinaus bindet. Ich behaupte, ein Kind unterschreibt keinen Vertrag über seine eigene Weggabe und ist auch nicht an ihn gebunden.«

Nachdem sie ihre kurze Ansprache beendet hatte, folgten die Berichte. Eine Frau Ende dreißig hatte ihre Tochter innerhalb von vier Tagen nach Aufnahme der Suche gefunden. Die Adoptivmutter hatte der Tochter denselben Namen gegeben, den sie selbst ihr bei ihrer Geburt gegeben hatte. Sie hatte mit ihrer Tochter telefoniert und war von der Intensität des Erlebens völlig überwältigt gewesen. Mir wurde an dieser Stelle endlich klar, daß ich nicht die einzige Mutter war, die ihr Kind nicht vergessen konnte und sich deshalb schuldig fühlte.

Es gab Situationsberichte von Adoptierten, die, behindert vom System, von den Ängsten ihrer Adoptiveltern, von ihren eigenen Zweifeln, seit Jahren erfolglos suchten. Einige von ihnen hatten Furchtbares aushalten müssen. Der Adoptivvater einer Frau hatte seine einflußreiche Stellung bei der Regierung dazu mißbraucht, alle Unterlagen, die zur Ursprungsfamilie seiner Adoptivtochter hätten führen können, zu vernichten, obwohl er wußte, wie sehr seine Tochter sich danach sehnte, ihre Wurzeln zu finden. Unendlich viel Angst, Zorn und Besitzdenken schienen mit Adoptionen einher zu gehen.

Aber es gab auch Berichte von Liebe und Mut, von

Familien, die neue Mitglieder bedingungslos in ihren Kreis aufgenommen hatten. Eine große, elegante Frau Ende fünfzig sah, als sie neben ihren wiedergefundenen Sohn trat, wieder aus wie zwanzig. Sie hatte auch ihre kleine Enkelin mitgebracht. Diese Frau hatte nach dem Sohn, den sie aufgegeben hatte, nie wieder ein Kind bekommen. Die Freude der drei über ihre Wiedervereinigung war bewegend.

Mir trieb es die Tränen in die Augen. Ich hörte die Stimmen um mich herum nicht mehr. Mir war, als träumte ich, in diesem Saal zu sein und nicht nur meinen eigenen Schmerz, sondern auch den der anderen zu fühlen. Dann kehrte ich in die Wirklichkeit zurück. Die Menschen um mich herum waren aufgestanden. Wie ein Roboter stand auch ich von meinem Stuhl auf und ging zum Parkplatz hinaus. Dort blieb ich, bis ich endlich meinen Körper wieder spüren konnte. Ich mußte mich zwingen, wieder hineinzugehen. Kleine Gruppen hatten sich jetzt gebildet. Köpfe neigten sich konzentriert über Notizen, Briefe, Dokumente. Ich suchte die beiden Frauen, die mir am sympathischsten gewesen werden. Sie saßen über einem dicken Heft, das von vorn bis hinten mit Aufzeichnungen gefüllt war, Dokument der fünf Jahre dauernden Suche einer Frau Ende sechzig, die aus Sorge, sie könne ihren Adoptiveltern wehtun, bis zu deren Tod gewartet hatte, ehe sie die Suche nach ihren leiblichen Eltern aufgenommen hatte. Jetzt fürchtete sie, auch ihre leiblichen Eltern könnten schon tot sein.

Ich war fassungslos über dieses Ausmaß an Loyalität, das selbst ihr Verlangen, ihre eigene Identität zu finden, besiegt hatte. Wie hätte denn das Wissen um ihre Ursprungsfamilie die Beziehung zu ihrer Adoptivfamilie zerstören können? Mir machte diese Loyalität angst. Was, wenn mein Sohn sich aus ähnlichen Gefühlen heraus vor mir verschloß?

Die Frau sammelte ihre Unterlagen ein und schob sie wieder in das dicke Heft. Traurigkeit im Blick, doch einen Zug der Entschlossenheit um den Mund, stand sie auf, um mir Platz zu machen.

Ich setzte mich auf den freigewordenen Stuhl und sah die beiden Beraterinnen, die mir an dem Resopaltisch gegenübersaßen, an – Lu, die ältere Frau, die gerade vor kurzem ihren Sohn und ihre kleine Enkelin gefunden hatte, und Dolores, eine Frau in meinem Alter. Ich erklärte ihnen, ich stünde noch ganz am Anfang und hätte keine Ahnung, wie ich vorgehen solle. Sie fragten nach Einzelheiten, an die ich mich erinnern könne: das Geburtsdatum meines Sohns, den Namen der Vermittlungsstelle, des Heims, des Krankenhauses. Abgesehen vom Geburtsdatum meines Sohns konnte ich mich an nichts erinnern. Es war alles wie weggewischt. Wie war das möglich? Wie hatte ich das alles vergessen können?

Lu erklärte es mir: Viele Frauen können sich nicht einmal an das genaue Geburtsdatum ihres Kindes erinnern, manche wissen selbst den Monat nicht mehr. Da man den Schmerz unterdrücken muß, um weiterleben zu können, verdrängt man auch die Erinnerungen, die mit ihm verbunden sind. Es gibt Frauen, denen diese Zeit ihres Lebens völlig aus dem Gedächtnis geschwunden ist. Die Erinnerungen pflegen sich dann häufig nur in Form unerklärlicher Depressionen zu melden, die sich in der Zeit um den Geburtstag des Kindes einstellen. Selten werden diese depressiven Verstimmungen der ursprünglichen Verletzung zugeschrieben. Das alles traf auch auf mich zu. Weder konnte ich mich an die Namen der Nonnen erinnern, noch an den Namen des Heims oder des Krankenhauses.

Lu fragte mich, ob ich jetzt verheiratet sei. Geschieden, sagte ich, und sie war nicht überrascht. Frauen, die auf ihre Kinder verzichteten, sagte sie, seien häufig zu einer stabilen Ehe nicht fähig. Mangel an Selbstachtung, fuhr sie fort, beeinträchtige die Chancen auf eine gute Ehe. Häufig gehen Frauen, die ein Kind zur Adoption freigegeben haben, eine Beziehung zu einem Mann ein, dessen innere Not ihrer eigenen entspricht. Und der Verrat, der diesen Frauen von ihren Eltern, von den Menschen, die sie liebten, zugefügt wurde, führt fast immer zu einer Unfähigkeit, anderen zu vertrauen, eine weitere Belastung für eine Ehe. Wie wahr, konnte ich nur denken.

Dolores klappte ihr Notizbuch auf und zeigte mir Bilder ihres Sohnes. Er war zwei Monate älter als meiner. Dolores und die Adoptivmutter ihres Sohnes standen über eine Sozialarbeiterin, die als Mittlerin fungierte, in regelmäßiger Korrespondenz. Jeden Monat schickte die Adoptivmutter Dolores Fotos, um sie über die Entwicklung ihres Sohnes seit seiner Geburt zu unterrichten. Sie hatte Dolores gebeten, mit einem direkten Kontakt noch zwei Jahre zu warten, da der Junge ihrer Meinung nach noch nicht so weit war, daß er eine solche Begegnung hätte verarbeiten können. Sie hatte keine Ahnung, daß Dolores ihren Namen und ihre Adresse von Anfang an gewußt hatte. Dolores wirkte vergnügt bei der Vorstellung, ihr das zur gegebenen Zeit zu sagen und so mit einer albernen Legende aufzuräumen – daß leibliche Mütter unzuverlässig seien und nicht fähig, das zu tun, was für ihr Kind das Beste ist.

Dolores klappte ihr Buch wieder zu und erklärte mir, wie ich mir zunächst Daten und Fakten für meine Suchaktion beschaffen könne. Sie und Lu rieten mir, darüber nachzudenken, ob ich nicht Brett und Kip und den anderen Familienmitgliedern sagen wolle, daß ich jetzt die Suche nach einem Kind aufgenommen hatte, das ich zur Adoption freigegeben hatte. Sonst, meinten sie, würden die Kinder meine Zerstreutheit und gelegentliche Ungeduld nicht verstehen könen und womöglich sich selbst die Schuld daran geben. Außerdem wolle ich mich doch gewiß darauf verlassen können, daß sie es mir ausrichten würden, wenn eines Tages ein wichtiger Anruf kommen sollte. Im übrigen sei nicht ausgeschlossen, daß auch mein Sohn nach mir suche.

Mein Herz setzte einen Schlag aus. Aber ich war mir noch nicht sicher, ob ich mit den Kindern sprechen wollte. Das mußte ich mir erst noch durch den Kopf gehen lassen.

Der muffige Geruch alter Bücher hing wie Dunstschwaden zwischen den hohen Bücherregalen der Sutro-Bibliothek, einer genealogischen Bibliothek in

San Francisco. Ich hockte auf dem Boden. Auf meinem Schoß lag eine schwere, in Leder gebundene Ausgabe des Polk Directory von 1966 – eines allgmeinen Adreßbuchs, in dem nicht nur Privatpersonen, sondern auch Institutionen geführt wurden. Dieser Band war für Richmond, Virginia. Ich schrieb mir die Namen sämtlicher Krankenhäuser heraus. Richmond Memorial klang mir am vertrautesten. Ich suchte die Mütterheime heraus, fand aber nur St. Gerard's, das von den Missionsschwestern von Verona geleitet wurde. Der Name sagte mir nichts. Zuletzt notierte ich mir noch katholische Kirchen und einige Klöster. Angesichts all der Sankt-Dies und Sankt-Das bekam ich eine Gänsehaut. Die Vergangenheit regte sich wieder.

Als nächstes holte ich mir das Telefonbuch meiner alten Heimatstadt aus dem Jahr 1966. Ich schlug unsere alte Nummer nach und die Nummern aller meiner Freunde und unserer damaligen Lieblingstreffpunkte. Ja, sie hatten alle existiert, auch wenn es mir heute so vorkam, als hätte es sie nie gegeben. Es erschreckte mich, wie tief verschüttet meine Erinnerungen waren. Selbst große Teile meiner Kindheit waren aus meinem Gedächtnis gelöscht. Lange saß ich mit dem schweren Verzeichnis auf dem Schoß zwischen den Regalen und bemühte mich krampfhaft, mir Namen, Adressen oder sonst etwas ins Gedächtnis zu rufen.

Auf der Heimfahrt von der Bibliothek versank ich immer tiefer in Depressionen. Mir war, als würde mir der Boden unter den Füßen weggezogen. In Panik rief ich Toni an, sobald ich zu Hause war. Sie gab mir noch für den Abend einen Termin.

In Tonis Zimmer auf dem Hausboot brannte ein Feuer im Ofen. Es hatte etwas sehr Gemütliches. Ich glaube, Toni war überrascht, mich in solcher Verfassung zu sehen. Ich war bisher immer sehr kontrolliert gewesen. Jetzt war ich wieder das schwangere, hilflose Schulmädchen, das Hilfe suchte und nur Vorwürfe erwartete. Gleich würde ich wieder verstoßen und versteckt werden. In meiner Scham darüber, in dieses Heim für ledige Mütter abgeschoben worden zu sein, fühlte ich mich wie eine Aussätzige. Ich wollte mich an diese Dinge nicht erinnern; aber mit der Suche nach dem Kind wurde alles wieder auf grausame Weise lebendig. Ich hatte Angst, davon verschlungen zu werden.

Toni half mir. Sie sagte, meine Selbstachtung würde wieder erstarken, wenn ich mein Leben in die Hand nähme und die Suche nach meinem Sohn nicht aufgäbe. Es sei ganz natürlich, daß ich mich vergewissern wolle, daß es ihm gutging.

Am folgenden Morgen, nachdem die Jungen zur Schule gegangen waren, holte ich meine Liste und suchte die Nummer des Mütterheims St. Gerard's heraus. Wie sollte ich mein Anliegen formulieren? Bei ALMA hatte man mir dringend geraten, von Adoption nichts zu erwähnen. Es könnten sich sonst Türen schließen, nicht nur für mich, sondern auch für die, die nach mir kamen. Ich dachte daran zu sagen, ich suche eine verschollene Tante, die in einem Heim für ledige Mütter Nonne gewesen sei. Der Ausdruck ›ledige Mutter‹ stieß mich ab, obwohl ich selbst eine gewesen war – vielleicht immer noch bin, ich weiß nicht, wann diese Bezeichnung ihre Geltung verliert, wenn überhaupt.

Neue Lügen nach achtzehn Jahren der Lüge. Es war entwürdigend. Ich beschloß, die Wahrheit zu sagen. Alles andere wäre für mich und meinen Sohn eine Beleidigung gewesen und hätte nur der angeblichen Notwendigkeit der Geheimhaltung das Wort geredet.

Mit zitternden Fingern wählte ich. Eine milde, freundliche Stimme meldete sich. St. Gerard's war, wie sich herausstellte, jetzt ein Altenheim, das von Armenschwestern geleitet wurde. Ich fragte die Frau, ob sie von einem Heim für ledige Mütter wisse. O ja, sagte sie, das Seton House. Eine Schwester Agatha hatte es geleitet.

»O Gott!« rief ich. »War es in der Washington Avenue?« Plötzlich war die Erinnerung wieder da.

Die Nonne mit der milden Stimme erzählte, sie habe früher Jäckchen für die kleinen vom Seton House gehäkelt. Mrs. Hogan fiel mir ein, wie sie uns im Fernsehraum bei unseren Strickarbeiten geholfen hatte. Sie sagte, das Seton House sei im letzten Jahr geschlossen worden, alle Unterlagen befänden sich in einem Archiv. Wie viele Unterlagen im Lauf der Jahre? Wie viele Mädchen? Wie viele Kinder? Wie viele Tränen? Und Seton House war nur ein solches Heim.

Sie versprach mir, beim Bischof nachzufragen, wo die Akten gelagert seien. Beim Bischof! Ich war froh, nicht gelogen zu haben. Eine halbe Stunde später rief die Nonne mich zurück. Sie gab mir die Telefonnummer der Stelle an, bei der die Akten lagen, und wünschte mir viel Glück bei meiner Suche.

Diesmal wählte ich mit mehr Sicherheit. Die Frau vom katholischen Familien- und Kinder-Dienst, die sich meldete, war sehr nett und hilfsbereit, obwohl mein Anliegen nicht legitim war. Sie sagte, die Akten enthielten kaum noch Informationen, aber sie würde mir alles zusenden, was noch vorhanden sei. Sie gab mir die Adresse und Telefonnummer einer Stelle in North Carolina, die die Adoptionen vermittelt hatte. Dort befanden sich die wirklich relevanten Unterlagen.

Auch sie wünschte mir viel Glück. Bei ALMA hatte man mich auf das Schlimmste vorbereitet, aber bis jetzt war ich überall auf freundliche Teilnahme gestoßen. Ich dankte meinem guten Stern.

Während ich über meinen nächsten Anruf nachdachte, gesellte sich eine große dunkle Gestalt aus der Vergangenheit zu mir. Wie hatte ich diese Sozialarbeiterin gehaßt, die vom Katholischen Sozialdienst in Charlotte heraufgekommen war, um mit mir zu sprechen. Mir wurde beklommen, als ich versuchte, mich an sie zu erinnern. Nur mein tiefer Wunsch, meinen Sohn zu finden, konnte meine Angst davor, noch einmal mit dieser Frau sprechen zu müssen, überwinden. Es war so lange her. Sie war sicher längst im Ruhestand. Oder man hatte sie versetzt. An ihren Namen konnte ich mich immer noch nicht erinnern, aber ihr Gesicht konnte ich mir beinahe vorstellen.

Ich rief an. Die Sekretärin verband mich mit einer Sozialarbeiterin namens Elinor Green. Während ich mit ihr sprach, hatte ich das unheimliche Gefühl, daß gleich etwas Entscheidendes geschehen würde. Ihre

Stimme war freundlich. Ich erklärte ihr mein Anliegen. Sie sagte, sie müsse erst im Archiv nachsehen, und versprach, mich innerhalb von dreißig Minuten zurückzurufen. Sie sagte mir allerdings gleich, daß sie mir nur äußerst spärliche Informationen würde geben können, da das Gesetz von North Carolina jegliche Auskunftserteilung verbot.

Nachdem ich aufgelegt hatte, blieb ich noch eine Weile auf dem Boden sitzen und machte mir die ganze Tragweite dessen klar, was ich soeben gehört hatte. Dann sprang ich auf und stürmte wütend in die Küche. Vielleicht würde ich meinen Sohn nie zu sehen bekommen. Die Gesetzgeber hätten ebensogut Sklavenhalter sein können, die sich selbstherrlich das Recht nahmen, Kinder von ihren Müttern zu trennen. Aber gleichzeitig beschlichen mich Selbstzweifel. Konnte es sein, daß diese Leute recht hatten?

Als das Telefon läutete, rannte ich sofort hin. Elinor Green sagte, sie habe die Akte vor sich liegen. Mein ganzes Leben war in ihrer Hand. Sie kannte den Namen meines Sohnes, die Namen seiner Eltern. Sie wußte mehr über ihn als ich. Sie hatte das Recht, in die Akte Einsicht zu nehmen; ich nicht. Dennoch konnte ich ihr nicht böse sein. Sie tat ja nur ihre Pflicht. Eher schon tat sie mir leid, da ich ihrer freundlichen und teilnahmsvollen Stimme anhörte, daß sie mir gern mehr gesagt hätte.

Sie erklärte, sie könne mir nur ganz knappe Auskunft geben: Nach dem ersten Jahr habe, wie das normal sei, kein Kontakt mehr stattgefunden. Die Adoption war 1967 rechtsgültig geworden. Aus den Unterlagen ging hervor, daß er ein fröhliches, gut integriertes Kind sei.

Ich konnte kein Wort hervorbringen. Meine Kehle war wie zugeschnürt. Ich hörte Elinor Green fragen, ob ich noch da sei. Ja, krächzte ich.

Er war zu einer warmherzigen, liebevollen Familie gekommen. Die Eltern waren kontaktfreudig, intelligent, gebildet.

Ich schrieb mir jedes Wort auf, das sie sagte.

Von der Mutter hieß es, sie habe gesagt, sie könne ›ihr Glück kaum fassen‹. Der Kleine war aufgeweckt und intelligent. Mit knapp einem Jahr war er am Bruch operiert worden.

Mir drückte es fast das Herz ab. Er hatte operiert werden müssen, und ich war nicht für ihn dagewesen.

Elinor Green sagte, er habe blondes Haar und braune Augen.

Ich schluckte. Ob sie mir noch mehr sagen könne, fragte ich.

Nein, das sei unmöglich. Sie riet mir, mich beim International Soundex Reunion Registry einzuschreiben, einer Vermittlungsstelle, die sich auf der Basis gegenseitigen Einverständnisses bemühte, Suchende – Adoptierte, Adoptiveltern und leibliche Eltern – zusammenzubringen. Sie riet mir ferner, ihr einen Brief zu schreiben, damit sie ihn der Akte beilegen könne, für den Fall, daß das Gesetz in North Carolina sich je ändern solle. Sie hoffe es von Herzen, sagte sie.

Gleich würde ich auflegen müssen, mir war so schwach.

»Mehr kann ich Ihnen höchstens mitteilen, wenn es

medizinische Gründe dafür gibt«, hörte ich sie sagen. »Dann wäre ich verpflichtet, Ihren Sohn und seine Adoptiveltern ausfindig zu machen.«

Meine Stimme überschlug sich fast, als ich hastig fragte: »Zählt ein Melanom?«

Ja, sie war sicher, daß das zähle.

Ich war nahe daran gewesen, dem Gespräch und aller Hoffnung ein Ende zu bereiten. Und nun war es plötzlich so, daß sie mit meinem Sohn und seinen Eltern Verbindung aufnehmen mußte. Auch das war vom Gesetz vorgeschrieben. Sie versprach mir, mich zu informieren, sobald sie sie gefunden habe. Ich dankte ihr überschwenglich, ehe ich auflegte.

In der Verfassung, in der ich mich befand, hätte ich mir niemals eine glaubhafte Lüge über einen medizinischen Grund für eine Suche einfallen lassen können. Hätte ich nicht kürzlich das Melanom gehabt, ich hätte nicht die Geistesgegenwart besessen, mir so etwas auszudenken. Die Krankheit war tatsächlich ein Geschenk gewesen.

Ich starrte auf die Papiere in meinen Händen. Ein fröhliches, gut integriertes Kind. Blondes Haar. Braune Augen. Eine warmherzige liebevolle Familie. »Ich kann mein Glück nicht fassen.«

Und von mir verlangte man, mich mit diesen Auskünften über mein erstgeborenes Kind zufriedenzugeben und vielleicht niemals mehr über es zu erfahren. Das war unzumutbar.

Den ganzen Nachmittag schwebte ich wie auf Wolken. Ich hatte wirklich einen Sohn. Es gab ihn wirklich. Natürlich wußte ich das, aber achtzehn Jahre lang war nichts real gewesen außer meinen Tränen. Und selbst die waren rar gewesen.

Brett war zwölf, Kip neun. Waren sie alt genug, um mit einer solchen Neuigkeit fertigzuwerden? Sich einen älteren Bruder herbeizuphantasieren, war eine Sache. Ich hatte mich als kleines Mädchen oft solchen Phantasien hingegeben. Aber was geschieht, wenn die Phantasie Wirklichkeit wird? Und was würden die Jungen von mir denken? War ich im Begriff, ihnen einen dauernden seelischen Schaden zuzufügen, ihre guten Beziehungen zu Frauen zu gefährden, das Vertrauen, das sie zu mir, ihrer Mutter, hatten, zu zerstören? War ich auch untauglich, *ihnen* Mutter zu sein? Meine wiederkehrende Angst: auch sie zu verlieren.

Ranzen landeten krachend auf den Holzdielen im Flur. Der Deckel der Keksdose in der Küche fiel scheppernd auf die Anrichte. Ich kam herein, als gerade die Kühlschranktür zugeknallt wurde. Nachdem ich sie wie üblich ermahnt hatte, vor dem Abendessen nicht zuviel zu essen, erkundigte ich mich beiläufig, wieviel Hausaufgaben sie hätten. Wenn sie viel zu tun hatten, würde ich nichts sagen.

»Nicht viel.«

Halb war ich froh, halb war mir beklommen. Ich beschloß, bis nach dem Abendessen zu warten. Ich hatte keine Ahnung, wie ich diese Sache über die Bühne bringen sollte.

Mit einer Mischung aus Furcht und ungeduldiger Erwartung sah ich zu, wie ihre Teller sich langsam leerten. Als der letzte Bissen gegessen war, stießen Brett und Kip ihre Stühle zurück und sprangen auf. Sie wollten noch ein bißchen draußen spielen, ehe es ganz dunkel wurde.

Ich bat sie zu warten. Wir müßten miteinander reden. Augenblicklich spitzten sie die Ohren. Sie schienen zu spüren, daß etwas Wichtiges in der Luft lag. Ernsthaft blickten sie mir ins dümmliche Gesicht. Immer, wenn ich aufgeregt bin, grinse ich wie ein Dorftrottel. Je krampfhafter ich versuchte, mich in eine Säule der Kraft und der Weisheit zu verwandeln, desto lächerlicher fand ich mich.

»Geht's vielleicht um die Bienchen und die Vögelchen?« erkundigte sich Brett halb scherzend, und doch schon mit einem gelangweilten Ausdruck auf dem Gesicht.

Welch ein genialer Einstieg!

»Ja, so könnte man sagen«, antwortete ich. Und dann erzählte ich ihnen die ganze Geschichte, ruhig und einfach, ohne Beschönigungen und ohne Entschuldigungen.

Brett war alt genug, um die ganze Tragweite meiner Worte zu erfassen. Mit dem wachen Interesse eines Zwölfjährigen ausgestattet, war er über das Treiben der Bienchen und Vögelchen bestens informiert. Ich müsse also dreimal mit jemandem geschlafen haben. Zweimal mit seinem Vater und einmal mit einem Mann, den er nicht kannte.

Sein Gesicht verriet deutlich, daß er zunächst vor allem schockiert war. Aber dann sah er mich an und sagte: »Ach, Mama, das muß ja schrecklich für dich gewesen sein.«

Ich sah zu Kip hinüber, der mich mit großen Augen

anstarrte, während er die Neuigkeit verdaute. Die Liebe und die Anteilnahme auf den beiden kindlichen Gesichtern machte mich glücklich. Nichts würde mich je wieder so froh und stolz machen wie diese spontane Reaktion der beiden.

Ihre erste Frage lautete: »Glaubst du, er könnte vielleicht John Elway sein?«

Für beide Jungen war John Elway, der derzeit sowohl von der Nationalen Football-Liga als auch von mehreren Baseball-Vereinen der Oberliga umworben wurde, der Inbegriff des Helden. Ich antwortete, ich glaube nicht, daß John Elway adoptiert sei. Brett wollte wissen, wann die nächste Maschine nach North Carolina ginge. Es war schwierig, ihm in seiner kindlichen Treuherzigkeit begreiflich zu machen, daß das Gesetz uns nicht erlaubte, einfach loszuziehen und den unbekannten Bruder ausfindig zu machen; daß es Leute gab, die es nicht für gut hielten, daß sie ihn kennenlernten.

Kip fragte mich, ob der neue Bruder, wenn wir ihn gefunden hätten, mit ihm Baseball spielen und ihm bei den Hausaufgaben helfen würde. Es fiel mir sehr schwer, ihm sagen zu müssen, daß es uns vielleicht trotz aller Bemühungen nicht erlaubt sein würde, ihn kennenzulernen.

Neue Scham stieg in mir auf, als ich meinen eigenen Kindern eingestehen mußte, daß ich eines von ihnen weggegeben hatte. »Warum?« fragten sie. Meine Antwort, ich hätte geglaubt, das Beste für ihren Bruder zu tun, obwohl ich in Wirklichkeit überhaupt nicht gewußt und auch keine Möglichkeit gehabt hatte, mich zu vergewissern, ob es wirklich das Beste war, klang hohl. Ihre Gesichter verrieten ihre Skepsis.

Ob ich ihm einen Namen gegeben hätte? Ja, Phillip. Wie groß er bei der Geburt gewesen sei? Wie Chris, sein Vater, gewesen sei? Wie groß der gewesen sei? Kip fragte, ob ich Phillip mehr lieben würde als ihn und Brett, da ich mich ja von ihrem Vater hatte scheiden lassen. Niemals hätte ich diese Frage erwartet. Sie waren erleichtert zu hören, daß Ron von diesem unbekannten Bruder wußte.

Fürs erste zufrieden, gingen sie in ihre Zimmer hinauf, um ihre Hausaufgaben zu machen. Ich blieb noch einen Moment sitzen, schwach, aber in einem würdevollen Frieden mit mir selbst. Keine Lüge trennte mich mehr von meinen Kindern. Wir waren endlich eine richtige Familie.

Am folgenden Abend lud ich die Jungen zum Essen bei McDonald's ein. Ich wollte gern wissen, wie es ihnen jetzt ging, nachdem sie von ihrem Bruder erfahren hatten, und hielt ein Gespräch auf neutralem Boden für das Beste. Ich versuchte, mich in Geduld zu fassen und sie erst essen zu lassen, aber ich hielt es nicht durch. Sie hatten ihre Big Macs noch nicht aufgegessen, als ich fragte: »Na, und wie denkt ihr jetzt darüber, daß ihr plötzlich einen großen Bruder habt?«

In Bretts Blick glaubte ich einen Anflug von Verletztheit zu sehen. »Ist schon in Ordnung«, sagte er nur.

»Ich hab's heute allen in meiner Klasse erzählt«, berichtete Kip. »Die fanden es alle ganz toll.«

Ich konnte mir lebhaft vorstellen, wie an ungefähr

dreißig Abendbrottischen in der Stadt betretenes Schweigen eintrat, während aufgeregte Viertkläßler Kips tolle Neuigkeit berichteten. Mir blieb der Bissen im Hals stecken. Ganz so schnell hatte ich das Skelett eigentlich nicht aus dem Schrank holen wollen.

Am nächsten Tag hatte ich bei einem Schulfest Aufsicht. Sean war der erste, der zu mir gelaufen kam. Er war in meinem Baseball-Team gewesen. »Mrs. Schaefer, Kip hat mir erzählt, daß Sie noch einen Sohn haben. Wie heißt er? Wann finden Sie ihn? Hoffentlich finden Sie ihn bald.« Hinter ihm drängten sich neugierig Kips übrige Klassenkameraden. Einer meinte, Kip könne sich freuen, daß er so ein Glück habe. Ich versprach ihnen allen, daß sie Kips großen Bruder kennenlernen würden, wenn wir ihn finden sollten, und bemühte mich, alles so einfach wie möglich zu erklären. Nach einer Weile rannten sie alle zufrieden davon, um weiterzuspielen. Ich blieb nach ihrer freundlichen Anteilnahme mit dem Gefühl zurück, daß alles gut werden würde.

Auf der Heimfahrt durch baumbeschattete Straßen war ich plötzlich wieder in der Friendly Road, auf dem Weg zu unserem alten Haus in North Carolina, und mit mir fuhr das furchtbare Geheimnis, das die Nachbarn um keinen Preis erfahren durften. Wenn ich tatsächlich mit dem Kind in den Armen nach Hause gekommen wäre, wären wir dann mit Teilnahme aufgenommen worden? Waren es unsere Einstellungen, die die ›Gesellschaft‹ prägten, oder war es die Einstellung der Gesellschaft, die uns prägte? Wie viele Frauen hatten aus demselben Grund, der uns veranlaßte, unsere Kinder aufzugeben, abgetrieben, obwohl sie in Wahrheit ihr Kind gern behalten hätten?

Jeden Tag erledigte ich eine Kleinigkeit. Ich forderte die Unterlagen aus dem Krankenhaus an, die Geburtsurkunde, ich schrieb mich bei der Soundex Reunion Registry ein, machte eine Selbsthilfegruppe in North Carolina ausfindig, die Adoption Information Exchange, schrieb den Brief für Elinor Greens Akten.

Jede Kleinigkeit, die ich erledigte, erschien mir wie ein Akt von ungeheurer Bedeutung. Als ich den Brief abschickte, mit dem ich meine Krankenhausunterlagen erbat, sah ich ihn als einen Kondensstreifen über das ganze Land ziehen. Dann begann das Warten. Die Ankunft des Briefträgers wurde mir zum Höhepunkt des Tages, der Briefkasten zum Sitz der Macht, die meine Stimmung für den ganzen Tag bestimmte.

Ich begann nun auch, Chris zu suchen. Ich war der Meinung, er habe ein Recht darauf zu wissen, was ich unternahm. Außerdem war es möglich, daß er etwas wußte oder mir helfen konnte, mich an Einzelheiten zu erinnern. Ich fand ihn nicht, aber ich fand Jessica, mit der ich seit Jahren keine Verbindung mehr gehabt hatte. Sie war nur einmal, kurz nach Kips Geburt, mit ihrem Mann zu Besuch nach Kalifornien gekommen. Das Wiedersehen war für mich so schmerzlich gewesen, hatte die Vergangenheit so lebendig gemacht, daß ich danach den Kontakt abgebrochen hatte. Aber bis zu dem Moment, als ich meine Suche aufnahm, hatte ich den Zusammenhang nicht erkannt. Sie schrieb mir einen langen Brief, der auch Chris' Adresse und Telefonnummer enthielt. Ich fragte mich, ob ich den Mut aufbringen würde, Chris anzurufen. Am nächsten Tag setzte ich mich am späten Nachmittag ans Telefon, um den Anruf zu wagen. Es war Freitag. Chris hatte das ganze Wochenende vor sich, um sich mit der neuen Situation auseinanderzusetzen.

Achtzehn Jahre waren vergangen, seit wir einander Lebwohl gesagt hatten. Ich hatte gehört, daß er, kurz nachdem ich Ron geheiratet hatte, ebenfalls geheiratet hatte. Ich roch wieder den Jasmindurft des Frühsommerabends, sah wieder die großen mondbeschienenen Magnolienblüten, schmeckte wieder die Tränen. Ich erinnerte mich unserer Befürchtungen, daß es unserem Kind schlecht gehen könne, meiner Hoffnung, daß wir unser Kind doch noch zurückbekommen würden. Ich wollte mich an all das nicht erinnern – die verzweifelte Liebe, den verzweifelten Schmerz.

Ich wählte die Nummer, die Jessica mir gegeben hatte, und wartete mit klopfendem Herzen. Ich hatte Angst, mir würde die Stimme versagen. Chris selbst meldete sich, und beim Klang seiner Stimme war augenblicklich die alte Vertrautheit wieder da.

»Chris, ich bin's, Carol.«

»Carol!« rief er überrascht. »Wie schön!«

Ich erklärte ihm den Grund meines Anrufs. Er war froh, daß ich mich zur Suche entschlossen hatte, er hatte selbst häufig daran gedacht. Er und seine Frau Emily hatten sogar erste Schritte eingeleitet, waren aber dann nicht weitergekommen. Ich war froh zu hören, daß er eine Frau geheiratet hatte, die ihn genug liebte, um auch sein Kind lieben zu können. Sie müsse eine bemerkenswerte Frau sein, sagte ich.

»Ja, das ist sie«, bestätigte er und erzählte mir, daß sie aus erster Ehe einen Sohn hatte, der ein Jahr älter war als unser Sohn und den er adoptiert hatte. Er sagte, er habe immer das Gefühl gehabt, zu wissen, welche Phasen der Entwicklung unser Sohn gerade durchmache, da er dies ja bei seinem Adoptivsohn beobachten konnte, auf den er sehr stolz war. Er hatte ihn auf eine der besten Privatschulen geschickt, und der Junge studierte jetzt an einer der ersten Universitäten des Landes.

Wir hatten uns nach diesen achtzehn Jahren viel zu erzählen, und wir sprachen natürlich über die Geschehnisse von damals und versuchten, sie aus der Perspektive unserer dazugewonnenen Reife zu sehen. Ich sagte ihm, daß nur Brett und Kip mir geholfen hätten, mit meinem Schmerz und meiner Reue zu leben. Nichts sonst hätte mich über den Verlust unseres Sohnes trösten können. Nicht die materiellen Güter, mit denen ich gesegnet worden war, nicht meine Ausbildung, nicht die berufliche ›Karriere‹ oder was sonst. Ich sagte es nicht mit Bitterkeit und hoffte, er würde es nicht zum Anlaß nehmen, sich schuldig zu fühlen. Es war schlicht die Wahrheit. Wir konnten nur hoffen, daß unserem Sohn tatsächlich das ›bessere Leben‹ geschenkt worden war, das die Nonnen versprochen hatten, obwohl ich inzwischen aus der Lektüre zahlreicher Untersuchungen wußte, daß adoptierte Kinder an der Unkenntnis über ihre wahre Herkunft häufig tief leiden. Wir konnten nur darum beten, daß nicht auch unser Sohn unter der Trennung gelitten hatte. Nach ungefähr anderthalb Stunden legten wir schließlich auf, und das meiste von dem, was ich eigentlich hatte sagen wollen, war unausgesprochen geblieben. Ich hätte nicht gewußt, wo anfangen. Er ist ein wunderbarer Mensch geworden, dachte ich. Er hatte mir versprochen, einen Brief an Elinor Green zu schreiben, den diese zu den Akten legen konnte, und mir auf jede ihm mögliche Weise bei der Suche nach unserem Sohn zu helfen.

Nach Beendigung des Gesprächs blieb ich über eine Stunde an derselben Stelle sitzen und starrte nur das Telefon an. Ich war so aufgewühlt, daß ich kaum wußte, wie ich mit dem inneren Tumult fertigwerden sollte. Aber es bedeutete mir unendlich viel zu wissen, daß Chris unser Kind nicht vergessen hatte.

Ich sah Brett und Kip auf ihren Rädern um die Ecke schießen und in der Einfahrt abrupt bremsen. Wie froh konnte ich sein, daß ich sie hatte! Hastig stand ich auf und ging in die Küche, um das Abendessen zu machen. Als sie wenig später hereinstürmten, erzählte ich ihnen von meinem Gespräch mit Chris und war froh, ihnen sagen zu können, daß er ein Mann mit Herz war.

Nach dem Essen, schon auf dem Weg zum Fernsehen, blieb Kip stehen und fragte, was geschehen würde, wenn Phillip sich als Ekel entpuppen sollte, und wir ihn nicht mochten. Wahrscheinlich, fuhr er fort, sei er wirklich ein Ekel, und er, Kip, würde ihn ganz bestimmt nicht mögen. Brett sagte, ja, darüber hätte er auch schon nachgedacht. Und ich konnte nur ärgerlich konstatieren, daß mir gerade in diesem Moment, wo ich ihn am dringendsten gebraucht hätte, mein ganzer Humor abhanden gekommen war.

Keiner, der nicht selbst in einer solchen Situation gewesen war, konnte meine hochgradige Empfindlichkeit in dieser Zeit wirklich verstehen. Freunde, die versuchten, mich zu stützen, waren völlig frustriert. Sie wiesen mich auf all die Dinge hin, für die ich dankbar sein konnte. Man brauchte mir nicht zu sagen, was ich schon wußte. Philosophische Weisheiten wie »es wendet sich immer alles zum besten« oder »alles ist Bestimmung« trugen wenig dazu bei, mich zu erleichtern. Wahres Verständnis fand ich nur bei denen, die den gleichen Weg gegangen waren. Aber da es kaum Gewißheiten gab, war es so, als führten die Blinden die Blinden.

Ich sah, daß meine Suchbemühungen bei Frauen, die abgetrieben hatten, viel Schmerz auslösten. Ich wenigstens hatte die Chance, mein Kind zu finden; ihr Verlust hingegen war endgültig. Doch sie hatten ihren schrecklichen Verlust betrauern und wieder vorwärtsgehen können. Ich jedoch konnte die Vergangenheit nicht loslassen, wollte es auch nicht.

In einem der Magazine, die ich abonniert hatte, war ein Artikel von einer Frau, die ein Kind durch den Tod und ein zweites durch Adoption verloren hatte. Sie schrieb, um das tote Kind könne sie trauern, für ihren Schmerz um das aufgegebene Kind jedoch gäbe es keinen Trost. Eine andere berichtete von einem Leben, das von Mißbrauch und Tod geprägt gewesen war. Mit all dem war sie irgendwie fertig geworden, jedoch konnte sie sich bis heute nicht damit abfinden, daß sie nicht mit dem Kind zusammensein konnte, das sie aufgegeben hatte.

Als ich diese Berichte las, hörte ich endlich auf, mich zu fragen, ob ich verrückt sei.

Toni hatte hart mit mir gearbeitet und mir geholfen, mir meiner Rechte bewußt zu werden und meine Beziehung zu meinem ersten Sohn anzuerkennen. Ohne Scham konnte ich jetzt meinen Freunden berichten, was damals geschehen war. Doch zu meiner Bestürzung verlor ich einige von ihnen. Männer reagierten eher negativ als Frauen: Ihrer Auffassung nach hatte ich mit der Unterzeichnung der Papiere alle Rechte verloren. Ich hätte die Vergangenheit wegpacken und das Kind vergessen sollen.

Frauen zeigten häufiger anteilnehmendes Verständnis. Doch die, die selbst ein adoptiertes Kind in der Familie hatten, reagierten mit Furcht, wenn ich von meiner Suche erzählte. Die Angst, irgendwo könnte eine Mutter nach dem Adoptivkind in *ihrer* Familie suchen, entfremdete sie mir. Plötzlich war ich ihnen nicht mehr geheuer, und ich fürchtete, die Familie meines eigenen Sohns könnte auf gleiche Weise reagieren.

13

Am späten Nachmittag kam ich von einem Tag in San Francisco nach Hause. Ron hatte die Kinder für das Wochenende abgeholt, und meine Freundin Janie und ich wollten abends noch ins Theater. Als ich die kurze

Treppe zur Küchentür hinaufging, nahm ich mir vor, häufiger in die Stadt zu fahren. Die Abwechslung tat mir gut.

Mit der Post, die ich im Kasten gefunden hatte, setzte ich mich ins Wohnzimmer und sah die Briefe durch: einer vom katholischen Sozialdienst und einer von Chris. Ich konnte sie nicht gleich öffnen. Elinor Green, die Sozialarbeiterin, mußte Neuigkeiten von meinem Sohn haben, das erste Lebenszeichen nach achtzehn Jahren. Welch ein Zusammentreffen, daß Chris' Brief mich am selben Tag erreichte. Ich hielt die beiden Briefe an mich gedrückt, bange, daß sie sich in Luft auflösen könnten, noch ehe ich sie gelesen hatte, bange aber auch vor dem, was sie enthielten.

Ich wollte meine Hoffnungen und Träume noch ein wenig festhalten, ehe ich die Wahrheit las. Ich stand vom Sofa am Kamin auf, ging in die Küche und rief Janie an, um zu fragen, ob sie etwas früher kommen könnte. Ich war mir nicht sicher, wie ich mich nach der Lektüre der Briefe fühlen würde. Vielleicht würde ich Janie brauchen. Nach dem Telefonat setzte ich mich wieder an den Kamin und öffnete zuerst Elinor Greens Brief. Sie hatte ihn am Valentinstag geschrieben.

Liebe Mrs. Schaefer,

es freut mich, Ihnen mitteilen zu können, daß ich Ihren leiblichen Sohn ausfindig gemacht habe. Ich habe mit seiner Mutter gesprochen. Ihr leiblicher Sohn hat eine helle, empfindliche Haut, und da er viel im Freien ist, war seine Mutter sehr dankbar für den Hinweis auf die Gefahr einer Hautkrebserkrankung. Aus dem Gespräch mit ihr habe ich den Eindruck gewonnen, daß sie eine warmherzige, reife und verständnisvolle Frau ist. Sie hat, wie sie sagt, eine sehr gute Beziehung zu ihrem Sohn. Er hat offenbar nicht viele Fragen über seine Herkunft und seine leiblichen Eltern gestellt, aber ich denke, sie wird ihm alle Unterstützung geben, sollte er sich entschließen, nach seinen leiblichen Eltern zu suchen.

Sie hat ihn mir als einen gutaussehenden jungen Mann mit braunem, lockigen Haar beschrieben. Er ist ein guter Schüter und begeisterter Sportler. Er ist künstlerisch begabt und interessiert sich sehr für Psychologie. Er scheint ein warmherziger und selbstsicherer junger Mann zu sein, und sie sagte, er fühlt sich mit sich und seiner Familie wohl.

Ich hoffe, diese Informationen sind Ihnen eine Hilfe. Gemäß den Gesetzen unseres Staates kann ich Ihnen weitere Auskünfte nicht erteilen. Ich danke Ihnen für Ihre Anteilnahme und für die Erlaubnis, die medizinischen Informationen weiterzugeben.

Mit freundlichen Grüßen

Elinor Green.

Es ging ihm gut. Er war so, wie ich ihn mir immer vorgestellt hatte. Gott sei Dank. Er schien ein ganz normaler Junge zu sein. War sein Haar lockig wie das von Chris oder eher wellig wie das meiner Mutter? Mit einemmal hatte ich das Gefühl, ihn zu kennen, zu wissen, wie er war. »Ihr leiblicher Sohn« hatte sie geschrieben. Was sollte das heißen? Seine Mutter? Ihr Sohn? Seine Familie? Er fühlt sich mit seiner Familie wohl ...

Nicht viele Fragen über seine Herkunft ... Meine Neugier schien er nicht geerbt zu haben; ich hätte unzählige Fragen gehabt. Ich wollte mir davon nicht wehtun lassen. Was hatte sie noch geschrieben – ein warmherziger, selbstsicherer junger Mann, der sich mit sich und seiner Familie wohlfühlt. Vielleicht sollte ich die Suche abbrechen. Ich würde vielleicht nur sein sonniges Leben verdüstern. Er wollte und brauchte mich vielleicht gar nicht in seinem Leben. Er hatte kaum Fragen gestellt. Eins wußte er jetzt jedenfalls von mir: daß ich ihm womöglich eine Krebsdisposition vererbt hatte. Wie wundervoll. Was dachte er über seine ›leibliche‹ Familie? Wie würde er jetzt von mir denken? Hätte Elinor Green ihn nicht anrufen und ihm sagen können, daß ich ihn liebte, daß ich in Gedanken immer bei ihm war? Gott sei Dank, daß es ihm gutging.

Am nächsten Morgen machte ich zehn Kopien von Elinor Greens Brief. Eine schickte ich an Chris. Die anderen verteilte ich an verschiedenen sicheren Orten für den Fall, daß eine Katastrophe eintreten und einer vernichtet werden sollte. Ich war mir der Ironie bewußt. So viel Aufhebens um einen bloßen Brief, während ich achtzehn Jahre vorher widerstandslos mein Kind aufgegeben hatte.

Die Erregung über den Brief begann abzuflauen. Diese spärlichen Auskünfte über meinen Sohn konnten mein Verlangen, ihn zu kennen, nicht stillen. Ich wußte, ich hätte dankbar sein sollen. Aber wie soll eine kurze Beschreibung die Sehnsucht einer Mutter nach ihrem Kind stillen können?

Um mich abzulenken und zu beruhigen, nahm ich die Negative, die ich für meinen Fotografie-Kurs entwickelt hatte und ging in meine Dunkelkammer in der Garage, um Abzüge zu machen. Die Arbeit verlangte genug Konzentration, um mich eine Weile vergessen zu lassen.

Als ich nach getaner Arbeit aus der Dunkelkammer trat, war die Sonne schon lange untergegangen, und es war ziemlich kalt. Ich sah zum Haus hinauf. Nirgends brannte Licht. Buffy und die Katzen strichen mit Jammermienen um ihre Futternäpfe, um mich wissen zu lassen, daß die Abendbrotzeit längst vorbei war. Ich füllte ihre Näpfe und räumte die Dunkelkammer auf.

Ich mußte meinen Eltern Bescheid geben. Meinen Vater würde ich anrufen, meiner Mutter schreiben. Ich wußte, mein Vater würde mich in allem, was ich tat, unterstützen. Nach der Scheidung meiner Eltern hatte ich Gelegenheit gehabt, mit ihm über die Vergangenheit zu sprechen, und er hatte mit Bestürzung gehört, daß ich Ron von Anfang an die Wahrheit gesagt hatte. Er lebte noch immer in einer Zeit, in der man solche Dinge streng unter Verschluß gehalten hätte. All die vergangenen Jahre hatte er sich um mich gesorgt, Angst gehabt, jemand könnte die Wahrheit erfahren. Und was wäre dann geschehen? Hätte man mich enthauptet? Auf dem Scheiterhaufen verbrannt? Bei den Elternsprechabenden boykottiert? Ich weiß, er war Ron von da an immer zutiefst dankbar, daß er mich dennoch geheiratet hatte.

Meine Mutter und ich sprachen niemals über ›diese Geschichte‹. Ich empfand unsere Beziehung als sehr angespannt. Immer fragte sie, warum ich niemals schrieb, so selten anrief. Ich fragte mich das auch. Ich war immer zornig auf sie, aber die Gründe für diesen Zorn hatte ich verdrängt. Selbst in der Therapie stellte sich niemals die Verbindung zwischen diesem Zorn und der Tatsache her, daß ich meinen Sohn hatte aufgeben müssen; das machte ich stets nur mir allein zum Vorwurf. Ich wußte, daß meine Kälte sie verletzte und ihr unverständlich war, aber ich konnte es nicht ändern. Ich wollte ihr schreiben, daß ich jetzt meinen Sohn suchte. Ich fürchtete ihren Zorn darüber, daß ich erneut das Ansehen der Familie in den Augen der Nachbarn gefährdete. Vielleicht würde sie nie wieder mit mir sprechen. Aber ich war nicht gewillt, meine Suche deshalb abzubrechen.

Ich versuchte, mich wie eine Erwachsene zu verhalten, die Wut zurückzudrängen, die in mir tobte. Aber am liebsten hätte ich ihr von meiner Suche überhaupt nichts gesagt. Am liebsten hätte ich meine Aktivitäten ganz verschwiegen, um wenigstens diesmal meinen Sohn für mich behalten zu können. Aber was, dachte ich, würde geschehen, wenn mein Sohn ebenfalls suchte und sie anrief? Nein, ich mußte sie benachrichtigen. Und wir mußten uns irgendwie zusammenraufen, ehe ich ihn fand.

Am nächsten Morgen rief ich meinen Vater an. Brett hatte im vergangenen Jahr in der Schule an einem Projekt über Ahnenforschung mitgearbeitet, und mein Vater hatte sehr ausgiebig für ihn recherchiert.

Er hatte festgestellt, daß die Jungen in zwölfter Generation geborene Amerikaner waren, und zu den Ahnen der Familie vier schottische Könige und ein Adliger gehörten, der die Magna Charta mitunterzeichnet hatte. Er sagte mir jetzt, er hoffe, daß auch mein erster Sohn eines Tages seine Abstammung erfahren würde.

Wie fühlte sich ein Mensch, der von all seinen Wurzeln abgeschnitten war? War das Wissen von der eigenen Herkunft für jeden wichtig, oder war das Bedürfnis zu wissen eine Sache der Persönlichkeit und des Charakters? Wie groß war das Bedürfnis meines Sohns?

Ermutigt von dem Gespräch mit meinem Vater, setzte ich mich hin, um meiner Mutter zu schreiben. Ich faßte den Brief kurz und einfach. Nachdem ich ihn aufgegeben hatte, rief ich meine Schwester Janice an, um mir von ihr sagen zu lassen, wie meine Mutter ihrer Meinung nach reagieren würde. Als Janice von meinem Kind erzählte, hörte ich ungläubig und betroffen, daß sie die Wahrheit schon immer gewußt hatte. Sie hatte Verdacht geschöpft, als die Stimmung zu Hause so gespannt geworden war und man mir den Umgang mit Chris verboten hatte. Bei Joanies Hochzeit dann hatte sie den Streit über die Strumpfhalter mitangehört und Gewißheit erhalten. Wie tief war die seelische Verletzung gegangen, die sie erfahren hatte, als sie, fünfzehnjährig, hatte miterleben müssen, wie ihre Schwester verbannt wurde, weil sie schwanger war, und dann ohne ihr Kind nach Hause zurückkehrte? Obwohl sie die häuslichste von uns war, hatte sie keine Kinder. Sie hatte mit niemandem über diese Dinge sprechen können, weil sie absolut geheim bleiben mußten und unsere Eltern angenommen hatten, sie wüßte nichts. War sie vielleicht tief im Unbewußten überzeugt, daß ihr Kind, wenn sie eines bekommen sollte, von bösen Hexen entführt werden würde? Wie tief sind die Auswirkungen, die Familiengeheimnisse auf uns alle haben? Auch mein Bruder hatte keine Kinder. Er schwor zwar, von den Vorgängen damals keine Ahnung gehabt zu haben, aber hatte er nicht vielleicht unbewußt sehr wohl wahrgenommen, was vorging? Und was war mit meiner Schwester Ellen, die zur Zeit der Geburt meines Sohns erst viereinhalb Jahre alt gewesen war? Mein Sohn hätte ihr Bruder sein können. Auch sie hatte bisher keine Kinder. War die Ehe meiner Eltern vielleicht unter dem Druck dieses Geheimnisses auseinandergebrochen?

Die ganze Woche wartete ich gespannt auf die Reaktion meiner Mutter. Ich rechnete damit, daß sie mir nach einiger Zeit einen vorsichtigen Brief schreiben würde, in dem ich vor allem zwischen den Zeilen würde lesen müssen. Aber statt dessen rief sie an. Sie hatte meinen Brief soeben gelesen und war begeistert und in heller Aufregung darüber, daß ich beschlossen hatte zu suchen. Sie selbst, sagte sie, habe vor drei Jahren einmal ernsthaft daran gedacht, auf eigene Faust zu suchen. Das fand ich merkwürdig. Vor drei Jahren hatte auch Chris sich gedrängt gefühlt, nach unserem Sohn zu suchen. Ich bekam plötzlich Angst. War im Leben meines Sohns etwas geschehen, das dieses Bedürfnis ausgelöst hatte?

Auch meine Bemerkung, daß ich schon mit Chris

gesprochen hatte, konnte ihre Begeisterung nicht dämpfen. Meinem Vater gegenüber hätte ich nicht gewagt, Chris' Namen zu erwähnen. Aber sie sagte plötzlich, sie sei immer überzeugt gewesen, Chris und ich hätten es geschafft, wenn wir geheiratet hätten.

Ich war wie vor den Kopf geschlagen. Hatte sich im Lauf der Jahre meine Wahrnehmung verzerrt? War sie schon verzerrt gewesen, als ich mein Kind weggegeben hatte? War das alles nur ein großes Mißverständnis gewesen?

»Weißt du«, sagte sie, »ich habe bis heute einen kleinen Christbaumanhänger aufgehoben, den ich bei deinen Sachen fand, als du aus dem Heim zurückkamst. Ich habe ihn jedes Jahr für das Kind an den Baum gehängt. Ist dir das jemals aufgefallen?«

Ich fragte sie, wie der Anhänger aussähe. Ich hatte nicht die geringste Erinnerung an ihn. Aber mit dem Schock kam eine tiefe Erleichterung. Ihre Freude war echt.

Wir sprachen noch ein Weilchen miteinander, aber dann mußte ich Schluß machen. Ich war völlig erschöpft. Kaum hatte ich den Hörer aufgelegt, packte mich ein wahrer Wirbelsturm des Zorns. Im ersten Moment war ich entsetzt über mich selbst und verstand nicht, was mit mir los war. Eine bessere Reaktion hätte ich doch von meiner Mutter gar nicht verlangen können. Aber dann fiel mir der kleine Anhänger ein, der jedes Jahr am Weihnachtsbaum gehangen hatte. Wie hatte sie um dieses läppische Ding ein solches Ritual machen können, ohne mich je danach zu fragen, wie es mir ohne mein Kind ging; ohne je darüber nachzudenken, wie sehr ich vielleicht litt, während ich mich fragte, wo mein Sohn das Weihnachtsfest verbrachte; ohne je auch nur eine Bemerkung darüber zu machen, wie traurig die Erinnerungen an jenes erste Weihnachtsfest für mich sein mußten. Und dennoch, das war mir klar, hatte sie in aller Unschuld so gehandelt. Sie hatte nur getan, was sie – und alle – für das Beste gehalten hatte. Ihre ganze Generation verfügte über eine übermenschliche Fähigkeit, Gefühle und schmerzhafte Erinnerungen zu verdrängen. Gewisse Dinge über das menschliche Herz wußten sie einfach nicht und wollten sie auch nicht wissen.

Morgen würde ich weiter nach meinem Kind suchen.

Um das System umgehen zu können, sei es wichtig, hatte man mir gesagt, eine Gruppe zu finden, deren Sitz dem Ort, an dem die Adoption vollzogen worden war, möglichst nahe war. Ich setzte mich mit der *Adoption Information Exchange* in North Carolina in Verbindung. Wie alle derartigen Organisationen in den Staaten, die sich auf Adoptionsangelegenheiten spezialisiert haben, organisiert die AIE Selbsthilfegruppen, gibt ein monatliches Nachrichtenmagazin heraus und hilft bei Suchaktionen. Sie ist außerdem politisch sehr aktiv.

Zufällig war Grace, die Vorsitzende der AIE, gut mit Elinor Green bekannt. Sie versicherte mir, Elinor stünde Zusammenführungen durchaus positiv gegenüber. Sie versprach mir, für mich zu recherchieren und mir eine Liste mit Namen zu schicken, von denen einer der meines Sohns sein würde. Sie gab mir keine Auskunft darüber, wie sie an die Liste herankommen würde, weil sie fürchtete, jede Offenlegung würde die amtlichen Stellen veranlassen, die Informationsquellen dichtzumachen. Offensichtlich war ich jetzt mit einem Untergrundnetz verbunden, dessen Ziel es war, ein rigides politisches System auszumanövrieren.

Grace bat mich, ihr zwei Wochen Zeit zu lassen. Sie werde anrufen, sobald sie die Liste habe.

Es verging ein ganzer Monat, ohne daß ich von Grace hörte. Schließlich hielt ich die Ungewißheit nicht mehr aus und rief sie noch einmal an. Sie habe eine Menge Neuigkeiten, aber keine Namen, erklärte sie mir. Elinor hatte mit ihr über meinen Fall gesprochen und sie gebeten, mir erst nach dem Schulabschluß meines Sohns Auskunft zu erteilen, um ihn in Ruhe seine Prüfungen machen zu lassen. Grace hatte den deutlichen Eindruck, daß Elinor meinen Fall als eine Art Testfall betrachtete. Sie schien nach ihren Gesprächen mit beiden Müttern der Meinung zu sein, daß bei uns die Zusammenführung glücken würde, wenn das überhaupt möglich war.

Ich spürte plötzlich den Druck einer schweren Verantwortung auf mir. Der Erfolg oder Mißerfolg meines Bemühens würde entscheidende Auswirkungen auf das Leben vieler Menschen haben. Intensiver denn je wünschte ich, es möge erfolgreich sein. Aber ich bat Grace, die Unterlagen dennoch schon jetzt zu sichten, für den Fall, daß in der Zukunft etwas geschehen sollte, was sie daran hindern würde, sich die Namen zu beschaffen.

Weinend legte ich auf. Es war so schwer für mich zu verstehen, daß ich einen negativen Einfluß auf meinen Sohn ausüben könnte; ich wollte doch nur sein Glück. Wie absurd die Vorstellung, daß ich bei seiner Abschlußfeier nicht dabei sein sollte, weil man fürchtete, ich könnte ihm den Tag verderben. Warum hielten die Leute uns ledige Mütter für so lieblos, unsensibel, egoistisch? Glaubten sie, nur so könnten wir sein? Verachteten sie uns, weil wir es fertiggebracht hatten, unsere Kinder aufzugeben?

Meine Krankenhausunterlagen trafen am nächsten Tag ein. Aber den Schmerz, den sie auslösten, konnte ich nur in kleinen Dosen aushalten. Jedes Mal, wenn ich es schaffte, mir ein neues Blatt anzusehen, fühlte ich mich stärker und ruhiger bei der Erinnerung daran, wie tapfer ich damals gewesen war.

Auch die Unterlagen vom Seton House hatte man beigelegt. Ich hatte während der Schwangerschaft nur drei Kilo zugenommen und in den letzten Wochen sogar noch anderthalb Kilo abgenommen. Hätte ich das heute meinem Arzt erzählt, er wäre entsetzt gewesen. Ich suchte auf den Formularen nach einer Bemerkung der Besorgnis. Der einzige Kommentar über Wochen war immer der gleiche: »Keine Beschwerden«. Was war ich für ein braves Mädchen gewesen.

Ich sah, daß wir Entwässerungstabletten genommen hatten. Die hatte ich genauso vergessen wie die ständige Sorge, wir könnten zuviel Wasser speichern. Ich erinnerte mich der wöchentlichen Arztbesuche, wenn wir alle zusammen in dem kleinen Wartezimmer gesessen hatten. Und ich erinnerte mich, wie willkommen das Gespräch mit dem Arzt gewesen war, einem Menschen aus der Außenwelt.

In der ersten Märzwoche schrieb ich meinem Sohn einen Brief. Elinor sollte ihn für mich weiterleiten.

Es war schwierig, ihn abzufassen, weil er nichts enthalten durfte, das eventuell etwas über meine Identität hätte aussagen können – keine Ortsbezeichnungen, keine Namen, keine genauen Personen- oder Ortsbeschreibungen. Und ich wußte nicht, mit welchem Namen ich ihn anreden sollte. Ich begann den Brief folgendermaßen: »Ich weiß aus Gesprächen mit adoptierten Kindern, daß es ihnen sehr wichtig ist zu wissen, woher sie kommen und wie es dazu kam, daß sie zur Adoption freigegeben wurden. Ich will versuchen, Dir darüber Auskunft zu geben, soweit das Gesetz es erlaubt. Aber vor allem sollst Du wissen, daß ich Dich vom Tag Deiner Geburt an immer in meinem Herzen getragen habe.« Es hätte mich interessiert, ob sie diesen letzten Satz streichen würde.

Ich erzählte ihm von meiner Familie und von seiner Herkunft, berichtete ihm all die Dinge über seine Vorfahren, die mein Vater ausfindig gemacht hatte. Für den Fall, daß er nicht daran interessiert sein sollte, uns kennenzulernen, sollte er wenigstens so viel wie möglich von uns wissen.

Ein Monat verging, bald waren es zwei. Ende April rief ich Elinor an, um zu fragen, ob sie irgend etwas gehört habe. Ja. Philipp – sie gebrauchte den Namen, den ich ihm gegeben hatte – und seine Mutter hatten sie erst kürzlich gebeten, ihnen den Brief zuzuschikken. Und sie wollten ein Foto.

Elinor hatte den Brief abgeschickt, aber sie konnten ihn noch nicht erhalten haben. Phillip hatte wissen wollen, ob ich ein Foto von ihm wolle. (Was für eine Frage!). Aber dann sagte mir Elinor, daß er mich nicht sehen wolle. Er wollte sich Zeit lassen.

Es tat weh, aber ich konnte es verstehen. Seine Befürchtungen waren sicher anderer Art als meine. Und es war schon wunderbar, mit ihm in Verbindung zu sein, wenn auch über eine Kontaktperson. Ich wußte, daß Elinor nie Dagewesenes wagte. Sie riskierte ihre Stellung für uns. Umso mehr fühlte ich mich dafür verantwortlich, daß diese Sache einen guten Verlauf nahm.

Ich rief Chris an, um ihn über den Stand der Dinge zu unterrichten. Wie absurd, daß wir nur darüber spekulieren konnten, wie unser eigener Sohn aussah!

Dann kam ein Brief von Elinor. Mein Sohn und seine Familie hatten meinen Brief zugeschickt bekommen. Zu ihrem Bedauern hatte sie einige Zensuren vornehmen müssen, ehe sie ihn abgesandt hatte. Ebenfalls zu ihrem Bedauern mußte sie mir mitteilen, daß der Austausch unserer Fotografien nicht über sie abgewickelt werden konnte. Mein Sohn und seine Eltern würden sich jetzt über das *Soundex Reunion Registry* mit mir in Verbindung setzen müssen, wenn ihnen an weiterem Kontakt gelegen war. Sie schloß den Brief mit der Hoffnung, daß mir die Geduld gegeben werde, gefaßt abzuwarten, während Phillip seine Entscheidung reifen ließ.

Waren eigentlich alle auf der Welt reifer als ich? Warum hatte Gott mir keine Geduld gegeben? Oder war es die Behörde, die Geduld verlangte, und wollte Gott vielleicht vielmehr, daß ich aktiv wurde?

Grace rief an. Sie würde mir eine Liste mit zehn Namen schicken. Ihre Arbeit war schwierig gewesen, weil ein Detail mit keiner der gegebenen Möglichkeiten in Einklang zu bringen war. Sie hatte das Gefühl, gegen eine Staumauer anzurennen. Sie meinte, für ihr Gefühl komme von den zehn Kandidaten auf der Liste am ehesten ein Junge namens Paul für mich in Frage.

Drei lange Tage und Nächte später traf die Liste ein. Einen Phillip fand ich nicht darauf. Ich wußte, daß der Name meines Sohns einer der zehn auf der Liste war. Aber welcher? Einige der Namen konnte ich gleich eliminieren, da sie weder schottischen, noch irischen oder englischen Ursprungs waren, und Schwester Dominic mich doch so ausdrücklich darauf hingewiesen hatte, daß man nur ein Elternpaar gleichen ethnischen Hintergrunds aussuchen würde.

Ich wollte gern glauben, daß der Junge namens Paul, auf den Grace mich aufmerksam gemacht hatte, mein Sohn war, aber ich hatte das Gefühl, daß er es nicht war. Der letzte Name auf der Liste zog mich am stärksten an. Grace hatte ihn in letzter Minute angefügt: John Aloysius Ryan III. Aber wer nannte ein adoptiertes Kind ›der Dritte‹? Ein fünfunddreißigjähriger Adoptierter hatte in einer der Versammlungen, die ich aufgesucht hatte, davon erzählt, daß er für seinen Vater, der nur halb so groß war wie er und nicht die geringste Ähnlichkeit mit ihm hatte, immer nur ›Junior‹ gewesen war. Und er hatte vorgeben müssen, daß er sich ganz normal und richtig anfühlte. Konnte dieser

John Aloysius Ryan III. wirklich mein Sohn sein? Warum hatte Grace gezögert, ihn auf ihre Liste zu setzen?

Ich erinnerte mich einer Geschichte, die eine Frau bei ALMA erzählt hatte. Jedesmal, wenn sie mit dem Finger eine Liste von 60 möglichen Namen hinuntergefahren war, hatten sich ihr bei einem bestimmten Namen etwa auf halber Höhe die Haare auf ihrem Arm gesträubt. Dennoch war sie methodisch in alphabetischer Reihenfolge vorgegangen. Und der fünfunddreißigste Name auf der Liste war der Name ihres Sohns gewesen, eben der, bei dem sie jedesmal die Gänsehaut bekommen hatte. War mein Interesse an John Aloysius Ryan III. von Bedeutung oder völlig irrational?

Jetzt absorbierte mich die Suche nach meinem Sohn vollkommen. Keiner in meiner Umgebung außer denen, die Ähnliches erlebt hatten, konnte meine Besessenheit verstehen. Ich beschloß, meine ganze Energie darauf zu konzentrieren, Graces bevorzugten Kandidaten ausfindig zu machen.

In meiner Phantasie begann ich, mir nach den spärlichen Informationen, die ich besaß, ein Bild von dem jungen Mann zu machen: Er kam aus einem kleinen Nest in North Carolina. Ich fürchtete, er sei so konservativ erzogen, daß es uns unmöglich sein würde, miteinander zu kommunizieren. Vielleicht auch hatten seine Eltern viel zu große Angst, um einer Begegnung überhaupt zuzustimmen. In welcher Weise hatte seine Erziehung seine natürliche Veranlagung beeinflußt? Würde die Tatsache, daß ich geschieden war, das Bild der Eltern von mir als loser Person bestätigen? Alle meine Schwächen erschienen mir wie unüberwindliche Hindernisse, wenn ich mir seine vollkommenen Eltern vorstellte. Mußte ich mich der Kirche wieder zuwenden und mir die Absolution erteilen lassen, ehe ich ihnen gegenübertrat? Aber sie waren doch gewiß ganz normale Leute. Was für Maßstäbe legte ich eigentlich an mich an?

Und warum hatte ich immer noch nicht vom Soundex Reunion Registry gehört? Hatten mein Sohn und seine Eltern es sich anders überlegt und wollten nun doch nicht mit mir in Verbindung treten? Jeden Tag, der verging, ohne daß ich von ihnen hörte, bemühte ich mich nach besten Kräften, für ihre Situation Verständnis aufzubringen. Er war *ihr* Sohn. Nach achtzehn Jahren muß die Wahrheit, daß eine andere Frau ihn geboren hatte, völlig in den Hintergrund getreten sein. Wahrscheinlich, dachte ich, erinnerten sie sich kaum noch daran. Mein plötzliches Wiedererscheinen mußte ein großer Schock für sie gewesen sein.

Ich mußte seinen Namen wissen. Dann konnte ich warten, solange er es von mir wünschte und brauchte. Vielleicht hatte das Melanom die Furcht in mir geweckt, daß ich nicht mehr die Zeit haben würde, ihn kennenzulernen. Das Leben erschien mir zu ungesichert, um zu lange Geduld zu üben. Was, wenn *ihm* etwas zustieß? Ich konnte den Gedanken nicht ertragen.

14

Ich brauchte eine Verschnaufpause, oder ich würde zusammenklappen. Das ständige Warten auf einen Brief oder Anruf, das ständige Hoffen, endlich seinen Namen zu erfahren, das ständige Bemühen, mich für Brett und Kip zusammenzunehmen, während mir jeder Tag, an dem ich ohne Nachricht blieb, von neuem das Herz brach – das alles war einfach zuviel. Ich hatte nicht bei seiner Schulabschlußfeier dabeisein können, wie ich es mir erträumt hatte, aber das war es nicht, was mir so zusetzte. Es war die Tatsache, daß es mir nicht vergönnt gewesen war, sein erstes Lächeln zu erleben, seine ersten Schritte, seinen ersten Zahn, seine ersten Worte, seinen ersten Schultag; daß ich nicht bei ihm hatte sein können, um ihn zu versorgen, zu pflegen und zu lieben.

Da ergab sich gerade im richtigen Moment die Gelegenheit zu einer Europareise. Da würde ich vielleicht weit genug von Telefon und Briefkasten sein, um mein Gleichgewicht wiederzufinden. Und wenn ich zurückkam, wartete möglicherweise der Name meines Sohns auf mich.

Kurz vor meiner Abreise erzählte mir eine Freundin von einem Mann, der angeblich ein hervorragender Hellseher war. Vielleicht würden die überirdischen Geister eher bereit sein, mir über meinen Sohn Auskunft zu geben als die irdische Welt. Ich war soweit, daß ich nach jedem Strohhalm griff.

Ich folgte Yvonne auf dem steilen Pfad, der sich unter Mammutbäumen zu Johns Haus hinaufschlängelte. Wir stiegen die Treppe zur Haustür hinauf. John erinnerte mehr an einen gutmütigen Kobold als an einen Zauberer. Während Yvonne sich von ihm wahrsagen ließ, wartete ich in einem bequemen Sessel beim Klavier, schon jetzt ein wenig verlegen bei der Vorstellung, ihn nach meinem Sohn zu fragen. Vielleicht würde er mich für schlecht halten.

Als die Reihe an mir war, setzte sich John mit mir an ein großes Fenster mit Blick auf einen Rosengarten und einen Hang, der zu einer Gruppe Mammutbäume hinaufführte. Ich war weit mehr aufgeregt als ängstlich. Und ich war sehr neugierig. Zunächst unterhielt sich John ein wenig mit mir, um mir die Befangenheit zu nehmen. Er erklärte mir, er läse nicht meine Gedanken. Er suchte seine Antworten beim, wie er es nannte, »göttlichen Geist«. Er fragte mich, ob ich eine Bandaufnahme des Gesprächs haben wolle. Ich bejahte. Dann fragte er, was ich auf dem Herzen hätte. Ich atmete einmal tief durch und sagte ihm, ich habe mein erstes Kind zur Adoption freigegeben und sei nun auf der Suche nach ihm. Ich habe auch einen Namen im Kopf, den nämlich, auf den Grace getippt hatte. Was er dazu meine?

»Lebt er südlich von hier? ›Süden‹ ist das Wort, das ich empfange.«

»Im Süden«, sagte ich fasziniert. Er war in Virginia geboren. Ich bin in North Carolina aufgewachsen.

»Er ist zur Zeit offenbar sehr mit der Schule beschäftigt«, fuhr John fort. »Er scheint eine sehr gute Erziehung erhalten zu haben. Nicht nach dieser erzkonservativen Südstaaten-Manier. Nein, engstirnig scheint er nicht erzogen worden zu sein. Er hatte viel Freiheit, gute Möglichkeiten.«

Ich hatte das Gefühl, daß er recht hatte. Oder hoffte es. »Wird er zuerst seinen Vater, Chris, kennenlernen, da der mehr in seiner Nähe lebt?« fragte ich.

»Nein. Erst wird er mit Ihnen zusammentreffen.« Das hielt ich für unwahrscheinlich. Er würde fünftausend Kilometer reisen müssen, um mich kennenzulernen.

»Und seine Eltern, werden die sich dagegen sträuben?« fragte ich.

»Nein, es sieht nicht so aus. Wenn sie der Beziehung zu ihm jetzt noch nicht sicher sind, werden sie es nie sein.«

Das leuchtete ein und bestätigte, was Elinor mir berichtet hatte.

Ich fragte ihn, ob er bei mir einen Umzug sähe. Er sagte, er sähe einen großen goldenen Stern gleich nördlich von San Diego, und wenn ich dorthin reiste, dann um jemanden zu sehen, der in meinem Leben immer eine wichtige Rolle spielen würde. Es müsse nicht unbedingt eine Liebesbeziehung sein, sagte er. Er sah außerdem, daß ich mich eine Zeitlang in der Gegend von Fresno und Bakersfield aufhalten würde.

Diese Gegend lag mir wenig, aber die Küstengebiete um Los Angeles liebte ich: Long Beach und Redondo Beach. Vielleicht, dachte ich, meinte er diese Gegend.

Wir beendeten die Sitzung mit einem ›*healing of energies*‹, etwas, das ich noch nie erlebt hatte. Ich kam mir albern vor, während er herumging und in Reaktion auf Energieströme, die ich nicht sehen konnte, mit den Händen in der Luft herumfuchtelte. Aber ich fühlte mich wie neugeboren. Als ich nach Hause kam und in den Spiegel blickte, sah ich aus, als wäre ich geliftet worden.

Rons Schwester Barbara holte mich in Rom ab, und eine Stunde später saß ich hinten auf ihrer Vespa und fragte mich, wann mir von irgendeinem verrückten Autofahrer die Kniescheiben abrasiert werden würden. Barbaras Wohnung war in der Altstadt. Das Colosseum war praktisch um die Ecke. Nach ein paar Tagen in Rom reisten wir nach Siena, von dort nach Florenz und Venedig. Ich wollte dann allein weiter nach Innsbruck, Salzburg und Zürich, danach durch Frankreich und zurück nach Rom.

In Zürich beschloß ich, zu Hause anzurufen. Im Zimmer gab es kein Telefon. Ich mußte von einer Zelle im Foyer aus anrufen. Die Telefonzentrale sah aus wie ein Museumsstück. Es gab nur ein einziges Leuchtsignal für die ganze Zentrale. Ich hatte meine Zweifel, ob die Verbindung überhaupt zustandekommen würde. Die Glocken der Kirche gegenüber läuteten die Viertelstunde, und dann meldete sich Kip. Er war mit Rons Mutter zu Hause, die während meiner Abwesenheit die Kinder versorgte. Alles schien in bester Ordnung zu sein. Dann sagte Kip, es sei ein Brief aus Virginia da, und holte seine Großmutter ans Telefon. Ich war starr vor Spannung. Ich bat sie, den Brief zu öffnen und mir vorzulesen.

Es war ein Nachtrag zu den Recherchen, die Grace

für mich über Paul gemacht hatte, den jungen Mann auf der Liste, den sie am ehesten für meinen Sohn gehalten hatte. Der Junge war im Alter von sieben Jahren gestorben. Ich war tief erschüttert.

Kip kam wieder ans Telefon und fragte, was das bedeute. Ich versuchte, es ihm zu erklären; es war schwierig. Auch er war erschrocken.

Es war ein heftiger Schock für mich. Müde schleppte ich mich die breite Treppe hinauf, an den Antquitäten vorbei, den Flur entlang zu meinem Zimmer im obersten Stock. Ich setzte mich auf die Kante des alten Betts und starrte zum Dachfenster hinaus über den Fluß und die Dächer der Stadt. Ich hatte viel über diesen Jungen namens Paul und seine Familie nachgedacht. Ich hatte gehofft, er sei der Sohn, den ich geboren hatte. Jetzt war ich erleichtert, daß er es nicht war, tief erleichtert, von Elinor bereits gehört zu haben, daß mein Sohn gesund und munter war. Dennoch war ich erschüttert. Ich war überzeugt, daß auch die leibliche Mutter dieses Jungen jeden Tag ihres Lebens an ihren Sohn gedacht hatte. Wenn sie nicht nach ihm suchte, würde sie vielleicht nie erfahren, daß er lange tot war. Niemand würde daran gedacht haben, sie zu informieren.

Ebensogut hätte dies mir geschehen können. Was hatte seine leibliche Mutter an dem Tag getan, als er gestorben war? War sie unter einem Schmerz zusammengebrochen, dem sie keinen Namen geben konnte?

Ehe ich am folgenden Tag nach Paris weiterreiste, ging ich in eine Kirche und zündete für Paul, der mir so fremd war wie mein Sohn, mir jetzt aber doch auch verbunden war, eine Kerze an. An meinem vierten Tag in Paris ging ich vom Moulin Rouge durch die engen, winkeligen Straßen, an kleinen Lädchen und Cafés vorüber, zu einem Platz auf der Höhe, auf dem Maler Touristen porträtierten. Ganz oben stand Sacré Cœur. Mein innerer Rückzug von der katholischen Kirche hatte meinem Sinn für die Schönheit und Pracht ihrer Gotteshäuser keinen Abbruch getan. Dennoch hatte keine außer dem Dom von Siena mich gefühlsmäßig angesprochen. Ich spürte nichts Heiliges in ihnen.

Sacré Cœur war nicht halb so großartig wie manch andere Kirche, die ich besucht hatte. Und dennoch verspürte ich plötzlich Frieden, als ich durch das Portal eintrat. Ich ging den Mittelgang hinunter und setzte mich etwa auf halbem Weg zum Altar in eine Bank. Wie aus Nebelschleiern tauchten Bilder von schweigenden Nonnen auf, die gemessenen Schritts durch lange, kalte Klosterkorridore gingen, wobei sie unablässig ihre Rosenkränze durch die Finger gleiten ließen und ihre Gebete murmelten. Hinter dem Altar sah ich plötzlich eine Touristengruppe. Neugier besiegte meine Müdigkeit. Ich stand auf und folgte der Gruppe. Helles Licht begleitete mich, bis ich um die Ecke bog und hinter den Altar trat. Dort drängten sich die Menschen um ein großes Standbild der Muttergottes, das in einem Meer von Votivkerzen zu schwimmen schien.

Mit ausgebreiteten Armen blickte die Muttergottes auf die Menschen hinunter. Sie schien mir unendliches Mitgefühl und Trost auszustrahlen. Während ich das Standbild musterte, fragte ich mich, wodurch es so lebendig wirkte, so anders als alle, die ich sonst von ihr gesehen hatte. Es schien, als könnte sie jeden Moment von ihrem Sockel herabsteigen und einen der Andächtigen in die Arme nehmen.

Ich näherte mich langsam, um die Szene im ganzen auf mich wirken zu lassen. Noch etwa zwei Meter entfernt, hatte ich das Gefühl, in eine Mauer aus dichter Luft zu treten. Alter Schmerz über den Verlust meines Sohns brach mit einemmal aus mir hervor, und ich begann zu weinen. Gleichzeitig hatte ich den Eindruck, als risse vor mir ein Vorhang auf und ich sähe nur einen Augenblick meinen Sohn vor mir stehen. Er sah aus wie aus Fleisch und Blut, als könnte ich ihn berühren. Ich war gewiß, daß er es war, obwohl ich ja gar nicht wußte, wie er aussah.

Ich fühlte mich tief getröstet. Ich zündete eine Kerze an, dann setzte ich mich und ließ den Tränen, die ich ewig zurückgedrängt hatte, freien Lauf.

An meinem letzten Abend in Paris traf ich mich zum Abendessen mit einer Frau, die ich im Zug von Venedig nach Österreich kennengelernt hatte. Zwei Männer am Nebentisch bemühten sich um unsere Aufmerksamkeit, und wir ließen es uns gefallen. Der eine sagte, er sei Bankier aus der Schweiz. Der andere, dunkel und grüblerisch, war ein jugoslawischer Maler, der auf der Île de la Cité eine Galerie hatte. Er sprach kaum Englisch.

Ich hatte mir im Stillen gewünscht, vor meiner Abreise aus Paris die Stadt noch einmal bei Nacht erleben zu können. Aber ich hatte nicht den Mut, mich so spät noch allein auf die Straßen zu wagen. Wir nahmen deshalb die Einladung der beiden Männer an und unternahmen nach dem Abendessen im Wagen des Bankiers eine große Rundfahrt durch die Stadt, die vor der Galerie endete. Der Jugoslawe bat uns herein. Er wollte uns unbedingt die Karten legen. Halb neugierig, halb skeptisch folgten wir ihm.

Im flackernden Kerzenlicht mischte er die Karten und legte sie auf, schüttelte den Kopf und schob sie wieder zusammen. Erneut mischte er, legte auf, schüttelte den Kopf und schob sie zusammen. Als er sie das dritte Mal auflegte, seufzte er nur noch resigniert. Er wies auf einen Buben und sagte, diese Karte sei jetzt dreimal hintereinander aufgetaucht, er könne das nicht verstehen. Ob ich einen Sohn von vielleicht zwanzig Jahren hätte, der dauernd von mir getrennt sei.

»Ja«, sagte ich erstaunt.

Ich war gerade erst von der Reise zurück. Die Jungen spielten draußen Baseball. Buffy stand schwanzwedelnd auf der obersten Treppenstufe und ließ den Ball nicht aus den Augen. Das Telefon läutete.

Ich fuhr zusammen, wie mir das jetzt immer passierte, wenn das Telefon klingelte. Immer hoffte ich. Meine Mutter war am Apparat. Meine Schwester Janice war mit offenen Magengeschwüren in Georgia ins Krankenhaus eingeliefert worden und lag auf der Intensivstation. Die Ärzte bezweifelten, daß sie den Tag überleben würde. Binnen einer Stunde war ich auf dem Weg zum Flughafen. Ehe ich abflog, warf ich noch einen Brief nach Virginia ein, mit dem ich um Übersendung der Geburtsurkunde von John Aloysius Ryan III. bat. Das war der letzte Name auf der Liste, die Grace mir geschickt hatte. Sie hatte dahinter vermerkt, an dem Akteneintrag sei etwas merkwürdig, wir sollten den Namen daher vielleicht unbeachtet lassen. Aber eben dieser Name war es, der mich förmlich ansprang. Jetzt, da ich wußte, daß der Junge Paul nicht mein Sohn gewesen war, hatte ich mich entschieden, diese Spur zu verfolgen.

Wir kamen alle fast gleichzeitig am Flughafen in Atlanta an – meine jüngste Schwester, mein Bruder und seine Frau – und hatten uns innerhalb von zehn Minuten gefunden. Als wir im Krankenhaus eintrafen, fanden wir meine Mutter betend im Vorraum der Intensivstation. Die Ärzte erlaubten uns fünf Minuten mit Janice. Sie sagten, es sei ein Wunder, daß sie noch lebe.

Unser erster Blick auf Janice fiel durch die großen Fenster. Das rhythmische Geräusch des Sauerstoffatemgeräts begrüßte uns. Der Anblick war erschrekkend. Janice sah aus, als wäre sie schon tot. Während Bob, Ellen und ich stumm an ihrem Bett standen, spürten wir die große Kraft und Liebe, die uns als Familie verband und die sich im Alltagsleben niemals in ganzem Umfang zeigte. Ich hatte den Eindruck, Janice spürte, daß wir da waren. Man hatte kaum Hoffnung, daß sie durchkommen würde.

Ellen und ich verbrachten die Nacht auf Sesseln im Warteraum. Janice lebte auch am nächsten Morgen noch. Mein Vater und seine Frau, Lucy, trafen am Nachmittag ein. Zum erstenmal seit meiner Hochzeit vor vierzehn Jahren waren wir alle wieder zusammen.

Eine Woche lang lag Janice auf Leben und Tod. Ellen und ich verbrachten die Nächte im Warteraum. Familien und Patienten kamen und gingen. Die Ärzte fanden einfach kein Mittel, um Janice aus ihrem todesnahen Zustand zu befreien. Ihr Blutdruck und ihr Puls waren gefährlich hoch. Abwechselnd brachte jeder von uns stündlich fünf Minuten bei ihr zu. Wir sprachen mit ihr, wenn wir bei ihr waren, und mit der Zeit zeigte sich, daß es kein Zufall war, wenn sich ihr Blutdruck und ihr Puls bei gewissen Themen beschleunigte oder verlangsamte. Sie konnte uns hören, und sie reagierte.

Als sich nach anderthalb Wochen keinerlei Anzeichen der Besserung zeigten, entschlossen sich die Ärzte zu operieren. Am Nachmittag vorher gingen Ellen und ich gemeinsam zu unserer Schwester. Ellen hielt ihre rechte Hand, ich ihre linke.

Unversehends kam ich auf den Gedanken, Janice zu bitten, alle Gründe für ihre Weigerung zu leben durch ihre Hand in meine abzugeben. Ich sagte ihr eindringlich, ich würde schon damit fertigwerden, sie solle einfach loslassen. Mit tiefer Liebe sah ich zu ihr hinunter und bat sie immer wieder, die Gründe für ihre Verweigerung an mich abzugeben. Da wurde ihr Gesicht plötzlich so unglaublich häßlich, daß ich mich am liebsten abgewandt hätte. Gleichzeitig jedoch begriff ich, daß sie ihren Selbsthaß an mich abgegeben hatte. Sie hatte es geschafft. Ich dankte ihr und versprach ihr, daß diese Gefühle sie nie wieder quälen würden. Durch reine Willenskraft veränderte ich in meinem Körper ihre Gefühle. Und Ellen stand bei mir. Wir konnten beide deutlich sehen, daß etwas geschehen war, etwas, das wir noch nie erlebt, von dem wir noch nie gehört hatten. Janices Blutdruck und Puls sanken. Unmöglich, einem Arzt zu erklären, was da soeben geschehen war.

Am Abend standen wir alle in dem abgedunkelten, stillen Korridor, während Janice auf dem Weg zum Operationssaal an uns vorbeigeschoben wurde, immer noch im Koma, immer noch unter künstlicher Beatmung.

Ellen und ich spielten Karten. Meine Mutter betete. Bob und Jeri saßen mit Janices Mann Charles zusammen. Aber keiner von uns sprach über seine Gefühle. Anderthalb Stunden vergingen. Dann hörten wir, wie sich draußen im Korridor die Aufzugtüren öffneten. Die Trage rollte quietschend über den Linoleumboden. Janice lebte. Die Operation war nicht notwendig gewesen.

Am nächsten Tag stabilisierte sich ihr Zustand. Ich war so zuversichtlich, daß ich das Krankenhaus verlassen konnte, ohne mir Sorgen zu machen. Ich fuhr ins Haus meiner Mutter, gönnte mir einen kurzen, traumlosen Schlaf und dann ein langes heißes Bad. Ich rief zu Hause an, um endlich wieder die Stimmen meiner Jungen zu hören. Rons Mutter meldete sich und versicherte, alles sei in Ordnung und, ach ja, es sei ein Brief aus Virginia da. Sie bat Kip, ihn zu holen.

Kip kam an den anderen Apparat. Ich bat ihn, den Brief zu öffnen und mir vorzulesen. Die Sonne war noch nicht ins Zimmer vorgedrungen. Ich saß in Dunkelheit und Stille und wagte kaum zu atmen. Ich hörte das Knistern, als Kip den Briefumschlag aufriß. Er sagte, es sei eine Geburtsurkunde.

»Auf welchen Namen?«

»John Aloysius Ryan III.«

»Und das Geburtsdatum?«

»9. Januar 1966.«

»War auch die Geburtszeit eingetragen?«

»Einundzwanzig Uhr einundfünfzig.«

»Kip, das ist der Name deines Bruders. Ach, ich bin so froh, daß gerade du mir das gesagt hast«, rief ich weinend. »Bitte bring die Urkunde deiner Großmutter. Ich möchte, daß sie sie auch sieht.«

Als Rons Mutter wieder am Apparat war, las sie mir alle Angaben auf der Urkunde vor. Ich wußte jetzt Namen, Beruf und Geburtsort seiner Eltern. Sie stammten aus New York, das fand ich sehr überraschend. Seine Mutter war acht Jahre älter als ich, sein Vater elf. Mein Sohn trug in dritter Generation den Namen John Aloysius Ryan. Mein Sohn hieß John. Sobald ich aufgelegt hatte, rief ich Chris an. Ich war außer mir und konnte kaum sprechen. Er beruhigte mich. Ich hörte die Erleichterung in seiner Stimme.

Beschwingt kehrte ich ins Krankenhaus zurück. Mein Sohn hieß John. Es war so wunderbar, nur seinen Namen sagen zu können. John Aloysius Ryan. Schwester Dominic hatte in der Tat eine *irische* Familie ausgesucht. Und es war eine Familie aus dem Norden, genau wie unsere. Sein Vater war Captain bei den Marines gewesen. Zweifellos hatte er in Vietnam gekämpft. Trotz der spärlichen Informationen begann ich schon, an einer Geschichte zu weben.

Ehe ich mit irgend jemandem darüber sprach, wollte ich es Janice sagen. Sie würde vielleicht sterben, ohne meinen Sohn je kennengelernt zu haben.

Ellen und ich gingen zusammen zu ihr hinein. Die Schwestern hatten die Jalousien hochgezogen. Sonnenlicht strömte ins Zimmer. Sie hatten das Bett hochgestellt und ans Fenster geschoben, so daß die Sonne sie berührte.

Das Atemgerät war still, sie atmete jetzt zu 20 Prozent der Zeit selbst. Sie wirkte so friedlich, daß ich keine Bedenken hatte, es ihr zu erzählen. Ich war gewiß, sie würde mich hören.

»Janice«, sagte ich. »Ich muß dir etwas Wunderbares erzählen. Ich weiß den Namen meines Sohnes. Ich habe ihn erst heute erfahren. Er heißt John Aloysius Ryan III.«

Ein Lächeln, als hätte sie eine wunderbare Vision gesehen, erleuchtete ihr Gesicht. Sie drehte den Kopf in Richtung meiner Stimme, und ihre Augen, noch leer und blicklos von den Betäubungsmitteln, suchten mein Gesicht. Ich sah zu Ellen auf, die doppelt überrascht war, einmal über meine Neuigkeit und außerdem über Janices Reaktion, die erste, die sie gezeigt hatte, seit sie im Koma in das Krankenhaus eingeliefert worden war.

Mehr als zwei Wochen lang hatte ich Nacht um Nacht im Krankenhaus verbracht. Ich war erschöpft. Am Nachmittag wurde Janice aus der Intensivstation in ein normales Krankenzimmer verlegt. Meine Maschine ging zu früh, als daß ich sie noch ohne das Atemgerät hätte sehen können, aber ich flog in der Gewißheit ab, daß sie wieder gesund werden würde.

Nie war ich so lange von Brett und Kip getrennt gewesen. Als ich schließlich meine Koffer in der Küche fallen ließ, hätte ich mich selbst am liebsten ebenfalls fallen lassen, aber es gab zu viel zu tun. Nachdem die Jungen mit Freunden zum Spielen gegangen waren, sah ich erwartungsvoll und ängstlich zugleich den dikken Stapel Post durch. Hatte mein Sohn geschrieben? War eine Strafanzeige darunter, weil ich mir unrechtmäßigerweise seine Geburtsurkunde beschafft hatte? Nur eines wußte ich mit Sicherheit, daß irgendwo in diesem Stapel seine Geburtsurkunde lag.

Keine Strafanzeige. Kein Brief von meinem Sohn oder seiner Familie. Nichts vom Soundex Reunion Registry. Aber die Geburtsurkunde war da. Ich öffnete den Umschlag mit dem *Commonwealth of Virginia*. Es war merkwürdig, auf der Urkunde einen anderen Namen zu sehen, als den, den ich ihm gegeben hatte, und doch das richtige Geburtsdatum, die richtige Uhrzeit, den Namen des Krankenhauses und des Arztes, der meinen Sohn zur Welt gebracht hatte. Unter ›voller Name der Mutter‹ stand der Name einer anderen Frau. Als hätte sie den Jungen geboren und nicht ich. Aber sie hatte die Urkunde nicht, wie verlangt, unterzeichnet. Ihr Name war mit Maschine geschrieben.

Was mußte John dabei empfinden, wenn er sich diese Urkunde ansah, die ihn radikal von seinen Wurzeln trennte? Konnte er vorgeben, es sei nebensächlich, diese Urkunde sage die Wahrheit über ihn? Warum durfte das Dokument nicht klar aussagen, daß er seine Familie durch Adoption gefunden hatte und nicht in sie hineingeboren worden war? Wozu war diese Vorspiegelung falscher Tatsachen notwendig?

Die Frau, die ihn großgezogen hatte, stand in einer mütterlichen Beziehung zu ihm, die mir immer versagt bleiben würde. Und niemals hätte ich mir angemaßt, mich als Mutter in diesem Sinn aufzuspielen. Es war mir verwehrt gewesen, meinen Sohn großzuziehen, und ich würde mein Leben lang darum trauern. Aber ich hatte ihn geboren. Ich hatte nie aufgehört, ihn zu lieben. Auch ich war seine Mutter und sollte nicht aus seinem Leben ausgegrenzt werden, als hätte ich nie existiert.

Es war der Sommer der Olympischen Spiele in Los Angeles, 1984. Ich hatte den größten Teil der Spiele verpaßt. Im Frühjahr hatte Elinor Green, die Sozialarbeiterin, in einem unserer Gespräche erwähnt, daß meinen Sohn ein aufregender Sommer erwartete. Ich nahm die Bemerkung als versteckte Botschaft. Sie durfte mir nicht sagen, was diesen Sommer so aufregend für ihn machen würde, also ließ ich meiner Phantasie die Zügel schießen und zog, da er angeblich ein hervorragender Sportler war, eine kühne Schlußfolgerung: Er nahm an den Olympischen Spielen teil. Das hieß, daß er in diesem Sommer an der Westküste sein würde.

Gespannt sah ich mir jetzt, da ich seinen Namen kannte, die Übertragungen an. Die Reporter berichteten, daß Greg Louganis adoptiert sei. Ich fragte mich, ob seine Mutter wußte, daß es ihr Sohn war, der da die vielen Medaillen einheimste. ABC hatte einen sehr schönen Film über die Adoptivgeschwister gebracht, die bei den Winterspielen im Eiskunstlaufwettbewerb teilgenommen hatten. Der Film zeigte die kleine Eisbahn im Garten ihres Elternhauses, die die Adoptiveltern extra für die Kinder hatten anlegen lassen. Ich weiß noch, daß ich damals dachte, wie sehr diese beiden Kinder ein Produkt beider Elternpaare waren. Die Adoptiveltern hatten nicht sonderlich sportlich gewirkt, aber sie hatten aus Liebe zu den Kindern Opfer gebracht, um die Eisbahn anlegen zu lassen. Die Kinder hatten ihr sportliches Talent vielleicht von ihren leiblichen Eltern mitbekommen. Wenn Bruder und Schwester zusammen über das Eis flogen, fragten sie sich dann, ob ihre lieblichen Eltern ihnen zusahen? Wünschten sie, daß auch diese von ihrem Erfolg wüßten?

Eine Mutter, die nichts über den Verbleib und das Befinden ihres Kindes weiß, macht sich ständig Gedanken, zieht selbst die entferntesten Möglichkeiten in Betracht. Stellen nicht auch die Kinder sich Fragen? Haben nicht auch sie ihre Phantasien? Wäre es nicht im Interesse aller Betroffenen, offen zu sein?

15

Als der Herbst kam, hatte ich alle Hoffnungen aufgegeben, über Soundex von meinem Sohn oder seiner Mutter zu hören. Wenn sie mit mir hätten Verbindung aufnehmen wollen, so hätten sie es längst getan. Er war wahrscheinlich auf dem College. Das war zweifellos eine große Umstellung führ ihn, da wäre mein Wiedererscheinen nur zusätzliche Belastung gewesen. Ich war entschlossen, weiterzusuchen, damit ich ihn wenigstens in einem Notfall erreichen konnte, und im übrigen um die Geduld zu beten, die jeder mir empfahl. Ich war allerdings immer noch nicht überzeugt davon, daß Gott so für Warten und Geduld war.

Ich trat einer Organisation namens PACER bei. *(Post Adoption Center for Education and Research).* Sie veranstaltete monatliche Seminare und Workshops und bot Beratungen für leibliche Eltern, Adoptiveltern und Adoptierte an. Das erste Treffen, zu dem ich ging, fand im Haus einer adoptierten Frau Anfang dreißig statt. Julie hatte vor kurzem erst ihre leibliche Mutter kennengelernt, die bei dem Treffen ebenfalls anwesend sein würde.

Es war fast dunkel, als ich das Haus fand. Ich hörte Kinderstimmen, als ich näherkam. Eines der Kinder öffnete mir die Tür. Ich machte mich mit Julie bekannt, und sie stellte mir ihre Mutter vor, die etwas abseits von der Gruppe saß. Sie sah aus wie eine warmherzige Großmutter, die sie tatsächlich auch war. Die meisten Leute sehen in ledigen Müttern immer noch die Teenager, die sie einmal waren. Hier war eine mit grauem

Haar, die nach dreißig Jahren soeben erst ihre Tochter kennengelernt hatte.

Mittelpunkt der Gruppe waren eine attraktive Frau Anfang fünfzig und ein Mann, der ihr so ähnlich sah, daß er nur ihr Sohn sein konnte. Beide sprachen offen über die Gefühle, die das Wiedersehen in ihnen ausgelöst hatte. Ich war wie gebannt, als ich ihn sagen hörte, er wisse selbst noch nicht, was er für seine leibliche Mutter jetzt, da er sie gefunden hatte, eigentlich empfinde.

»Ist sie meine Mutter, meine Freundin oder nur eine Bekannte? Ich fühle mich ihr auf eine beinahe mystische Weise tief verbunden. Aber meine Adoptivmutter ist für mich meine ›richtige‹ Mutter. Trotzdem habe ich mir über meine leibliche Mutter immer Gedanken gemacht. Als ich ungefähr fünf oder sechs war, habe ich manchmal im Auto mit der Familie den Kopf zum Fenster hinausgestreckt, für den Fall, daß sie vorbeikommen und mich erkennen sollte.«

Nancy, seine leibliche Mutter sagte: »Ich war achtzehn, als ich schwanger wurde. Als meine Mutter das erfuhr, drückte sie mir eine Fahrkarte nach Chicago in die Hand. Nach meiner Ankunft in Chicago rief ich in mehreren Heimen an, und überall sagte man mir, man habe kein Bett mehr frei. Für mich war das irgendwie beruhigend. Jetzt wußte ich wenigstens, daß ich nicht die einzige war. Bei meiner Entbindung bekam ich eine Vollnarkose. Das Letzte, woran ich mich erinnere, ist der Moment, als ich in den Entbindungsraum hineingeschoben wurde. Ich weiß, daß ich ›Mama‹ gerufen habe. Ich habe meine Mutter nie ›Mama‹ genannt. Der Arzt riet mir davon ab, das Kind zu sehen. Er sagte, das würde nur das Vergessen erschweren. Aber man vergißt nie.« Ein Ausdruck des Schmerzes flog über ihr Gesicht. »In neueren Untersuchungen vergleicht man diese Erfahrung mit dem post-traumatischen Streß-Syndrom bei Vietnamsoldaten. Wenn man das Kind aufgegeben hat, kann man zehn, zwölf Jahre völlig ohne Gefühl sein, und dann flammt plötzlich der ganze Schmerz wieder auf. Ich habe den Schmerz, die Erinnerungen und die Alpträume mit Alkohol betäubt.«

Bei ihrer ersten Begegnung war ihr Sohn ihr unglaublich vertraut gewesen. »Ich hatte fünf Jungen großgezogen, und er paßte so gut in den Haufen hinein, daß ich manchmal vergaß, daß ich ihn nicht großgezogen hatte.« Sie schwieg einen Moment. »Keiner meiner Söhne konnte mir den Erstgeborenen ersetzen. Es könnte überhaupt keiner den anderen ersetzen. Jedes Kind besitzt seine ganz eigene Persönlichkeit und ist unersetzlich.«

Ich war überrascht, als sie sagte, daß sie niemals gesucht habe. Sie habe geglaubt, kein Recht dazu zu haben. Gegenwärtig, sagte sie, suchten überhaupt nur fünf Prozent leiblicher Mütter nach ihren adoptierten Kindern.

Als die Sitzung begann, stellte sich jeder von uns kurz vor, dann folgten Berichte und allgemeine Diskussion.

Nancys Sohn Carlos stellte sich als Familientherapeut vor und erklärte kurz seine Zusammenarbeit mit PACER. Dann erzählte er uns von seiner Suche: »In den drei Jahren der Suche begleitete mich ständig ein Gefühl der Schicksalhaftigkeit. In der Rückschau ist mir klar, daß die Suche in drei Wochen hätte abgewikkelt werden können. Aber für mich war jede noch so kleine Information beinahe zuviel. Ich mußte jedes Stückchen meiner Identität erst einmal verdauen, während mir bewußt wurde, daß ich zum erstenmal überhaupt das Gefühl hatte, in der wirklichen Welt Fuß zu fassen.«

Die erste Begegnung mit seiner Mutter hatte im Holiday Inn in Chicago stattgefunden.

»Als ich von der Zeitung aufblickte, in die ich mich nur zum Schein vertieft hatte, sah ich eine große blonde Frau zum Empfang gehen. Sie hatte genau die gleiche schlechte Haltung wie ich. Ich sah mich selbst in ihr. Plötzlich war ich überhaupt nicht mehr nervös, nur noch froh und erleichtert. Ich sprang sofort auf und ging auf sie zu.

Hinter meinem Namen steht eine römische Drei. Einer der Vorfahren der Familie kam auf der *Mayflower* nach Amerika. Sie setzten mir die Drei hinter den Namen zum Zeichen, daß ich einer von ihnen bin, aber das bin ich nicht. Ich weiß noch, wie ich meinen Namen schreiben lernte. Niemals konnte ich ihn fertigschreiben, ohne tief drinnen das Gefühl zu haben, daß ich alle auf den Leim führe. Das einzige, was ich wirklich über mich wußte, war, daß ich gut zeichnen konnte und keiner in meiner Adoptivfamilie künstlerisch veranlagt war. Als ich ungefähr sieben oder acht war, dachte ich immer, ich bin der, der ich bin, weil ich bestimme, wer ich bin. Ich kann zeichnen und malen, weil ich die ganze Zeit zeichne und male. Ich habe bei vielen Adoptierten erlebt, daß sie von tiefen Ängsten gequält werden, weil sie nicht wissen, wer sie sind und was die Realität ist. Wenn man mit der Ursprungsfamilie lebt, ist es einfach, viele Dinge als gegeben hinzunehmen. Wenn man adoptiert ist, macht man sich Gedanken. Aus diesem Grund kann die Pubertät besonders schwierig sein. Als ich meine leibliche Mutter sah und in ihrer schlechten Haltung mich selbst, hatte ich nicht mehr das Gefühl, ein völlig unbeschriebenes Blatt zu sein. Ich erfuhr, daß auch meine Brüder künstlerisch begabt sind. Jetzt heißt es, das alles integrieren.

Wichtig ist, sich klarzumachen, daß die Suche immer etwas Positives bringt, ganz gleich, wie sie ausgeht«, sagte Carlos. »Unsere Beziehungen werden sich unser Leben lang verändern und entwickeln.«

Dann stellte sich Cathie vor. Sie war vierunddreißig Jahre alt und adoptiert. Sie hatte unglaublich große grüne Augen und ein sehr hübsches Gesicht. Ich versuchte, mir vorzustellen, wie diese Augen im Gesicht eines Babys ausgesehen haben mochten, und dachte, wie traurig, daß ihre Mutter nicht hatte miterleben können, wie sich ihr Kind zu so einer schönen sensiblen Frau entwickelt hatte. Ihre Mutter wußte noch nicht einmal, daß sie mittlerweile Großmutter geworden war. Cathie sagte, sie hätte sich erst nach der Geburt ihres Kindes zur Suche entschlossen.

»Ich dachte, mein Sohn Nicholas würde mir dieses Gefühl tiefer innerer Bindung geben, das mir immer gefehlt hatte. Aber es war nicht so, und das wundert mich wirklich. Aber darum muß ich jetzt suchen. Ich sehne mich nach dieser Bindung. Ich frage mich, ob adoptierte Kinder sich nicht irgendwo tief im Innern immer von der Erde getrennt fühlen, so als wären wir Außerirdische, die hier nur abgesetzt wurden, aber nicht Teil der Erde sind, eben weil wir nicht mit dem Menschen verbunden sind, der uns geboren hat.«

Morgan hatte acht Jahre lang nach ihrer Tochter gesucht. Dieser panische Drang zu wissen sei nichts anderes, sagte sie, als die Angst, die jede Mutter verspürt, wenn ihr Kind verlorengeht, ihr selbst nur wenige Sekunden aus den Augen ist.

»Nur *uns* begleitet diese Panik ständig, solange wir nicht mit unseren Kindern in Verbindung sind. Frauen sind nicht dazu geschaffen, ihre Kinder wegzugeben. Der Mutterinstinkt ist zu stark.«

Marilyn, die neben mir saß, begann zu weinen. Ihr Adoptivsohn, Josh, war noch keine drei Jahre alt. Sie hatte sehr gemischte Gefühle über die Adoption und die Art, wie sie zustande gekommen war. Und es gab Zeiten, da war sie wie besessen von Gedanken an Joshs leibliche Mutter. Sie hatte schwere Schuldgefühle dieser Frau gegenüber, die gewissermaßen für ihr – Marilyns – Glück bezahlen mußte. Sie sagte, es sei sehr schwierig für sie, sich die Berichte all der leiblichen Mütter und der Adoptierten anzuhören. Sie wolle doch nicht, daß Josh und seine leibliche Mutter sich unglücklich fühlten, sagte sie immer noch weinend. Ihre Geschichte war ziemlich typisch für die einer Adoptivmutter.

»Mein Mann und ich hatten uns sämtlichen Untersuchungen unterzogen, die es gab. Sie waren teilweise wirklich demütigend, beinahe pervers. Als eindeutig feststand, daß wir keine Kinder bekommen konnten, überlegten wir sehr lange und beschlossen dann, ein Kind zu adoptieren. Wir gingen zu einem Anwalt, der Speialist für offene Adoptionen war. Nur war es ihm wichtiger, schnell sein Honorar zu kassieren, als uns in diesem emotional schwierigen Vorgang sachkundig zu beraten. Wir wurden nur genauestens instruiert, wie wir uns darstellen sollten. Für mich war das nach den entwürdigenden Untersuchungen nur eine weitere Demütigung. Aber dann rief der Anwalt uns an und sagte, er habe eine Mandantin, die uns gern kennenlernen würde.

Joshs Mutter war schon im achten Monat, als sie zu uns nach Hause kam. Ich hatte vorher drei Tage lang geputzt. Sie entschied sich sofort. Ich war euphorisch. Ich fühlte mich endlich wieder schön und gesund, nachdem ich mich ein Jahr lang als totale Versagerin gefühlt hatte.

Unser Bedürfnis, mit dem Kind eine möglichst frühe Bindung einzugehen, interessierte niemand. Das Krankenhaus rief uns zwar an, um Bescheid zu geben, daß die Wehen begonnen hatten, aber als ich hinkam, durfte ich das Kind nicht sehen. Ich war völlig frustriert. Aus reiner Freundlichkeit erlaubte mir eine Schwester, ein kleines Mädchn, das auf der Säuglingsstation lag, eine Weile in den Arm zu nehmen. Am liebsten hätte ich dann dieses Kind mit nach Hause genommen. Die Kleine sah mir richtig ähnlich, sie war dunkel wie ich und hatte sehr große Augen. Josh ist blond.

Als ich Josh endlich mit nach Hause nehmen durfte,

versuchte ich, ihn zu stillen. Ich wollte ihn nähren und auf diese Weise die natürliche Mutter-Kind-Bindung herstellen. Aber es klappte nicht. Es kommt nur sehr selten vor, daß sich in so einem Fall tatsächlich die Milch einstellt. Ich wollte ihm einfach geben, was ihm fehlte, da er nicht bei seiner leiblichen Mutter sein konnte.«

Ihre Geschichte bewegte mich tief. Ich fand es sehr mutig von ihr, so offen von ihren tiefsten Gefühlen zu sprechen. Die Frauen, die ihre Kinder aufgegeben hatten, trösteten und beruhigten sie und versicherten ihr, daß sie ein Recht auf ihren Sohn habe.

Als Marilyns Tränen langsam versiegten, meldete sich eine andere Frau zu Wort. Sie sei Adoptivmutter, sagte sie. Sie und ihre adoptierte Tochter hatten sich gemeinsam auf die Suche nach der leiblichen Mutter des Kindes begeben. Schon nach einer Woche hatten sie sie gefunden. Jetzt war ihre Tochter selig und sie selbst fühlte sich zurückgestoßen.

Als sie das sagte, reagierten wir alle, als hätte man einen Eimer kaltes Wasser über uns ausgegossen. Es schien keine Diskussion mehr möglich. Diese Frau hatte mit ihren Worten jede von uns im Innersten getroffen. Wir wünschten uns freudiges Wiedersehen und Aussöhnung. War es denn unvermeidbar, daß einer verlor, wenn die anderen etwas dazugewannen?

Ich sah, wie alltäglich meine eigene Geschichte war. Aus irgendeinem Grund mußte ich immer wieder hören, was andere ledige Mütter in den Heimen erlebt hatten, um glauben zu können, daß mir das alles wirklich geschehen war.

In den Vereinigten Staaten gibt es mindestens zwei Millionen adoptierte Kinder. Die Zahlen schwanken, da genaue Angaben wegen der allgemeinen Geheimnistuerei schwer zu beschaffen sind. Wahrscheinlich liegt die Dunkelziffer noch viel höher. Jedes dieser zwei Millionen Kinder hat Adoptiveltern und häufig auch noch andere Verwandte, die das Kind lieben und sich um es sorgen. Das sind, im Ganzen gesehen, viele viele Menschen. Aber es gibt eine zweite Gruppe, von der niemand spricht, die aber ebenso groß ist. Man braucht nur einmal darüber nachzudenken, um es zu sehen: Für jedes adoptierte Kind gibt es eine zweite Mutter, einen zweiten Vater und weitere Verwandte – Großeltern, Tanten, Onkel, Brüder und Schwestern. Die Gesetze, die die Suche nach dem leiblichen Kind oder den leiblichen Eltern so erschwerden, erweisen auch diesen Menschen einen schlechten Dienst.

Wäre es nicht einfacher und besser, der Realität ins Auge zu sehen und unsere Existenz anzuerkennen, adoptierten Kindern zu gestatten, ihre leiblichen Eltern ausfindig zu machen, wenn sie das wollen, den Eltern zu gestatten, ihre Kinder zu suchen und eine Aussöhnung mit ihnen herbeizuführen? Wäre das nicht der toleranteste, vernünftigste und sicherste Weg?

Die leibliche Mutter gibt es. Allen Bemühungen zum Trotz, diese Tatsache zu verheimlichen oder zu leugnen.

Anfang November interviewte ich Carlos und seine Mutter für einen Artikel in einer örtlichen Zeitung. Ich sah es für mich als eine Art der Vorbereitung. Beim

Schreiben des Berichts überfielen mich wieder Depressionen, die Geschichte der beiden hatte so viel Ähnlichkeit mit meiner eigenen, daß ich mich erneut in den Netzen der Vergangenheit verfing.

Genau in dieser trüben Zeit rief plötzlich Chris an. Er habe in den letzten drei Tagen so intensiv an mich denken müssen, sagte er. Er wolle sich vergewissern, daß es mir gutgehe. Seine Besorgnis war mir ein großer Trost. Ich hatte mich sehr allein gefühlt, so verlassen wie damals mit neunzehn. Wir machten uns darüber Gedanken, ob unser Sohn unsere telepathischen Fähigkeiten geerbt hatte.

Ich fragte Chris, wie seine Frau mit all dem zurechtkomme. Ich konnte mir vorstellen, daß sie mit diesen Aufregungen, die plötzlich in ihr Leben eingebrochen waren, ihre Schwierigkeiten hatte. Nein, sagte Chris, sie habe keinerlei Probleme damit, sie hätten ja beide immer gewußt, daß dies eines Tages auf sie zukommen würde. Ich bezweifelte, daß ich in ihrer Situation so verständnisvoll gewesen wäre.

Etwas später rief ich Emma Vilardi an, die Gründerin des Soundex Reunion Registry, um mir bei ihr gewisse Informationen für meinen Artikel zu holen. Sie fragte mich nach meiner eigenen Geschichte. Als ich ihr von Chris' hilfsbereiter Anteilnahme an meinen Suchbemühungen erzählte, berichtete sie mir, gerade in letzter Zeit meldeten sich überraschend viele Väter von zur Adoption freigegebenen Kindern bei ihnen, die hofften, ihre Kinder wiederzufinden. Die meisten, sagte sie, seien überrascht über ihre andauernden Schuldgefühle und machten sich Vorwürfe, daß sie sich von ihren Eltern hatten manipulieren lassen oder zu unreif gewesen waren, um angemessen zu handeln.

Ihre nächste Bemerkung erstaunte mich sehr. Mein Sohn und seine Adoptiveltern, sagte sie, seien sich vielleicht nicht bewußt, daß die ihnen zur Verfügung stehenden Informationen für eine Zusammenführung über Soundex ausreichten. Sie wüßten möglicherweise nicht, daß Soundex nicht mehr benötigte, als die Angaben, die die Geburtsurkunde enthielt und den Namen der Vermittlungsstelle. Und ich hatte die ganze Zeit geglaubt, sie hätten sich ganz bewußt nicht bei Soundex eintragen lassen, weil sie eine Zusammenführung gar nicht wollten.

Ich intensivierte meine Bemühungen. Ich ließ mir von der Auskunft die Telefonnummern sämtlicher Teilnehmer mit dem Namen John Aloysius Ryan geben, die in der auf der Geburtsurkunde meines Sohnes angegebenen Gegend von New York wohnten. Es war ein Viertel mit überwiegend irisch-stämmiger Bevölkerung, und sein Nachname war sehr geläufig. Ich ließ mir ferner die Nummern aller Leute geben, die den Mädchennamen der Adoptivmutter meines Sohnes trugen. Aber ich wollte mit dem Vater anfangen.

Auf meinen Anruf bei der ersten Nummer auf meiner Liste meldete sich eine Frau. Ich erklärte ihr, ich suche einen gewissen John Aloysius Ryan, der 1966 einunddreißig Jahre alt gewesen sei.

»Richtig«, sagte sie.

»Und war er bei den Marines?«

»Ja.«

»Dann sprechen wir, denke ich, von demselben Mann«, sagte ich. »Hatte er einen Adoptivsohn?«

Stille. Dann sagte sie: »Also, ehrlich gesagt, zutrauen würde ich dem heute alles.«

Wie sich herausstellte, lebte sie seit fünf Jahren von ihm getrennt. Es war *nicht* der John Ryan, den ich suchte. Ich entschuldigte mich in höchster Verlegenheit.

So etwas wollte ich nicht noch einmal erleben, darum suchte ich nach anderen Wegen. Es war Mitte Dezember. Ich fuhr wieder in die Sutro-Bibliothek und schrieb mir eine Liste der katholischen Kirchen in der Heimatstadt der Familie heraus. Vielleicht würde es mir gelingen, die zu finden, in der sie geheiratet hatten oder in der mein Sohn getauft worden war. So dicht vor dem Ziel, hatte ich große Angst davor, einen falschen Schritt zu tun, und überlegte mir lange, was für eine Geschichte ich erzählen sollte, um die Kirche dazu zu bewegen, mir die gewünschte Auskunft zu erteilen. Schließlich beschloß ich zu sagen, ich sei eine alte Freundin seiner Adoptivmutter und sei ihre Brautjungfer gewesen, doch hätten wir leider im Lauf der Jahre den Kontakt verloren. Ich machte mir ein richtiges Skript, weil ich fürchtete, mich in meinen Lügen zu verheddern, und selbst dann noch brauchte ich einen ganzen Tag, um den Mut für diesen Anruf aufzubringen.

Die Frau, die sich meldete, war eine ehrenamtliche Mitarbeiterin der Kirche. Ich hoffte, sie würde naiv genug sein, schnurstracks in die Registratur zu gehen und mir Adresse und Telefonnummer meines Sohns zu liefern. Statt dessen jedoch notierte sie sich brav alle meine Angaben und versprach, der Priester werde mich zurückrufen. Es könne aber ein, zwei Tage dauern. Ich war enttäuscht.

Ich mußte das Haus verlassen, um Lebensmittel einzukaufen. Der Küchenschrank war mehr als leer. Nach drei Uhr zu gehen, wenn es drüben im Osten schon nach sechs war, erschien mir sicher. Die Möglichkeit, daß dann jemand anrufen würde, war gering.

Als ich zurückkam und gerade mit zwei Lebensmitteltüten die Tür zu öffnen versuchte, klingelte das Telefon. Ich erreichte es gerade noch rechtzeitig. Im ersten Moment glaubte ich, es wolle sich jemand einen Scherz mit mir erlauben. Dann wurde mir klar, daß es der Priester war. Er war Filipino, sprach kaum drei Worte englisch und hatte einen so starken Akzent, daß wir uns fast gar nicht verständigen konnten. Er bestätigte mir zwar, daß die Adoptiveltern meines Sohns in seiner Kirche getraut worden waren, aber es lag kein Taufschein vor. »Vielen Dank für Ihre Mühe«, buchstabierte ich ins Telefon und hängte ein. Eine weitere Enttäuschung.

Nun blieb mir nur noch eine letzte Möglichkeit, die ich bis jetzt immer wieder verworfen hatte, weil ich fürchtete, daß auch sie erfolglos bleiben und ich dann ganz ohne Hoffnung dastehen würde. Ich beschloß, einen Privatdetektiv zu nehmen und ihn die Führerscheinstellen sämtlicher Staaten nach dem Führerscheineintrag meines Sohns durchforsten zu lassen. Grace konnte mir einen Mann empfehlen, mit dem sie befreundet war.

Der breite Südstaatenakzent des Detektivs hatte etwas Anheimelndes und Gemütliches. Der Mann erklärte mir, bei Nachforschungen dieser Art pflegte er die Staaten in alphabetischer Reihenfolge abzuklappern. Ich antwortete, die Mühe könne er sich in diesem Fall sparen; er solle gleich mit den Südstaaten anfangen und, wenn nötig, mit New York und der Ostküste weitermachen. Ich war überzeugt, mein Sohn sei dort irgendwo zu finden. Er versprach mir, bis zum Sonntag nach Weihnachten von sich hören zu lassen. Das waren nur zwölf Tage!

Zwei Tage vor Weihnachten schrieb ich einen pessimistischen Brief an Chris, in dem ich ihm mitteilte, was ich unternommen hatte und wie groß meine Befürchtungen waren, daß nichts dabei herauskommen würde. Kurz nachdem ich den Brief eingeworfen hatte, läutete das Telefon. Es war Grace. Sofort schlug mir das Herz bis zum Hals.

»Carol, ich wollte es Ihnen als erste sagen. Der Detektiv hat Ihren Sohn gefunden. Und wissen Sie, wo? Sie erraten es nie! Im achtundvierzigsten Staat, in dem er es versucht hat.«

»Und was heißt das?«

»Haben Sie ihm nicht gesagt, er solle an der Ostküste anfangen und dann langsam nach Westen hinübergehen? Er hat ihren Sohn in *Kalifornien* gefunden.«

Ich konnte es nicht fassen. Während ich in der Küche hin- und herlief und ungeduldig auf den Anruf des Detektivs wartete, fühlte ich mich fast schwerelos. Wo blieben Brett und Kip? Draußen war es schon dunkel. Ich hatte keine Ahnung, was ich zum Abendessen kochen sollte. Das Telefon läutete. Mir stockte der Atem.

Es war eine Frau, die Hilfskräfte für irgendeine Schulveranstaltung suchte. Ich sagte, ich habe im Moment keine Zeit zu sprechen, da ich einen wichtigen Anruf erwarte. Sie reagierte gar nicht, sondern quasselte einfach weiter. Mit einem »tut mir leid« legte ich kurzerhand auf.

Ich setzte Suppe für das Abendessen auf. Wieder klingelte das Telefon. Diesmal war es der Detektiv. Er schien so erregt zu sein wie ich. Erst einmal entschuldigte ich mich, daß ich ihm so viel Mühe gemacht hatte, während er nach seiner eigenen Methode, in alphabetischer Reihenfolge zu arbeiten, viel schneller am Ziel gewesen wäre. Ihm machte das nichts aus. Er fand es einfach umwerfend, daß wir beide in Kalifornien waren. Der Ort, in dem mein Sohn lebte, hieß Mission Viejo. Er sagte, mein Sohn sei einen Meter achtzig groß, habe braunes Haar und hellbraune Augen. Aber die Telefonnummer der Familie sei nicht eingetragen.

Natürlich! Das mußte ja passieren. Dennoch war ich überglücklich. Gleich nach dem Gespräch holte ich den Atlas und suchte Mission Viejo. Es war unmittelbar nördlich von San Diego. O Gott! Ich starrte ungläubig auf die Karte. »Ein goldener Stern gleich nördlich von San Diego ...«

Ich las die Angaben über das Städtchen, um mir ein Bild vom Wohnort meines Sohns machen zu können. »Mission Viejo war die erste geplante Gemeinde in Kalifornien.« Ich erinnerte mich jetzt, über den Ort gelesen zu haben. Der künstliche See, den sie dort oben angelegt hatten, war während der Dürreperiode mit unserem Wasser gespeist worden. Ganz Nord-Kalifornien war darüber in heller Empörung gewesen.

Als Brett und Kip nach Hause kamen, berichtete ich ihnen natürlich sofort. Sie wären am liebsten gleich ins Auto gestiegen, um nach Mission Viejo zu fahren.

In meiner Aufregung machte ich tausend Telefongespräche. Morgan, meine Freundin von PACER, wollte über Weihnachten nach Los Angeles. Sie versprach mir, die Adresse im *Polk Directory* nachzuschlagen und mir die Telefonnummer herauszusuchen. Sie wollte mich anrufen, sobald sie sie hatte.

Der Heilige Abend und der erste Feiertag rauschten an mir vorbei. Am zweiten Feiertag rief Morgan an, um mir die Telefonnummer durchzugeben. Aber sie war unter einem anderen Namen eingetragen. Lag da ein Irrtum vor? Hatte ich vielleicht doch die falsche Adresse? Ich konnte die Ungewißheit kaum noch aushalten.

Nach dem Abendessen, als Brett und Kip vor dem Fernseher saßen, goß ich mir ein Glas Wein ein und setzte mich an den Eßzimmertisch. Das Telefon stand vor mir, daneben lag der Zettel mit der Nummer, von der ich hoffte, sie sei die meines Sohns. Ich schrieb mir genau auf, was ich sagen wollte, dann trank ich zur Ermutigung einen Schluck Wein und wählte. Nach der dritten Ziffer legte ich auf. Trank noch einmal einen Schluck Wein. Wählte wieder, legte wieder auf. Nach mehreren Fehlversuchen dieser Art beschloß ich zu warten. Ich schaffte es noch nicht. Die Jungen wollten am Freitag mit der Fähre in die Stadt, um Ron zu besuchen. Da hatte ich Ruhe, um anzurufen.

Den ganzen folgenden Tag überlegte ich, ob ich zuerst meinen Sohn oder seine Eltern verlangen sollte. Im Grunde, sagte ich mir, ging es vor allem uns beide an. Es gehörte sich, daß ich zuerst mit ihm sprach und ihm die Entscheidung überließ, wie es weitergehen sollte.

Bei seiner Geburt hatte er keine Möglichkeit gehabt, seine Meinung zu äußern. Wenigstens jetzt sollte entscheiden können. Andererseits würde mein Anruf für ihn von so einschneidender Bedeutung sein, daß ich mich fragte, ob ich nicht doch lieber mit seinen Eltern sprechen sollte.

Ich respektierte sie und wollte auf keinen Fall Unfrieden stiften. Und ich wollte vermeiden, daß der Junge zum Zankapfel wurde und sich zwischen uns hin- und hergerissen fühlte.

Schließlich beschloß ich, zuerst mit ihm zu sprechen, wenn das möglich war. Aber nachdem ich neunzehn Jahre lang gewartet hatte – also mein halbes Leben –, war mir eigentlich nur wichtig, daß wir endlich miteinander sprechen konnten.

Am Freitag morgen brachte ich die Jungen zur Fähre und wartete, bis sie sich ihre Fahrkarten gekauft hatten und an Bord gegangen waren. Die Luft war frisch und klar, die Sonne warm für Ende Dezember.

Wieder zu Hause, duschte ich ausgiebig und wusch mir die Haare. Ich schminkte mich mit besonderer Sorgfalt. Ich hatte mich immer bemüht, mir meine Jugendlichkeit zu bewahren. Meine Eltern gingen mir da beide mit bewundernswertem Beispiel voran. Aber ich glaube, mein Wunsch, jung zu bleiben, hatte noch einen besonderen Grund. Ich hoffte, dem jungen Mädchen ähnlich zu bleiben, das ich gewesen war, als ich meinen Sohn das letzte Mal gesehen hatte.

Beim Anziehen kam ich mir vor, als machte ich mich für ein Bewerbungsgespräch fertig. Sollte ich Strümpfe anziehen? Nein, da käme ich mir albern vor. Ich schlüpfte in eine saubere Jeans und zog den korallenroten Angorapulli an, den ich mir in Rom gekauft hatte.

Gehörte sie zu den Frauen, die schon beim Frühstück makellos geschminkt und gekleidet waren? War ihr Haus immer blitzsauber und aufgeräumt? Bestimmt war sie eine hervorragende Köchin. Meine Kochkünste fanden Brett und Kip nicht berauschend.

Ich nahm einen der vielen Zettel, auf denen ich die Telefonnummer aufgeschrieben hatte, und ging nach unten. Es war ungefähr elf Uhr. Ich machte mir Kaffee, legte mir Papier und Stift zurecht und setzte mich an den Tisch im Eßzimmer. Sonnenschein flutete durch die Terrassentür. Ich überflog noch einmal mein Skript, wählte und legte sofort wieder auf. Ich zitterte wie Espenlaub. Ich brauchte noch Zeit.

Ich rief meine Freundin Yvonne an. »Und was mache ich, wenn sie überhaupt nichts von mir wissen wollen? Oder wenn ich die falsche Nummer habe? Oder wenn sie einfach auflegen? Habe ich überhaupt ein Recht, dort anzurufen?«

Yvonne hatte diese Litanei bereits unzählige Male über sich ergehen lassen müssen. Meine dauernden Zweifel müssen ihr schrecklich auf die Nerven gefallen sein. Sie sagte mir nur immer wieder, es würde bestimmt alles gut werden. Die Sache wäre niemals so weit gediehen, wenn es mir nicht bestimmt wäre, meinen Sohn wiederzusehen.

Ich versuchte, mich zu beruhigen. Sobald es mir gelang, nicht an mich selbst zu denken und nicht ständig darüber zu spekulieren, was geschehen oder nicht geschehen könnte, konnte ich handeln. Ich rief mir wieder ins Gedächtnis, warum ich glaubte, daß mein Sohn einen Anspruch darauf hatte, mit mir zu sprechen – daß es Dinge gab, die er über sich selbst wissen mußte, und die nur ich ihm sagen konnte.

Ich wählte.

Es läutete viermal. Dann meldete sich eine helle Kinderstimme.

»Ist John da?« fragte ich.

»Nein«, antwortete das Kind. »Er ist in Kansas City. Weil er nämlich Pilot wird.«

Mein Herz raste. Ich hatte mir immer vorgestellt, er sei auf dem College.

»Ist deine Mutter zu Hause?« fragte ich.

»Ja, Moment. Ich hol sie.«

Eine halbe Minute verging. Dann sagte eine Frau: »Hallo?«

Mein Hirn war total blockiert. Für ein Gespräch mit der Mutter hatte ich mir kein Skript gemacht. Der Nachname stimmte nicht; *dieser* John hier war in Kansas City. Vielleicht hatte ich wieder eine falsche Nummer. Vielleicht war dies doch nicht die richtige Familie. Ich starrte auf den Zettel, der vor mir lag, und suchte krampfhaft nach Worten.

»Spreche ich mit Rosemary?« fragte ich schließlich. Wenn sie Rosemary hieß, war sie die Mutter meines Sohns.

Nach der Frage trat eine Pause ein. »Ja, hier spricht Rosemary.«

Vor meinen Augen begann alles zu verschwimmen. »Ich – wenn ich mich nicht sehr täusche, bin ich die Mutter ihres Sohns.«

»Oh!« sagte sie. »Ich glaube, Sie rufen genau zur richtigen Zeit an. Ich bin etwas angeschlagen. Ich habe gerade eine ziemlich üble Grippe hinter mir, und Don, mein Mann, ist in Kansas City bei einem Pilotenlehrgang. Jack ist mit einem seiner kleinen Brüder zu seiner Großmutter gefahren, so daß ich gerade ein bißchen Ruhe habe. Die beiden kommen frühestens in zwei Stunden zurück.«

Sie nannten ihn also Jack. Jack.

»Irgendwie haben wir es nie geschafft, das Formular an dieses Registraturbüro zu schicken, von dem uns die Sozialarbeiterin erzählt hat. Die Zeit läuft einem einfach davon. Und Jack hatte diesen Sommer so viel vor. Er arbeitet hier am See in Mission Viejo bei der Wasserwacht. Darum war es gut, daß Sie uns diese Information über eine mögliche Disposition für Hautkrebs haben zukommen lassen. Ich bin sofort mit ihm zum Arzt gegangen. Manchmal bin ich mitten in der Nacht aufgewacht und hatte das Gefühl, Sie könnten an Krebs sterben.«

Wie schrecklich, daß dies das erste hatte sein müssen, was mein Sohn von mir hörte. Sicher ist es ihm kalt den Rücken heruntergelaufen.

»Außerdem war er im Sommer mit dem Wasserpolo-Team in China. Er ist ein phantastischer Wasserpolospieler.«

Ich hatte nie ein Wasserpolospiel gesehen.

»Wissen Sie, es war eigenartig. Als Jack größer wurde, haben wir versucht, ihm alle Möglichkeiten zu geben, um seine besonderen Begabungen zu entdekken. Wir wußten ja kaum etwas von Ihnen und hatten keine Ahnung, was von ihm zu erwarten war. Anfangs hatte er es gar nicht so sehr mit dem Sport, aber als er dann ins Team kam, wurde er sofort zum besten Spieler gewählt. Da kam sein Talent so richtig zum Vorschein.«

Ich erzählte ihr, daß wir in unserer Familie fast alle sehr sportlich waren.

»Wir haben jeden Abend für Sie gebetet«, fuhr Rosemary fort. »Ich habe Jack immer gesagt, daß Sie ihn liebgehabt haben, auch wenn Sie ihn hergeben mußten. Ich brauchte mir nur vorzustellen, wie mir in Ihrer Situation zumute gewesen wäre ... Oft habe ich mir gewünscht, ich könnte Ihnen von seinen Fortschritten erzählen.«

Nach allem, was ich über Adoptiveltern gehört hatte, war ich auf einen so herzlichen Empfang nicht vorbereitet gewesen. Ich war sehr gerührt und bewunderte Rosemarys spontane Großzügigkeit. So, hatte ich immer gedacht, müßte es sein zwischen zwei Frauen, die sich ein Kind teilen, aber ich war mir bewußt, was für ein Glück ich hatte.

Unvermittelt fragte sie mich: »Sitzen Sie?«

»Ja.«

»Ehe ich Ihnen das folgende erzähle, möchte ich Ihnen sagen, daß Jack ein völlig gesunder und normaler junger Mann ist. Er hat nie irgendwelche Probleme gehabt.«

Mir wurde plötzlich eiskalt.

»Aber wir haben Jack erst bekommen, als er schon acht Monate alt war.«

Mir schossen die Tränen in die Augen. Ach, Kind was haben sie dir angetan? Ich hatte immer *gewußt*, daß etwas nicht in Ordnung war.

Rosemary sagte, Jack sei zuerst einem anderen Paar anvertraut worden und davor hatte er sechs Wochen in einer Pflegestelle gelebt. Ich fragte, ob sie das mit Sicherheit wisse. Das war das einzige gewesen, was ich von Schwester Dominic verlangt hatte, daß er sofort zu seiner Adoptivfamilie käme.

Ja, sagte sie, das wisse sie mit Sicherheit. Das erste Paar, dem man mein Kind gegeben hatte, war sehr jung gewesen: er einundzwanzig, so alt wie Chris, sie zwanzig, nur ein Jahr älter als ich. Sie hatten beide nicht studiert. Die Ehe war wacklig. Das Kind hatte sie zusammenhalten sollen. (*Das* also war das idale Elternpaar, Chris und mir in jeder Hinsicht überlegen, das unserem Kind weit mehr bieten würde, als wir es je konnten! Wie hatten sie es überhaupt geschafft, als Adoptiveltern zugelassen zu werden?)

Ich fragte, was geschehen sei. Rosemary versicherte mir, daß Jack nicht mißhandelt worden sei. Sobald er zu ihr gekommen war, hatte sie mit ihm einen Arzt aufgesucht und ihn gründlich untersuchen lassen.

Das junge Pärchen hatte das Kind Dennis genannt.

Sie hatten in Charlotte gelebt ... Ich wußte nicht, wieviel mehr ich mir noch würde anhören können. Er war nur vierzig Kilometer von mir entfernt gewesen, als ich auf dem College gewesen war. Er hätte in *meinen* Armen liegen müssen.

Als der Mann sie verlassen hatte, hatte die junge Frau versucht, das Kind allein großzuziehen. Wenn sich jemand vom Jugendamt zum Besuch anmeldete, kam der Mann zurück, um den Schein der intakten Familie zu waren. Aber dann war ihm das offenbar zu dumm geworden, und er hatte sie beim Jugendamt angezeigt. Daraufhin hatte man ihr das Kind genommen.

Immer wieder versicherte Rosemary mir, daß Jack keine Schäden davongetragen habe. Er war ein gesunder und normaler junger Mann. Aber in mir stieg ein schrecklicher Zorn auf. Mein Kind hatte in den ersten acht Monaten seines Lebens drei verschiedene Namen erhalten.

Ich erinnerte mich wieder, wie Chris und ich damals im Auto gesessen und uns um unser Kind geängstigt hatten. Und wir hatten geglaubt, unsere schlimmen Vorahnungen seien nichts als ein Zeichen von Hysterie. Es war tatsächlich etwas nicht in Ordnung gewesen, und Chris und ich hatten es gespürt. Wir hatten uns so gewünscht, das Kind zurückholen zu können. Wäre es möglich gewesen, wir hätten es auf der Stelle genommen und geheiratet. Das war das einzige, was wir uns wünschten. Als der Katholische Sozialdienst eine neue Familie für unser Kind suchen mußte, hätte man da nicht zuerst uns anrufen und fragen können, ob die Situation sich geändert habe, ob wir es uns vielleicht anders überlegt hätten? Wir waren wahrscheinlich überhaupt nicht in Betracht gezogen worden, als unser Kind ein neues Heim brauchte.

Wären sie so weit gegangen, ihn lieber in ein Waisenhaus zu geben, als uns wissen zu lassen, wo er war? Ich fragte mich, wie sie reagiert hätten, wenn wir angerufen und uns nach ihm erkundigt hätten? Hätten sie gelogen und uns weisgemacht, es ginge ihm gut, er sei glücklich? Wahrscheinlich.

Nachdem die Vermittlungsstelle ihn zurückgenommen hatte, kam er zunächst *wiederum* zu Pflegeeltern. Diese Leute gewannen ihn so lieb, daß sie ihn adoptieren wollten, aber das war mit den Vorschriften nicht vereinbar. Als man Rosemary und ihren Mann – nach dem Jack genannt war – benachrichtigte, daß ein Kind für sie da sei, ließ man ihnen nur einen Tag, sich darauf vorzubereiten. Mit einem acht Monate alten Kind hatten sie nie gerechnet. Die Nonnen hatten ihm das Haar ganz kurz geschnitten. Es sah aus, als wäre er niemals in der Sonne gewesen. Rosemary konnte es nicht erwarten, mit ihm an die frische Luft zu gehen. Ich war ihr noch jetzt dankbar.

Ich sah die Szene vor mir, während sie sie schilderte. Sie und ihr Mann setzten den Kleinen hinten in ihren VW-Käfer in einen Kindersitz. Rosemary begann, ihn zu füttern. Er wollte nicht hinunterschlucken. Er sah sie an, als würde er ihr das Essen gleich ins Gesicht spucken. Wer hätte es ihm verübeln können? Sie nahm es als gutes Zeichen, daß er noch so viel Eigensinn und Willensstärke besaß. Mit einem Blick, der sagte: »untersteh dich!« sah sie ihn an. Worauf er brav hinunterschluckte und fortan ein Musterbaby war. Natürlich – er hatte schon gelernt, wie man überlebt.

Zunächst lebte er mit ihnen in Camp Lejeune, North Carolina, ganz in der Nähe von Chris, der damals noch auf dem College war. Rosemary sagte, sie habe sich von mir in die Verantwortung genommen gefühlt, da ich ja gewiß darauf vertraut hätte, daß die Nonnen Eltern für ihn finden würden, die ihn liebten und für ihn sorgten, wie ich selbst es getan hätte.

»Gott wirkt durch die Menschen«, fuhr sie fort. »Und aus irgendeinem Grund wollte er, daß Jack zu mir kommt. Jack war ein Geschenk Gottes an mich. Sie und Chris waren seine Werkzeuge.« Ich sagte nichts. »John, mein Mann, ist in Vietnam gefallen, als Jack knapp zwei Jahre war. Gott muß gewußt haben, wie sehr ich Jack brauchen würde. Und wenn er als Neugeborenes zu uns gekommen wäre, hätte John in der kurzen Zeit, die wir noch alle zusammensein durften, die Beziehung zu ihm vielleicht so intensiv genießen können.«

Ich wollte mich anders hinsetzen, aber ich war zu schwach. Tränen liefen mir über das Gesicht, und mir war sehr kalt. Nach dem Tod ihres Mannes im Oktober 1967 war sie mit Jack nach New York gegangen, um in der Nähe ihrer Eltern zu sein, die in Queens lebten. Ich war im November 1968 nach New York gezogen.

Die Adoption war zum Zeitpunkt des Todes ihres Mannes noch nicht rechtsgültig gewesen. Rosemary hatte gefürchtet, ich könnte inzwischen geheiratet haben und würde das Kind zurückverlangen, wenn ich erfahren sollte, daß sie alleinstand.

»Hätten Sie das getan? Jack war damals oft das einzige, was mich am Leben erhielt. Ich hätte es nicht ertragen, wenn ich auch ihn noch verloren hätte.«

Ich wußte nicht, was ich darauf sagen sollte.

1971 heiratete sie wieder, und die Familie zog nach Kalifornien. Genau in dem Jahr waren auch Ron und ich nach Kalifornien gezogen. Sie hatten in der East Bay gewohnt, mit dem Auto fünfundvierzig Minunten von uns entfernt. Ron hatte gute Freunde, die in demselben Ort wohnten wie Rosemary und ihre Familie, und die wir häufig besucht hatten. Ja, Ron hatte damals sogar den Vorschlag gemacht, wir sollten dorthin ziehen.

Für kurze Zeit hatten sie, als Jack neun war, in Virginia gelebt. Ich erzählte ihr, daß Chris in Virginia Beach wohnte. Sie sagte, ihre Nachbarn in Virginia hätten ein Haus in Virginia Beach gehabt. Die Tochter dieser Nachbarn war während jener Zeit Jacks beste Freundin gewesen. Sie bat mich, Chris zu fragen, ob er ihre ehemaligen Nachbarn kenne. (Er kannte sie tatsächlich, und Jacks Freundin war auch mit Steven, Chris' und Emilys Sohn, gut befreundet gewesen.)

Dann waren sie zur East Bay zurückgekehrt. Als Rosemary neununddreißig wurde, stellte sie fest, daß sie schwanger war – zum ersten Mal. Jack war zehn, als ihr Sohn zur Welt kam. Anderthalb Jahre später wurde ein zweiter Sohn geboren.

Sie erzählte, daß Jack sie einmal, als er noch sehr klein war, aus heiterem Himmel gefragt habe: »Wer hat eigentlich mich auf die Welt gebracht?« Ich war ihr dankbar, daß sie den Mut hatte, mir das zu erzählen.

»Jack und ich verstanden uns oft ganz ohne Worte. Wir waren so aufeinander eingestimmt.«

Ich hätte es ihnen nicht anders gewünscht, trotzdem war ich in diesem Moment sehr eifersüchtig.

Vier Stunden lang sprachen wir miteinander. Sie sagte, sie hoffe, wir würden uns bald kennenlernen; sie habe das Gefühl, in mir eine gute Freundin zu haben und mir seit neunzehn Jahren verbunden zu sein. Genauso empfand ich. Gibt es denn zwischen Frauen, wenn sie den Mut haben, ihre Ängste zu überwinden, ein stärkeres Band als ein gemeinsames Kind? Ich versprach, Fotos zu schicken, und sie versprach, Fotos zu schicken. Ich bat sie, Jack nicht zu drängen, mich anzurufen, wenn ihm nicht danach war.

Es fiel mir sehr schwer, den Hörer aufzulegen und die Verbindung zu unterbrechen. Aber irgendwann mußte es sein. Mein Ohr schmerzte buchstäblich. Ich war wie im Schock. Ich fror erbärmlich. Ganz gleich, wie dick ich mich einpackte, mir wurde nicht warm.

Er hatte Liebe und Fürsorge empfangen. Das zu wissen, war eine ungeheure Erleichterung. Dennoch war es – obwohl es wundervoll war – sehr schmerzlich für mich, mir von einer Fremden über meinen Sohn berichten lassen zu müssen.

Ich hatte seine Kindheit nicht miterlebt. Er kannte nicht meine Berührung und nicht meinen Blick. Ich war ihm eine Fremde. Nie würde ich ihm das sein können, was seine Adoptivmutter ihm war. Aber er war gesund, und er hatte ein liebevolles Zuhause gehabt. Ich war ihr dankbar.

16

Ich suchte die Bilder aus, die ich Jack schicken wollte. Da ich jetzt wußte, daß er aus den ersten acht Monaten seines Lebens kein Foto von sich hatte, legte ich viele Babyfotos von Brett und Kip bei. Vielleicht hatte er als Säugling einem von ihnen ähnlich gesehen. Ich suchte Bilder von meinen Eltern und Geschwistern heraus; vielleicht hatte er Ähnlichkeit mit einem von ihnen. Meine Schwester Janice hatte mir ein Foto von Chris und mir vor meiner Schulabschlußfeier geschickt; auch das legte ich dazu, obwohl es mir ein wenig peinlich war, daß ich auf dem Bild aussah wie Alice im Wunderland. Zuletzt legte ich noch einige Babyfotos von mir selbst bei und Ansichten der verschiedenen Häuser, in denen wir gelebt hatten. Auf welche Bilder würde er reagieren?

Ich versuchte, mir vorzustellen, wie es für Jack sein mußte, endlich Menschen zu sehen, mit denen er verwandt war, denen er vielleicht ähnlich sah. Hatte er sich, wie Cathie, vielleicht immer nach etwas gesehnt, daß er nicht definieren konnte, von dem er aber wußte, daß er es brauchte? Hatte er den Verlust im Innersten seines Wesens gefühlt? Konnte noch so viel Liebe ein solches Verlustgefühl stillen?

Diese Fragen machten mir Angst. Ich fürchtete die Antworten. Ich wollte nicht, daß er gelitten hatte. Aber ich wollte mich auch nicht mit schönen Bildern täuschen, denn dann würde ich ihm nicht helfen können, sollte er meine Hilfe brauchen.

Cathie, die ihre Adoptiveltern geliebt hatte, hatte

sich dennoch nie richtig zur Familie gehörig gefühlt. Ihr Körper hatte ihr Diskrepanzen gemeldet: andere Gerüche, andere Beschaffenheit des Haars, eine andere Art der Berührung. Sie hatte sich von der Natur getrennt gefühlt. Aber vielleicht empfanden das Frauen stärker als Männer.

Ich kannte eine adoptierte Frau, die in ihrer Doktorarbeit ›Borderline‹-Persönlichkeiten, die adoptiert waren, mit solchen verglichen hatte, die in ihren Ursprungsfamilien aufgewachsen waren. Ganz grob gesagt versteht man unter ›Borderline‹-Persönlichkeiten Menschen, die zwei Persönlichkeiten haben, eine, die sie anderen zeigen, und eine, die auf inneren Phantasien beruht. Offenbar werden Adoptierte häufig als ›Borderline‹-Fälle diagnostiziert, eine Fehldiagnose, da ihr sogenanntes phantasiertes Selbst in der Tat der Wahrheit ihrer echten Identität sehr nahe kommt. Für adoptierte Kinder war es oft günstiger, wenn zwischen ihnen und den Eltern, die sie angenommen hatten, große äußerliche Unterschiede bestanden. Bei großer äußerlicher Ähnlichkeit, wenn jedermann vorgeben konnte, das Kind stamme tatsächlich aus der Adoptivfamilie, blieb dem Kind kein Raum, der Mensch zu sein, als der er sich fühlte. Daraus entsprangen Gefühle starker seelischer Isolation, die echte Nähe sehr schwierig machten.

Nach allem, was ich von Rosemary gehört hatte, war Jack hier nicht so stark betroffen wie manche andere.

Ich schickte mein Päckchen an Sylvester ab, legte einen Brief von Chris und einen von mir bei und dazu das Buch *The Adoption Triangle: The Effects of the Sealed Record on Adoptees, Birth Parents and Adoptive Parents* (Das Adoptions-Dreieck: Was die amtliche Geheimhaltung bei Adoptierten, leiblichen Eltern und Adoptiveltern bewirkt) von Dr. Arthur D. Sorosky, Reuben Pannor und Annette Baran. Ich hoffte, das Buch würde ihnen so hilfreich sein, wie es mir gewesen war. Wir befanden uns zu diesem Zeitpunkt alle in einer prekären Situation. Ich sagte mir immer wieder vor, daß ich warten könne, daß ich die Belastung aushalten würde.

Es gab Freunde, die für meine Gefühle wenig Verständnis zeigten. Jemand erklärte mir, ich hätte den egoistischen Wunsch, das Leben meines Sohns zu zerstören. Ich bekam sogar einen anonymen Brief, in dem ich heftig dafür angegriffen wurde, daß ich versuchte, mit meinem Sohn Kontakt aufzunehmen. Seine Adoptiveltern hätten ihn großgezogen, hieß es darin, und sie brauche er, nicht mich. Ich sei nichts weiter als ein Störenfried. Ich habe schließlich die Papiere unterschrieben. Ich solle also gefälligst auch die Verantwortung für meine Entscheidung übernehmen.

Es hätte mich interessiert, wer sich durch mein Tun so bedroht fühlte, daß er mir einen solchen Brief schreiben mußte. Meiner Meinung nach konnte meine verzweifelte Suche nach ihrem Halbbruder Brett und Kip nur zeigen, wie sehr ich sie wirklich liebte. Wenn einer von ihnen Jack gewesen wäre, hätte ich nicht anders gehandelt.

Am 2. Januar fuhr ich mit Brett und Kip zum Skilaufen. Bei unserer Rückkehr am 5. hoffte ich auf einen Brief und Fotos. Es war nichts da. Jedes Mal, wenn das Telefon läutete, durchzuckte es mich wie ein elektrischer Schlag. Aber nie war Jack am Apparat. Das Warten trieb mich die Wände hoch. Ich fühlte mich wieder wie damals im Heim: Ich war die Bedürftige; ich hatte kein Recht, irgend etwas zu verlangen; sie hatte die ganze Macht; ich war ihnen ausgeliefert. Das Warten erinnerte mich daran, wie verwundbar ich mich fühlen konnte.

Wahrscheinlich waren sie einfach so beschäftigt mit den alltäglichen Dingen ihres Lebens, daß sie vergessen hatten, das Päckchen mit den Fotos zu schicken. Ich suchte nach Erklärungen, aber die Angst wurde immer stärker. Am 9. würde Jack neunzehn werden.

Am 8. Januar war eine PACER-Versammlung, und ich ging hin. Das kalte Licht der Neonröhren blitzte auf Aluminium und Stahl. Ein einladender Raum war das nicht, doch es war der einzige Ort, an dem wir zusammenkommen konnten. Ich brauchte dringend die Hilfe der Gruppe.

Ich schilderte das gute Gespräch, das ich mit Rosemary geführt hatte; wie erleichtert und zuversichtlich ich danach gewesen war; wie elend mir jetzt war, da ich weder von ihr noch von Jack gehört hatte. Sie mußten mein Päckchen vor mindestens vier Tagen erhalten haben, aber es war keine Reaktion erfolgt. Und sie hatten sich bis heute nicht bei Soundex eingeschrieben. Offensichtlich standen sie mir mit großer Ambivalenz gegenüber, wenn diese vielleicht auch völlig unbewußt war. Ich erzählte der Gruppe, wie sehr ich mir wünschte, Jack an seinem Geburtstag anzurufen, daß ich aber den Eindruck hatte, sie wollten im Moment lieber nichts von mir wissen. Vielleicht wollten sie ja überhaupt nichts von mir wissen. Was, fragte ich, sollte ich tun.

Die Antwort kam laut und klar: »Ruf ihn an!« Ich schloß einen Moment die Augen. Als ich sie wieder öffnete, traf mein Blick auf Greg, der seit zwei Jahren nach seiner Mutter suchte. Er sah mir direkt in die Augen und sagte: »Ruf ihn an.«

(Als Greg endlich drei Jahre später die Spur seiner Mutter fand, erfuhr er, daß sie etwa um diese Zeit gestorben war. Er hatte nie die Gelegenheit bekommen, sie kennenzulernen.)

Ich wollte abends anrufen, da Jack am Abend geboren war und ihnen so der ganze Tag blieb, sich bei mir zu melden, falls sie damit bis zu seinem Geburtstag hatten warten wollen. Ich wollte um 18 Uhr 51 anrufen – unter Berücksichtigung der drei Stunden Zeitverschiebung an der Westküste. Nein, jetzt konnten sie vielleicht gerade beim Abendessen sitzen. Ich wartete und wartete. Schließlich mußte ich anrufen.

Rosemary meldete sich. Ihre Stimme klang kühl, so als hätte sie am liebsten gleich wieder aufgelegt. Ich fragte, ob etwas nicht in Ordnung sei.

Freunde hatten ihr gesagt, es sei dumm von ihr gewesen, mir gegenüber so offen und entgegenkommend zu sein. Sie waren der Meinung, ich hätte kein Recht darauf, mich in ihr Leben zu drängen. Diese Reaktion war typisch, kam weit häufiger vor als bereitwilliges Entgegenkommen. Ich hatte im vergangenen Jahr so oft davon gehört, so viele getröstet, denen das passiert war. Ich hätte vorbereitet sein müssen. Aber jetzt, wo ich diese Antwort bekam, fühlte ich mich unrein und verstoßen.

Ich sagte Rosemary, diese Reaktion sei keine Seltenheit, aber ich hätte ganz deutlich das Gefühl, daß sie in Wirklichkeit gar nicht auf den Rat dieser Leute hören wolle. Ich fragte sie, wie sie die Fotos gefunden hätte.

Sie hatten sich sehr darüber gefreut und sie mit großer Neugier angesehen. Aber sie hatten ihre noch nicht abgeschickt.

Als mein Päckchen angekommen war, erzählte Rosemary, hätte sie es am liebsten gleich geöffnet, aber sie hatte natürlich gewartet, bis Jack nach Hause kam. Er sei drei Stunden um das Päckchen herumgeschlichen, ehe er sich endlich ein Herz gefaßt und es geöffnet habe. Seine erste Reaktion war ziemlich negativ gewesen. Er sagte, er fände nicht, daß er irgend jemandem auf den Fotos ähnlich sei. Aber immerhin hatte er mit Vergnügen festgestellt, daß er zu seiner Abschlußfeier den gleichen Smoking getragen hatte wie Chris damals, als er mich zu meiner begleitete. Nach einer Weile war er nach oben gelaufen und hatte ein Schwarz-Weiß-Foto geholt, das ihn mit etwa zehn Monaten zeigte, um es mit einem Foto von mir im Alter von sechs Monaten zu vergleichen. Langsam begann er, Ähnlichkeiten zu entdecken.

Rosemary erzählte, auf einem Foto von mir habe sie mein Haar abgedeckt, und Jacks Gesicht habe sie angeblickt. Es hatte sie sehr erstaunt. Sie hatte immer auch eine starke Ähnlichkeit zwischen sich und Jack gesehen, und einige seiner Vettern sähen genau aus wie Jack, sagte sie.

Wir sprachen zwei Stunden miteinander. Gerade als wir Schluß machen wollten, sagte Rosemary: »Ah, jetzt kommt Jack.«

»Ach Gott«, sagte ich. »Soll ich auflegen, damit er sich erst einmal überlegen kann, ob er überhaupt mit mir sprechen will?«

Aber da war er schon am Telefon. »Hallo!«

Ich wollte »Hallo« sagen, aber ich brachte keinen Ton heraus. Ich war wie betäubt. Wie peinlich! Es kam mir wie eine Ewigkeit vor. Dann spürte ich wieder den Holzfußboden der Küche unter meinen Füßen. »Hallo«, sagte ich und wünschte, ich könnte ihm erklären, warum ich noch einmal einen Moment der Stille brauchte. In der Stille hatte ich ihn immer geliebt. In der Stille war er stets bei mir gewesen. Anders kannte ich ihn nicht. Der einzige Laut, den ich je von ihm gehört hatte, war sein erster Schrei gewesen.

Er sagte: »Ich hab gleich gewußt, daß du es bist, als ich zur Tür reinkam und Mutter am Telefon sah.«

»Wolltest du denn mit mir sprechen? Ich wollte dich nicht in die Enge treiben.«

»Natürlich wollte ich mit dir sprechen.«

Er war nicht böse auf mich. Ich konnte es kaum fassen. Er schien mir verziehen zu haben. Verdiente ich das?

»Deine Stimme klingt genau wie die von Chris«, sagte ich. »Nur der Südstaatenakzent fehlt.«

Alles, was mir zu sagen einfiel, erschien lächerlich

im Vergleich zur Bedeutung dieses Augenblicks. Aber ich wollte ihn nicht überwältigen mit meinen Gefühlen. Ich fragte ihn nach seiner Reaktion auf die Fotos. Er fand es toll, noch zwei Brüder zu haben. »Ich habe ihnen einen Brief geschrieben«, sagte er. »Ich hoffe, es macht ihnen nichts aus, daß ich nicht John Elway bin.«

Er erzählte mir vom Wasserpolo und fragte, von wem er seine Plattfüße geerbt hatte. Ich mußte beinahe lachen. Von meinem Bruder Bob, sagte ich. Kip hatte sie auch von ihm mitbekommen. Aber er solle sich nicht beschweren, sagte ich. Sie seien ihm beim Wasserpolo sicher sehr nützlich gewesen. Dann berichtete er mir von seiner Chinareise und sagte, er sei froh, aus den Familienfotos sehen zu können, daß wenig Gefahr bestünde, daß er einmal eine Glatze bekommen würde.

Ich fragte ihn, aus welchem Grund er den Namen Ryan beibehalten habe. Dafür habe er sich erst entschieden, als er seinen Führerschein beantragte, antwortete er. Bis dahin hatte er den Namen seines Stiefvaters benutzt. Ich war heilfroh über seine Entscheidung. Wenn er einen anderen Namen angenommen hätte, hätte ich ihn vielleicht nie gefunden.

Wir sprachen eine halbe Stunde miteinander. Es war nach Mitternacht, und ich war schon von dem langen Gespräch mit Rosemary erschöpft.

Ich mußte weg vom Telefon, um hinauslaufen und meine Freude in den Himmel schreien zu können. Ich konnte sie nicht länger für mich behalten. Ich hatte seine Stimme gehört, ich hatte endlich mit meinem Sohn gesprochen.

So vieles gab es zu sagen, daß ich nicht gewußt hatte, wo anfangen. Er versprach mir, die Fotos am nächsten Tag abzuschicken. Ich ließ ihn schwören. Das Warten sei grauenhaft, sagte ich, und er sagte, das könne er verstehen.

Nachher ging ich hinaus. Es war eiskalt. Die Sterne waren klar und unglaublich nah. Ich war froh, daß es kalt war. Ich brauchte das jetzt, um mir klarzuwerden, was in mir vorging. Menschen sind nicht dazu geschaffen, so viel Freude auszuhalten. Mein Körper stand förmlich in Flammen.

Der Überschwang hielt den ganzen folgenden Tag an. Keine Musik schien mir laut genug, der Ozean nicht groß genug, um meinen Emotionen ein Gegengewicht zu sein. Ich mußte mich praktisch an einen Baum fesseln, um nicht in den Wagen zu springen und nach Los Angeles zu ihm zu fahren, und Brett und Kip wären gleich mitgefahren.

Ich freute mich so, ihnen zu sagen, wie wunderbar er klang und daß er ihnen einen Brief geschrieben hatte. All dies war ein Risiko für jeden von uns, aber schließlich waren wir anderen Beteiligten alle älter. Brett und Kip waren so jung und so verletzlich. Ich hoffte, alles würde sich gut für sie entwickeln, schon allein wegen ihrer weit offenen Herzen – und auch wegen meines eigenen.

Ich machte mir klar, daß ich zwei Tage Frieden hatte, bevor ich anfangen konnte, auf Post zu warten. Ich rief meine Familie und meine Freunde an und erzählte. Chris versprach ich, die Fotos kopieren zu lassen, sobald ich sie erhalten hatte. Ich sagte ihm, daß

Jack sich meiner Meinung nach über seinen Anruf freuen würde.

Am dritten Tag begann wieder das Warten. Es kam keine Post von Jack und seiner Mutter. Ängste und Zweifel meldeten sich von neuem. Hatte ich ihnen nicht genug Zeit gelassen? Hatte ich zuviel geredet oder sie oder Jack beunruhigt, ohne es zu wissen? Neun Tage nach dem Gespräch mit Jack waren die Fotos immer noch nicht da.

Am zehnten Tag kam ich erst gegen Abend nach Hause. An der Haustür hing ein Zettel vom Briefträger. Auf dem Postamt läge eine Sendung für mich. Kip war zu Hause gewesen, als der Postbote dagewesen war, aber er hatte die Türglocke nicht gehört. So ruhig, wie ich konnte, fragte ich, wieso er das Läuten nicht gehört habe. »Ach, wahrscheinlich ist es sowieso nur meine Bowlingkugel«, sagte er.

Ich starrte ihn ungläubig an. »Du erwartest eine Bowlingkugel mit der Post?«

»Ja. Dad hat mir zu Weihnachten eine bestellt.«

Mir tat der Postbeamte jetzt schon leid, wenn er mir statt der Fotos eine Bowlingkugel überreichen sollte.

Mit den schlimmsten Erwartungen fuhr ich am nächsten Morgen in aller Frühe auf die Post. Als ich ankam, sperrten sie gerade auf. Ich reichte dem Beamten meinen Zettel und wartete mit angehaltenem Atem. Es war nicht die Bowlingkugel. Das Päckchen an die Brust gedrückt wie ein neugeborenes Kind, rannte ich zum Wagen hinaus und setzte mich ans Steuer. Ich versuchte, mich zu zwingen zu warten, bis ich zu Hause war. Unmöglich.

Das war die Handschrift meines Sohns auf dem Umschlag. Ich stellte mir den kleinen Jungen vor, wie er schreiben gelernt hatte, mit einer Kreide in der Hand mühsam Buchstaben um Buchstaben gemalt hatte. Jetzt hatte er eine flüssige, ausgereifte Handschrift, klar und leicht zu lesen. Das erste Mal, daß er meinen Namen geschrieben hatte. Was hatte er dabei empfunden?

Das erste Foto zeigte ihn bei seiner Abschlußfeier nach der Schule. Er hatte viel Ähnlichkeit mit mir und sah genauso aus, wie ich ihn mir vorgestellt hatte: die Figur, das Lächeln, der Ausdruck seiner Augen. Er erschien mir so vertraut. Er hatte Chris' Stirn. Er war ein gutaussehender junger Mann.

Sie hatten mir Stapel von Bildern geschickt, völlig ungeordnet, hier war er ungefähr zehn, dort ein Jahr, dann sechzehn. Ein Jammer, daß Säuglingsbilder fehlten! Dann stieß ich auf ein Foto, auf dem Jack ungefähr sechs Jahre alt sein mußte, und mir verschlug es den Atem. Das war Kip, der mich da ansah.

Jacks Figur, seine Art zu stehen, die Haltung des Kopfs erinnerten mich stark an Brett. Aber ich konnte auch verstehen, warum die Leute, wie Rosemary mir erzählt hatte, nie glauben wollten, daß Jack adoptiert war. Es waren Bilder in dem Stapel, auf denen er durchaus Rosemary glich. Es waren auch ein paar Fotos da, die Jack als kleinen Jungen mit ihrem ersten Mann zeigten. Jack war nach ihm benannt worden. Man konnte sehen, wie sehr er Jack geliebt hatte.

Ich las den Brief, den Jack mir geschrieben hatte. Er war lieb und persönlich, genau wie der an Brett und

Kip. Er schien sich zu freuen, daß er aus einer guten Familie stammte. Er habe sich manchmal darüber Gedanken gemacht, schrieb er, wer wir wohl wären. Und er schrieb, er liebe seine Familie und sei froh und glücklich, so eine Mutter zu haben. Es sei merkwürdig, daß wir so nahe beieinander waren, als sie das Haus in der East Bay hatten. Eines der Fotos, das er uns geschickt hatte, war am vierten Juli in Sausalito aufgenommen, mit dem Auto keine zehn Minuten von unserem Haus entfernt. Meine Mutter hatte Brett, Kip und mich an genau demselben Tag fotografiert, als sie zu Besuch da war. Zehn Minuten ...

Eins der Bilder, die ich geschickt hatte, war von mir mit zwei guten Freundinnen, Marybeth und Lynne, in der Vic-Braden-Tennisanlage, neun oder zehn Minuten von seinem Zuhause. Die Zufälle waren schon fast unheimlich. Die Realität brach in meine Freude ein. Das war mein Sohn, hier sah ich sein ganzes Leben in Bildern vor mir ausgebreitet. Da stand er mit Menschen zusammen, die mir völlig fremd waren, sicherlich nette Menschen, aber Fremde eben. Mein Sohn war mir so vertraut, und dennoch kannten wir uns nicht. Ich sehnte mich danach, das kleine Kind in den Arm zu nehmen. Aber er war ein erwachsener Mann.

Brett und Kip hätten Umarmungen von ihrer Mutter verlegen abgewehrt. Jack hätte es wahrscheinlich mit der Angst zu tun bekommen, wenn er gewußt hätte, wie sehr mich danach verlangte, ihn zu berühren. Ich war selbst erschrocken über dieses starke Bedürfnis nach körperlicher Nähe. Mein Körper hatte noch immer das Bedürfnis, das Kind zu halten, das er damals nicht ernähren durfte. Es war eine instinktmäßige Reaktion. Mein Geist konnte meinen Körper nicht trösten. Ich sehnte mich aus ganzem Herzen danach, ihn festzuhalten.

Nach dem Journalismusseminar ging ich zu meinem Wagen zurück. Gerade als ich einsteigen wollte, entdeckte ich Brett und seinen Freund Mark, die auf dem Heimweg von der Schule auf ihren Fahrrädern über den Campus sausten. Ich rief und winkte.

»Brett, ich habe Fotos, schau!« Ich zeigte ihm vor allem die jüngsten Aufnahmen, da ich wußte, daß Kinderbilder ihn langweilen würden. Er fand die Fotos höchst aufregend. Eines, das Jack mit einem sehr hübschen Mädchen bei seiner Abschlußfeier zeigte, wollte er gleich an sich nehmen. Ob er es seinen Freunden zeigen dürfe, damit sie sehen könnten, wie sein Bruder aussehe, fragte er. Natürlich, sagte ich.

Im Rückspiegel sah ich Brett und Mark nach, die zur Schule zurückradelten. Als sie aus meinem Blickfeld verschwunden waren, ließ ich den Motor an. Goldenes Sonnenlicht blitzte zwischen den tiefgrünen Säulen der Zypressen. Ihr Duft wehte zu mir herüber. Ich öffnete das Schiebedach und sah zum Mount Tamalpais hinauf. Nur der Gipfel, oberhalb der Baumgrenze, war sichtbar. Wie eine uralte Muttergottheit thronte der Berg über unserem Land, tröstend in seiner Anwesenheit wie ein freundlicher Klaps auf den Kopf, der sagte: »Geduld. Uns gehört die Ewigkeit.« Meist spürte ich diese Botschaft nur unbewußt. Jetzt stieg sie hinauf in mein Herz.

Mein Leben hatte wieder Sinn. Ich hätte nicht sagen können, wann ich mich zum letzten Mal so lebendig gefühlt hatte. Ich atmete die wunderbare Luft und sah zum hundersten Mal die Bilder durch. Ich fühlte mich beinahe heil.

17

Monate vergingen. Es kam keine Einladung zu einem Zusammentreffen mit meinem Sohn. Ich war meiner eigenen Besessenheit, des ständigen Auf-der-Lauer-Liegens müde. Das vergangene Jahr war voller Spannung gewesen. Ich wollte mein Leben zurückhaben. Ich wollte so normal sein wie alle anderen, sagen können, »ich habe drei Söhne«, ohne dabei ein schlechtes Gewissen zu haben.

Die Taoisten verstehen unter dem Begriff der Gnade etwas anderes als wir. Das Tao ist der kosmische Strom und wird meist mit dem Wasser verglichen, das alle leeren Räume füllt, die Stellen des geringsten Widerstands findet und Hindernisse umspült, um sie langsam abzutragen, das eine Weile steht, um Tiefen zu füllen, und dann weiterfließt. Ich konnte dem Fluß meines Lebens nur folgen, indem ich meinen Sohn in Stille liebte, meine Liebe still alle Hindernisse umspülen ließ. Es erschien mir eine mächtige Art zu lieben. Die Quelle war in meinem Inneren, und niemand konnte mir diese Liebe nehmen, die ich für mich behielt.

Ich brauchte Zeit, um die großen Umbrüche zu integrieren, die sich in mir abspielten, die mich und meine Beziehungen veränderten. Ich erkannte die Angst, die mich so lange besessen hatte, weil ich nichts über das Befinden meines Kindes gewußt hatte. Ich erkannte den ganzen Umfang ihrer Macht erst, als sie plötzlich verschwunden war. Vielleicht konnte nun, da ich wußte, daß Jack gut und sicher aufgehoben war, jener Teil von mir, der bei ihm geblieben war, zu mir zurückkehren. Es bestand keine Notwendigkeit mehr, mich von meinen Gefühlen abzuspalten. Und auch die Erinnerung kehrte zurück. Ganze Teile meines Lebens wurden plötzlich wieder lebendig.

Ich konnte mich wieder ganz auf Beziehungen zu anderen einlassen; ich brauchte mich nicht mehr so ängstlich zu schützen. Das Gefühl, allzu anders zu sein, das wahre Nähe verhindert hatte, begann zu verblassen. Ich war wieder mit mir im Einklang, wußte, daß ich ein Mensch wie jeder andere war.

Ich konnte die Möbel ohne innere Panik umstellen. Ich konnte sogar manches hinauswerfen, wenn ich die Schränke aufräumte. Ich hatte in all den Jahren nicht ein einziges Stück weggeworfen. Ich hatte zwar Jack nicht, aber ich hatte noch das Umstandskleid aus braunem Cord, das ich im Seton House getragen hatte. Ich hatte auch den Skipullover mit dem Strickfehler aufgehoben und den Morgenrock, den meine Eltern mir damals zu Weihnachten geschenkt hatten. Er war total zerschlissen, aber ich brachte es nicht fertig, ihn wegzuwerfen. Ich hatte alle Babysachen von Brett und Kip aufgehoben, selbst die, die voller Flecken waren und die man keinem Kind mehr anziehen konnte. Immer wenn ich irgend etwas wegwerfen mußte, packte mich eine irrationale Angst. Weil ich gezwungen worden war, das zu tun, was für eine bewußte, liebevolle Frau das Unmöglichste auf der Welt war, klammerte ich mich als Kompensation an Sachen.

Brett und Kip verbrachten das Osterwochenende mit Ron. Vier Tage. Für mich eine lange Zeit des Alleinseins. Ich wußte nicht, was ich mit mir anfangen sollte. Am ersten Tag, beim Einkaufen für die Jungen, ging ich in eine kleine Buchhandlung und kaufte zwei Bücher über Wiedergeburt.

Mein altes Interesse an dem Thema entzündete sich von neuem. Die Gedanken, die in den Büchern entwickelt wurden, führten mich weit hinaus über alles, was ich mir je vorgestellt hatte, zu Wahrheiten, von denen ich das Gefühl hatte, sie immer gekannt zu haben. Nach der Lektüre machte ich einen langen Spaziergang. Ich mußte auf die Erde zurückfinden, ehe die Jungen nach Hause kamen. Lange Spaziergänge beruhigten.

Als ich wieder zu Hause war, versteckte ich die Ostereier, dann ging ich in mein Zimmer hinauf und suchte die Bandaufnahme meiner Sitzung mit dem Hellseher heraus. Ich schob die Kassette ins Kassettendeck, machte es mir gemütlich und hörte zu.

»Ich empfange das Wort ›Süden‹. Lebt er südlich von hier?«

Ich hörte mich sagen, er sei im Süden geboren. Aber

Jack war damals tatsächlich schon südlich von *hier* gewesen. Der Hellseher hatte auch mit seiner Aussage recht gehabt, daß die Adoptiveltern keine konservativen Südstaatler seien und ihn in Freiheit und Offenheit erzogen hatten. Und er hatte recht gehabt, als er gesagt hatte, die Schule beschäftige ihn sehr. Zu jener Zeit hatte Jack sich um ein Stipendium an der Universität of South Carolina beworben. Ich hörte meinen Ausruf der Überraschung auf seine Bemerkung, nicht Chris, der an der Ostküste lebte, sondern ich würde unserem Sohn zuerst begegnen.

Ich hörte John sagen: »Ich kann nicht glauben, was ich da sehe. Es sieht aus wie die Gegend um Fresno und Bakersfield. Von daher kommt eine starke Zugkraft. Vielleicht ein paar kurze Reisen. Auch zu den Küstengegenden von Los Angeles zieht es Sie, Long Beach, Redondo Beach. Und unmittelbar nördlich von San Diego sehe ich einen großen goldenen Stern. Wenn Sie dorthin fahren, werden Sie mit einem bestimmten Menschen zusammensein oder wegen eines bestimmten Menschen dorthin fahren. Eine gute Beziehung, aber keine Ehe oder Liebesbeziehung. Das scheint mir etwas zu sein, das sich ganz allmählich, über längere Zeit hinweg entwickelt.«

Ich schaltete den Apparat aus. Es überlief mich kalt. Sechs Monate bevor ich herausbekommen hatte, wo Jack lebte, zwei Monate bevor ich seinen Namen erfuhr, hatte diese Sitzung stattgefunden.

Der jugoslawische Maler in Paris hatte meinen Sohn ›gesehen‹. Der Handleser hatte ›gesehen‹, welch eine Verletzung es für mich gewesen war, ihn aufgeben zu müssen. Ich erinnerte mich, wie ich gezittert hatte, als ich an Charlotte vorbeigefahren war. Chris und ich hatten tatsächlich gespürt, daß es unserem Sohn damals nicht gut ging. Es war keine Hysterie gewesen.

Ich kannte unter den Frauen, die sich gleich nach der Geburt von ihren Kindern trennen mußten, viele, die ausgeprägte telepathische Fähigkeiten besaßen. Bei unseren Gruppengesprächen ließen sich viele Dinge, die sonst unerklärlich gewesen wären, nur damit erklären.

Manchmal hatte ich in meinen Gesprächen mit Jack den Eindruck, daß wir auf telepathischem Weg, über unsere Einfühlung besser miteinander kommunizieren konnten. Bei unserem längsten Telefongespräch bisher sprachen Jack und ich darüber, wie es für ihn gewesen war, immer wieder umziehen zu müssen. Er erzählte mir, das schlimmste Jahr seines Lebens sei das erste Jahr nach dem Umzug nach Mission Viejo gewesen. Er hatte sich unglaublich allein gefühlt. Es war das Jahr, in dem Ron und ich uns getrennt hatten, dasselbe Jahr, in dem meine Mutter und Chris das Gefühl gehabt hatten, nach ihm suchen zu müssen.

Immer schien ich diejenige zu sein, die anrief, und ich hatte Angst, ihnen lästig zu fallen. Häufig kam Rosemary an den Apparat. Wir konnten offen und ohne Hemmungen miteinander sprechen. Sie war eine großzügige, selbstsichere und mitfühlende Frau. Aber ich fürchtete, wir ließen Jack an diesem Prozeß des Näherkommens nicht hinreichend teilhaben.

Sie schrieb mir einen sehr schönen Brief, in dem sie

mir dafür dankte, daß ich nach ihm gesucht hatte. Ein Kind, dessen Mutter nicht nach ihm suche, erklärte sie, sei zu bedauern. Sie meinte, in mancher Hinsicht sei es besser, die Mutter suche und nicht das Kind, weil das ein Beweis ihrer Liebe zu diesem Kind sei, das sie weggegeben habe. Es sei wichtig für das Kind zu erfahren, daß seine Mutter es nie vergessen hatte.

Damit hatte sie zweifellos recht; als ich Jack fragte, ob ich ihm zu aufdringlich sei, antwortete er, es sei im Moment sehr wichtig für ihn, daß immer ich die Verbindung wieder aufnähme. Er müsse erst sicher sein, daß ich ihn nicht wieder verlassen würde, ehe er sich emotional einlassen und selbst die Initiative ergreifen könne.

Diese Bemerkung machte mir die wilden Aktionen verständlich, von denen ich in einigen Fällen von Zusammenführungen gehört hatte. Da war es vorgekommen, daß die Kinder ihre leiblichen Eltern bestahlen oder ihnen unmögliche Forderungen stellten, andere wieder waren so wutgeladen, daß man vor ihnen Angst haben mußte. Vielleicht mußten sie die Stärke des Bandes prüfen oder schlicht und einfach ihrer Wut darüber Ausdruck verleihen, verlassen worden zu sein. Die Intensität ihres Schmerzes schien auf eine verdrehte Art die Tiefe des Verlusts und damit die Macht der Bindung zu bestätigen.

Chris wollte sich Jack auf keinen Fall aufdrängen, aber ich ermunterte beide immer wieder, miteinander Kontakt aufzunehmen. In ihrer Fähigkeit zur Geduld waren sie sich offensichtlich sehr ähnlich. Erst nach fünf

Monaten rief Jack Chris an. Sie sprachen drei Stunden miteinander.

Es wurde Mitte Mai, und wir hatten noch immer keine Pläne gemacht, uns zu treffen, dabei konnte ich es kaum noch erwarten, Jack endlich zu sehen. Dann meldeten sich Brett und Kip für ein Football-Trainingslager Ende Juni in Los Angeles an. Das war die ideale Gelegenheit. Ich wollte sowieso unbedingt vermeiden, daß die Jungen sich ausgeschlossen fühlten. So konnten wir uns alle zusammen mit Jack treffen. Ich rief Jack und Rosemary an, um sie von unseren Plänen zu unterrichten, und wir vereinbarten, Ende Juni zusammenzukommen. Ich buchte in einem teuren Hotel direkt am Strand und nahm ein Zimmer mit Meerblick. Wir hatten alle einen Monat Zeit, uns innerlich vorzubereiten.

Am Donnerstag, dem 20. Juni, einen Tag nach meinem neununddreißigsten Geburtstag, fuhren wir los. Ich hatte beschlossen, die Küstenstraße zu fahren; das war zwar ein Riesenumweg, aber ich wollte den Kindern auf der Fahrt etwas von Kalifornien zeigen. Sie sollte für uns alle ein Ereignis werden, und vor allem sollten wir Spaß dabei haben. Brett sabotierte meine Pläne schon auf den ersten Kilometern. Er baute sich auf dem Rücksitz mit Decken und Kissen ein Zelt, setzte seinen Walkman auf und war nicht mehr zu sprechen.

Zuerst kam der sogenannte *Seventeen-Mile-Drive*, eine Fahrt durch herrliche Landschaft, mit Blick auf ebenso herrliches Panorama. Den Kindern wurde schlecht. Das stand nicht in meinem Skript. Dann schleppte ich sie gegen ihren Willen auf einen Rundgang durch das idyllische Carmel mit. Sie rasten durch die Mission, ohne irgend etwas zu sehen, und behaupteten, es sei schaurig. Draußen bat ich sie, sich an einem kleinen Fischteich niederzusetzen, weil ich ein paar Fotos machen wollte. Brett brach von einem Busch in der Nähe einen Ast ab und posierte als Angler. Dann tobten sie herum wie die Wilden und störten die friedliche Ruhe auf dem Missionsgelände. Beschämt ließ ich die mißbilligenden Blicke der Touristen über mich ergehen. Wir hatten die Fahrt kaum begonnen, und ich war mit meinen Nerven schon fast am Ende.

Aber ich war entschlossen, diesen Ausflug zu einem denkwürdigen Ereignis zu machen. Nächste Station: Mittagessen bei Nepenthes in Big Sur, hoch oben auf dem Felsen mit Blick auf den Ozean. Die Aussicht war atemberaubend. Ihnen wäre McDonald's lieber gewesen. Überhaupt wären sie am liebsten nach Los Angeles geflogen. Ich konnte nur hoffen, daß meine beiden Jungen wenigstens unbewußt etwas von der Schönheit der Landschaft mitbekamen. Wir hatten noch mindestens neun Stunden Fahrt vor uns.

Die Straße war schmal, tief in die Küstenberge eingeschnitten und führte teilweise in windiger Höhe an Steilhängen entlang. Brett kroch nur aus seinem Zelt heraus, wenn ich ihn extra auf eine besonders spektakuläre Aussicht hinwies. Kip saß friedlich neben mir auf dem Vordersitz und war mir wenigstens eine kleine Stütze. Meine Hände waren feucht vom Schweiß. Mehrmals glitten sie vom Lenkrad ab. Erinnerungen überfielen mich – wie die Sanitäter mich in den hell erleuchteten Raum der Notaufnahme schoben; die schreiende Frau, die neben mir im Kreißsaal gelegen hatte; Jacks ungestüme Bewegungen in meinem Bauch, als ich ihm in der Kapelle des Seton House beim Schmücken des Altars einen Klaps gegeben hatte. Die Bilder brachen über mich herein, ohne daß ich mich gegen sie wehren konnte.

»Erstickst du schon, Brett?« fragte ich, und als ich mich umdrehte, sah ich nicht sein Zelt, sondern den Vorhang am Fenster der Säuglingsstation, der zufiel und Jacks dunkles Köpfchen meinen Blicken entzog. Im Knirschen der Autoreifen auf dem Kies hörte ich das Geräusch der kleinen Kinderbetten, die durch den Krankenhauskorridor geschoben wurden. Ich erinnerte mich beglückt seiner Augen, jenes ersten tiefen Blicks. Dann hielt ich ihn in den Armen und sagte ihm Lebewohl, ging mit Mrs. Hogan aus dem Krankenhaus hinaus in die Kälte, während mein Kind allein zurückblieb, und das alte Kleid, das ich vor der Schwangerschaft getragen hatte, konnte mich nicht in die zurückverwandeln, die ich vorher gewesen war.

Auf der Fahrt landeinwärts, in Richtung San Simeon, fühlte ich mich langsam besser. Die zerklüftete Küstenlinie blieb zurück. Brett kam aus seinem Zelt hervor. Die Spätnachmittagssonne war sanft und mild, und die Straße führte schnurgerade über sanft gewellte Hügel. Bei Sonnenuntergang erreichten wir San Simeon. Ich schlug den Jungen vor, am nächsten Tag das berühmte Hearst-Schloß zu besichtigen. Sie erhoben sofort Protest. »Wir wollen endlich an den Strand und

Jack kennenlernen«, erklärten sie einstimmig. »Dieses Schloß interessiert uns überhaupt nicht.«

»Ihr meint, wir sollten heute abend noch ein Stück fahren, damit wir näher an L.A. herankommen?«

Genau das wollten sie.

Wir fuhren zu dem Motel in San Simeon, ließen auf ein anderes Motel weiter südlich umbuchen und fuhren weiter, zum erstenmal, seit ich die Reise geplant hatte, mit leichtem Herzen.

Am folgenden Morgen brachen wir in aller Frühe auf. Wir genossen die Fahrt durch Santa Barbara, und je näher wir Los Angeles kamen, desto gespannter wurden wir. Bei Redondo Beach verfuhr ich mich erst einmal, aber dann fand ich die Schnellstraße, und wir erreichten das *Surf and Sand* in Laguna Beach kurz nach zwei. Die Jungen liefen sofort zum Wasser hinunter. Zwischen Hotel und Ozean war nur ein schmaler Streifen Sand. Ich konnte sie von meinem Balkon aus beobachten.

Ich hoffte, Jack und seine Eltern würden uns gleich heute abend treffen wollen. Sie wußten, daß wir kamen. Nur zwanzig Minuten Fahrt trennten uns.

Ich ließ mir viel Zeit beim Auspacken, um nach der langen Fahrt ein wenig zur Ruhe zu kommen und mich in meinem Zimmer halbwegs häuslich einzurichten. Alle paar Minuten ging ich auf den Balkon hinaus, um mich zu vergewissern, daß die Jungen noch da waren.

Als ich alle meine Sachen eingeräumt hatte, setzte ich mich ans Telefon und wählte. Wie meistens meldete sich Rosemary. Wir seien vor einer halben Stunde angekommen, sagte ich. Wann wir uns sehen könnten?

Ob sie Lust hätten, zum Schwimmen herüberzukommen und später mit uns zu Abend zu essen?

Nein, Jack mußte arbeiten, und sie und ihr Mann hatten gerade den Teppich schamponiert. Das ganze Haus stand Kopf. Sie hatten ein Zusammentreffen erst für den nächsten Tag geplant. Wir sollten doch zum Frühstück zu ihnen kommen. Sie erklärte mir, wie ich fahren mußte, dann verabschiedeten wir uns. Ich war enttäuscht.

Ich ging auf den Balkon hinaus und ließ mich von der Weite des Ozeans beruhigen. Diese letzte Periode des Wartens würde ich auch noch irgendwie durchstehen. Es war ganz natürlich, sagte ich mir, daß sie bei dieser ersten Begegnung Vorsicht walten ließ und die Kontrolle behalten wollte. Es war verständlich, daß sie ihren Sohn vor einer Fremden schützen wollte, auch wenn diese Fremde seine leibliche Mutter war. (Tatsächlich war es, wie ich später erfuhr, Jack gewesen, der verlangt hatte, es müsse alles ›perfekt‹ sein, wenn wir kämen.)

Ich hatte viele Horrorgeschichten von Adoptiveltern gehört, die ihre Telefonnummer geändert hatten und sich eine Geheimnummer hatten geben lassen, die über Anwälte Drohbriefe geschrieben, die die Kinder gegen ihre leibliche Mutter aufgehetzt hatten. Darum war ich Rosemary dankbar für ihre Großzügigkeit. Die harte Wirklichkeit war, daß ich mein Kind zur Adoption freigegeben hatte. Ich hatte auf alle Rechte verzichtet und mich einverstanden erklärt, daß andere meinen Sohn an Kindes statt aufnahmen. Jetzt zu wünschen, es wäre anders, half gar nichts.

Ich setzte mich eine Weile zu Brett und Kip an den Strand. Später bestellten wir uns das Abendessen aufs Zimmer und machten es uns vor dem Fernsehapparat gemütlich. Ich hätte meinen Söhnen gern etwas gesagt, um sie vorzubereiten, aber ich wußte nicht, wo ich beginnen sollte. Dauernd hoffte ich, Jack würde spontan anrufen und zu uns herüberkommen. Ein spontanes Zusammentreffen wäre so viel einfacher gewesen. Aber er tat es nicht. Ich machte ein Foto vom Sonnenuntergang, um eine Erinnerung an den letzten Tag zu haben, an dem ich meinen Sohn noch nicht kannte.

Brett und Kip standen früh auf, ohne daß ich sie dazu auffordern mußte, und zogen ihre besten Sachen an. Sie sahen so nett aus, und ich war so stolz auf sie. Der Fernseher blieb aus. Ehe wir losfuhren, sah ich mir mindestens dreimal die Notizen an, die ich mir nach Rosemarys Angaben gemacht hatte. Ich hatte große Angst, mich hoffnungslos zu verfahren. Aber ich machte keinen Fehler, und plötzlich waren wir in der richtigen Straße.

Als ich aufblickte, um nach den Hausnummern zu sehen, sah ich Jack. Er kam gerade zur Tür heraus und stellte ein Dreirad weg, das in der Einfahrt stand. Ich fuhr langsam vor, und als er uns sah, lächelte er. Er hatte ein sehr schönes Lächeln – warm und herzlich, scheu und glücklich. Unsere Blicke trafen sich wie damals, als ich ihn als Säugling in den Armen gehalten hatte. Ich war wie gebannt. Und wie damals hatte ich das Gefühl, ihn seit Ewigkeiten zu kennen.

Er lief uns über den Rasen entgegen. Mir zitterten die Knie. Wir waren niemals getrennt gewesen, in diesem Augenblick *wußte* ich es.

Krachend flogen die Autotüren zu, als Brett und Kip ausstiegen. Das Geräusch tat mir weh. Einen Moment lang war ich verwirrt und ohne Orientierung. Rosemary und ihre beiden kleinen Söhne kamen aus dem Haus, um uns zu begrüßen. Ich stieg aus dem Auto, obwohl ich mich kaum auf den Beinen halten konnte. Ich sah, wie Jack Brett und Kip mit Handschlag begrüßte, und befahl mir, mich zusammenzunehmen. Zum Glück weinte ich nicht. Jack und ich begrüßten uns mit einer verlegenen, wunderbaren Umarmung. Ich nahm alles um uns herum mit überdeutlicher Schärfe wahr.

Dann gingen wir den Weg hinauf zum Haus, durch die Diele und das Wohnzimmer nach hinten in den Garten. Ich hätte mir gern Jacks Zimmer angesehen, einen Rundgang durch das ganze Haus unternommen, um mir ein Bild zu machen, wie er hier lebte, aber ein solches Ansinnen wäre unhöflich gewesen.

Draußen setzten wir uns alle an einen weißen Tisch. Jack und Kip saßen mir Seite an Seite gegenüber. Kip wirkte sehr ernst. Er und Jack schienen sich im Temperament ähnlich zu sein, still und aufmerksam. Brett spielte mit Mark und David auf der Wiese Fangen. Ich war völlig stumm. Ein Glück, daß Rosemary gewandter war.

Jack holte das Jahrbuch seiner Schule, zeigte uns die Schule, seine Freunde, die Wasserpolo-Mannschaft. Ich fühlte mich wie geistig behindert. Kein Wort kam mir über die Lippen.

So viele Eindrücke stürmten auf mich ein, daß ich mich kaum konzentrieren konnte. Ich wünschte mir, ich könnte Jack sagen, was ich empfand. Ich merkte, daß er mich musterte, und hatte das Gefühl, er wußte genau, wie mir zumute war.

Dann gesellte sich Jacks Stiefvater zu uns. Ich hatte gespürt, daß er Widerstände gegen dieses Zusammentreffen hatte, aber ich sah auch, daß seine Skepsis nachließ, als er uns kennenlernte.

Wir beschlossen, zu dem See hinunterzufahren, wo Jack arbeitete, und uns nach dem Mittagessen mit Rosemarys Mann in unserem Hotel zum Schwimmen zu treffen. Wir waren alle bemüht, uns so normal wie möglich zu geben, um dieses Beisammensein auf rein geselliger Ebene zu halten, aber die Emotionen, die unterschwellig tobten, drohten ständig hervorzubrechen. Ich hatte das Gefühl, auf einem Seil zu balancieren. Wenn ich jetzt Gefühle zeigte, würde das alle erschrecken, und der Tag würde früh enden. Rosemary vertraute mir an, daß ihre kleinen Söhne, Mark und David, ein bißchen Angst hatten, wir würden ihnen ihren großen Bruder wegnehmen.

Rosemary wirkte selbstbewußt und beherrscht und schien sich, genau wie Elinor Green mir berichtet hatte, ihrer Beziehung zu Jack sehr sicher zu sein. Brett und Kip waren fasziniert von Jack, aber ich sah ihnen an, daß sie auch nicht recht wußten, was sie von allem halten sollten. Ich begann mich zu fragen, ob es bei diesem einen Besuch bleiben würde. Wollten wir vielleicht alle nur unsere Neugier befriedigen, um dann jeder in sein eigenes Leben zurückzukehren?

Wir fuhren an seiner High School vorbei und machten am Sportplatz halt. Ich sah das Becken, in dem er Wasserpolo spielte. Er führte ein ganz anderes Leben, als er es wahrscheinlich mit Chris und mir geführt hätte. Rosemary und ihr Mann waren nette, sympathische Menschen, und Rosemary kannte meinen Sohn weit besser als ich, obwohl ich spürte, daß ich ihn auf eine Art kannte, die ihr verschlossen war. Sie bemerkte Dinge an ihm, die mir nie aufgefallen wären, weil sie mir zweite Natur gewesen wären. Ab und zu sagte sie: »Jack, halt dich gerade«, und dann nahm auch ich automatisch meine Schultern zurück. Indem ich Jack beobachtete, entdeckte ich auch Neues an Brett und Kip. Gewisse Verhaltensweisen an ihnen fielen mir erst jetzt auf, als ich sah, daß sie sie mit Jack gemeinsam hatten.

Nach unserer Rundfahrt kehrten wir zu ihnen nach Hause zurück. Ehe wir zum Strand hinausfuhren, zeigte Jacks Vater mir seinen Obstgarten, und ich hatte Gelegenheit, ihn ein wenig besser kennenzulernen.

Sobald wir im Hotel waren, stürzten sich die Jungen alle ins Wasser. Rosemary bat Jack, mit ihnen hinunterzugehen. Mark und David waren noch zu klein, um ohne Aufsicht gelassen zu werden. Vom Balkon aus schoß ich ein Foto von meinen drei Söhnen im Wasser.

Wir Erwachsenen machten einen Spaziergang durch Laguna Beach, während die Kinder schwammen. Ich wäre lieber auf dem Balkon sitzengeblieben, um Jack zu beobachten, aber ich wollte nicht unhöflich sein. Im übrigen lag mir ja auch daran, Rosemary und ihren Mann näher kennenzulernen und ihnen Gelegenheit zu geben, mich kennenzulernen und eventuelle Ressentiments gegen mich abzubauen.

Um vier Uhr mußte Jack im Black-Angus-Restaurant sein, wo er kellnerte. Wir kehrten deshalb vorzeitig von unserem Spaziergang zurück, um noch etwas Zeit mit ihm verbringen zu können. Als wir allein waren, fragte mich Rosemary nach der Zeit, als ich im Heim gewesen war und Jack hatte weggeben müssen. Jack kam herein und setzte sich zu uns. Er wollte es auch hören, das spürte ich. Aber schon beim ersten Versuch, über die Zeit von damals zu sprechen, kamen mir die Tränen, und ich fürchtete, die Beherrschung zu verlieren. Nie war mir so deutlich bewußt geworden wie in diesem Moment, als Jack neben mir saß, was ich getan hatte, als ich ihn weggegeben hatte.

Ich entschuldigte mich. Ich sagte, ich könne jetzt nicht darüber sprechen, und versprach, es ein andermal nachzuholen. Ich merkte genau, daß Jack am liebsten gar nicht gegangen wäre.

Aber schon um sieben, als wir ins Black Angus zum Abendessen gingen, sah ich ihn wieder. Erst als wir alle an unserem Tisch saßen, merkte ich, daß die anderen Bedienungen mich verstohlen musterten. Jack mußte ihnen von mir erzählt haben. Es machte mich glücklich, daß er nicht versuchte, mich zu verstecken. Jack kam bei jeder Gelegenheit an unseren Tisch. Sein strahlendes Lächeln verriet mir, daß er sich wirklich freute, und jedes Mal, wenn ich ihn sah, war ich wie verzaubert.

Nach dem Abendessen nahmen Rosemary und ihr Mann uns wieder mit nach Hause, und wir sahen uns

Familienfilme an. Jack versprach nachzukommen, sobald er Schluß hatte. (Jedesmal, wenn ich mich von ihm verabschieden mußte, fühlte ich Trennungsschmerz, obwohl ich wußte, ich würde ihn bald wiedersehen.)

Als er da war, mußten er, Brett, Kip und ich Rosemary der Reihe nach für Fotos sitzen: linkes Profil, rechtes Profil, frontal. Wie bei der Polizei. Sie liebte Details und meinte, es wäre doch hochinteressant, die einzelnen Gesichtszüge zu vergleichen. Ich war froh über ihre Beobachtungsgabe, weil sie mir dadurch so viele Einzelheiten aus Jacks Leben erzählen konnte. Es war, als hätte sie nichts vergessen.

Es war halb zwei Uhr morgens. Wir waren alle todmüde.

»Wir können uns ja bald wiedersehen«, sagte ich. »Ich bin noch eine ganze Woche hier.«

Niemand reagierte. Hatten sie mich nicht gehört? Was hatte das zu bedeuten? Sehr langsam ging ich über den Rasen zu meinem Wagen, um ihnen Gelegenheit zu geben zu sagen, ja, gut, machen wir gleich etwas aus. Vielleicht wollten sie es sich erst überlegen. Aber was, wenn sie zu dem Schluß kamen, daß sie uns nicht wiedersehen wollten?

Ich umarmte Jack und stieg mit Brett und Kip ins Auto. Bis auf das eine Haus war die ganze Straße dunkel. Ich wendete den Wagen, und als wir davonfuhren, blickte ich über die Schulter zurück und sah Jack, der zur Haustür hinaufging, wo Rosemary stand und uns zuwinkte. Wir winkten zurück. Ich wünschte, Jack hätte mit uns kommen können.

»Mama«, sagte Kip von hinten, »er kommt mir so bekannt vor.«

»Mir auch«, sagte ich.

Wir traten in das dunkle Hotelzimmer. Draußen glitzerte das Mondlicht auf dem Wasser. Ich machte Licht und ermahnte die Jungen, schnell zu Bett zu gehen. Wir mußten früh aufstehen, um rechtzeitig zu ihrem Trainingslager zu kommen. Als ich ihre Kleider ordnete, fiel mir eine fremde Sonnenbrille in die Hände. Es war Jacks. Wenigstens ein Teil von ihm, dachte ich, wollte uns gern wiedersehen.

Auf der Rückfahrt vom Lager am nächsten Morgen überlegte ich, ob ich das Recht hatte, Rosemary zu bitten, mir ein wenig Zeit mit Jack allein zu gönnen. Ich weiß nicht, warum ich glaubte, sie um Erlaubnis fragen zu müssen. Er war neunzehn Jahre alt. Ich war neunzehn gewesen, als ich ihn weggegeben hatte. Rosemary hätte wahrscheinlich überhaupt nicht verlangt, daß ich sie um Erlaubnis bitte, aber ich war gefühlsmäßig wieder in die Vergangenheit zurückgerutscht. Ich wußte, es war lächerlich, mich so machtlos und unwürdig zu fühlen, aber ich konnte nicht dagegen an. Selbst jetzt, nachdem ich mein Leben einigermaßen erfolgreich gestaltet hatte, löste das Wissen, eine ledige Mutter gewesen zu sein, manchmal noch heftige Schuldgefühle und Hoffnungslosigkeit aus.

Aber Rosemary schien sich zu freuen, als ich anrief, und war noch ganz erfüllt vom vergangenen Tag. Ob ich die Sonntagszeitung gelesen hätte? Sie enthielt einen langen Bericht über eine gelungene Zusammenführung einer Mutter mit ihrem Sohn. Es sei ein sehr positiver Artikel, sagte Rosemary, ich müßte ihn unbedingt lesen.

Ich fragte sie, ob sie etwas dagegen hätte, wenn ich mich einmal mit Jack allein träfe. Ihr Verständnis war wohltuend. Jack müsse erst in einer Stunde zur Arbeit, er könne gleich vorbeikommen, wenn mir das passe. Oh, da war er schon zur Tür hinaus und unterwegs!

Ich erwartete Jack auf dem kleinen Balkon. Ein Schmetterling flog herauf und setzte sich auf das Geländer. Dann klopfte es. Es war das reine Entzücken, Jack wiederzusehen, aber ich sagte nichts von meinen Gefühlen.

Statt dessen setzte ich sofort zu der Rede an, die ich mir unzählige Male vorgesagt hatte, und versuchte, ihm zu erklären, warum ich ihn hatte weggeben müssen. Alles, was ich über das Recht der Adoptierten, die Wahrheit zu erfahren, gelesen hatte, sprudelte mir über die Lippen, aber während ich sprach, war ich innerlich nur erfüllt von diesem erstaunlichen Gefühl des Wiedererkennens. Ich kannte ihn. Ich kannte sein Wesen. Obwohl ich ihn das letztemal als Säugling gesehen hatte und er jetzt ein erwachsener Mann war, kannte ich ihn, fühlte ihn. Unsere Seelen kannten einander, und diese tiefe Kenntnis voneinander ging weit über alles Körperliche hinaus, von dem die Adoptionsgesetze handelten.

Kann eine Mutter sich je von ihrem Kind trennen und es vergessen, nur weil ein Gesetz es ihr befiehlt?

Als Jack endlich Gelegenheit hatte, zu Wort zu kommen, fragte er, ob ich auch an Abtreibung gedacht hätte. Diese Frage hatte ich nicht erwartet. Aber ich wußte, ich mußte ehrlich antworten.

»Ja, wir haben daran gedacht. Aber ich glaube, du solltest geboren werden. Ich fühlte mich nicht schwanger, und der erste Test fiel negativ aus. Erst der zweite Test war positiv, und da war es für einen Abbruch zu spät. Da spürte ich dich schon in mir. Du warst ein starkes Leben.«

Es fiel mir schwer, ihm den Druck der Kirche auf mich und die gesellschaftliche Situation in den Südstaaten in den sechziger Jahren zu beschreiben, die es mir unmöglich gemacht hatte, ihn zu behalten. Junge Kalifornier von heute würden sich nicht einfallen lassen, so widerstandslos zu kapitulieren. Die ganze Einstellung der Gesellschaft hatte sich verändert. Aber vielleicht konnte Jack sich gar nicht vorstellen, wie sehr sie sich verändert hatte. Jack schien es persönlich zu nehmen, daß die Trennung von ihm für mich der Grund gewesen war, mich von der Kirche abzuwenden. Er meinte, auch die Kirche hätte sich verändert. Es tat ihm offensichtlich weh, daß ich der Kirche und der Gesellschaft so negativ gegenüberstand. Ich bedauerte, daß meine kritische Haltung ihn bedrückte, aber ich konnte sie ihm nicht verheimlichen.

»Hat es dir gestern was ausgemacht, wenn ich meine Mutter Mama nannte?« fragte er und sah mir dabei direkt in die Augen.

Ich log. Ich sagte das, was ich gern empfunden hätte, aber nicht empfinden konnte. »Aber nein, gar nicht. Sie ist ja doch deine Mama, und ich bin froh, daß ihr euch so gut versteht.«

Ich sah seinen Blick. Er hatte mich durchschaut. Ich konnte ihn nicht belügen. »Ja. Es hat mir etwas ausgemacht. Und es hat mir etwas ausgemacht, daß es mir etwas ausgemacht hat.«

»Das hab ich mir gedacht«, sagte er.

Ich fragte ihn, ob er manchmal an mich gedacht habe. Er sagte, er beginne langsam, sich an Zeiten zu erinnern, in denen es der Fall gewesen war. Ganz besonders lebhaft war ihm ein Tag im Gedächtnis, als er zwölf Jahre alt gewesen und mit einem furchtbar schlechten Zeugnis nach Hause gekommen war. In einem Moment der Rebellion hatte er, obwohl er wußte, daß er sich damit großen Ärger einhandelte, das Zeugnis zerrissen und in den Müll geworfen. In diesem Moment, sagte er, wäre er am liebsten davongelaufen, um mich zu suchen.

Ich erklärte ihm, daß die meisten adoptierten Kinder sich gerade in diesem Alter nach ihren leiblichen Eltern sehnen. Sie sind auf der Suche nach ihrer eigenen Identität, versuchen sich darüber klarzuwerden, wer sie wirklich sind, und für adoptierte Kinder, die so wenig von sich und ihrer Herkunft wissen, ist das eine beinahe unlösbare Aufgabe.

Als ich ihm sagte, ich hätte das Gefühl gehabt, er sei sich nicht sicher gewesen, ob er mich überhaupt kennenlernen wolle, bekannte er, daß er bis zum gestrigen Tag tatsächlich völlig unentschieden gewesen sei. Nur neugierig sei er gewesen. Aber jetzt fände er es wunderbar, mit jemandem zusammenzusein, der ihm so ähnlich war. Er sei froh, daß ich ihn gesucht habe. Ich sagte ihm, daß er mich eine Menge über mich selbst lehre. Ich sah Dinge an ihm, die ich an mir selbst vorher nie bewußt wahrgenommen hatte.

Bevor er gehen mußte, fragte er, ob ich am Mittwoch mit ihm und seiner Mutter zu Mittag essen wolle. Ich war selig. Das einzige Problem war, daß der Mittwoch noch so weit war. Ich begleitete ihn in die Parkgarage hinunter und sah ihm nach, als er davonfuhr. Es war schrecklich, ihn verschwinden zu sehen. Es war beinahe so, als hätte ich mich unsterblich verliebt.

18

Ich rief Chris in Virginia an und berichtete ihm. Was er fühlte, konnte ich mir nur vorstellen. Er hatte mich während der ganzen Suchaktion immer unterstützt. Wann immer ich ihn gebraucht hatte, war er da gewesen, mir zu helfen. Er wußte besser als jeder andere, was mir dieses Wiedersehen mit unserem Sohn bedeutete, weil es ihm das gleiche bedeutete. Sein Verlust war so schmerzlich wie meiner. Aber wir sprachen nie über diesen Verlust unserer ersten Familie. Dafür waren wir unseren jetzigen Familien gegenüber, die wir liebten, zu loyal. Ich fragte mich, ob Jack je Gelegenheit haben würde, mit uns beiden gleichzeitig zusammenzusein.

Nach einem langen Spaziergang rief ich meine Eltern an, um auch ihnen zu berichten, dann las ich den

Artikel von dem Rosemary gesprochen hatte, machte ein paar Einkäufe.

Später telefonierte ich mit Lee, einem alten Freund, der mir vor dem Zusammentreffen mit Jack mit seinen Ratschlägen sehr geholfen hatte: »Versuche, ihn nicht zu überwältigen ...« Die Erinnerung an diese Worte hatte mich davon abgehalten, mich gehenzulassen, wenn meine Gefühle allzu intensiv geworden waren. Nachdem er sich geduldig meinen überschwenglichen Bericht über das einzigartige Kind angehört hatte, das ich gefunden hatte, sagte Lee lachend: »Und er hat zehn Finger und zehn Zehen!«

Er hatte es genau getroffen. Ich benahm mich wie eine junge Mutter, die von ihrem Wunderbaby schwärmt. Zum Lachen, ja, aber eigentlich ganz logisch. Ich hatte nie die Chance gehabt, ihn in seiner kindlichen Vollkommenheit zu bewundern und ihm meine Wünsche mitzugeben, während er friedlich in seinem Bettchen schlief. Vielleicht würde die Zeit mir helfen, meine Gefühle zu meistern, so daß sich andere durch ihre Intensität nicht bedroht zu fühlen brauchten.

Am Mittwoch trafen wir uns zum Mittagessen in einem mexikanischen Restaurant an dem See, wo Jack jeden Sommer bei der Wasserwacht arbeitete. Immer wieder hielt ich mir vor: du mußt es eben akzeptieren. Du fühlst dich vielleicht wie seine Mutter, aber Rosemary *ist* seine Mutter. Er kennt dich nicht. Aber als Jack sagte, »Mama, ich brauch neue Joggingschuhe«, wäre ich am liebsten aufgesprungen und ins nächste Schuhgeschäft gerannt. Mein Instinkt wollte nicht begreifen, daß die Mutterrolle einer anderen zustand.

Um mich abzulenken, fotografierte ich. Das wollte ich sowieso, weil ich allen zu Hause die Bilder von meinem Sohn zeigen wollte, aber anfangs mußte ich mich dazu zwingen. Als ich eine Aufnahme von Jack machen wollte, war ich so gefangen von seinem Anblick, daß ich kaum die Kraft hatte, auf den Auslöser zu drücken. Und es fiel mir schwer, Rosemary und Jack zusammen zu fotografieren.

Nach dem Essen fuhren wir wieder zu ihnen. Jetzt fotografierte Jack, und Rosemary schlug vor, wir sollten den Apparat auf Selbstauslöser stellen und ein Bild von uns allen dreien aufnehmen. Irgendwie war damit der Bann gebrochen, wir konnten uns auf einmal alle viel natürlicher benehmen, und ich hatte sogar richtig Spaß.

Es wurde ein schöner Tag. Wir hatten uns eine Menge zu erzählen, und immer wieder sprachen wir über die unglaublichen Zufälle und Zusammentreffen in unserem Leben.

»Du solltest ein Buch schreiben«, meinte Jack.

»Nie im Leben«, sagte ich. Ich fing ja gerade erst an, mich daran zu gewöhnen, meinen Freunden von meinem großen Geheimnis zu erzählen. Ich konnte mir nicht vorstellen, es in die ganze Welt hinauszuposaunen. Aber ich war unglaublich stolz auf ihn. Nie wieder würde er ein Geheimnis sein.

Ehe wir uns trennten, fragte ich, ob er am Freitag mit mir zu Bretts und Kips letztem Football-Training kommen wolle. Rosemary sagte, sie würden alle mitkommen. Sie wollte auch Mark und David mitnehmen.

Ich hatte fast die Hoffnung aufgegeben, Brett und Kip zu finden, geschweige denn Jack und seine Familie. Der Sportplatz war voller Menschen, Familien, die einander suchten oder ihren Sprößlingen beim Training zusahen. Kurz nachdem ich Kip gefunden hatte, entdeckte Jack uns. Rosemary folgte ihm mit Mark und David. Kip spielte Quarterback, und ich konnte ihm ansehen, daß er sich mit Jack als Zuschauer von seiner besten Seite zeigen wollte. Brett hatte uns noch nicht bemerkt, aber er schlug sich recht tapfer auf dem Spielfeld.

Nach dem Training gingen wir alle zusammen ins Wohnheim. Kip und Brett packten. Einen Moment lang sah ich Rosemary nachdenklich an und hoffte von Herzen, sie und ihre Familie fühlten sich durch mein Auftauchen in ihrem Leben bereichert und nicht um irgend etwas betrogen. Ich konnte nur hoffen, sie wußte, wie dankbar ich ihr dafür war, daß sie unseren Sohn mit solcher Liebe großgezogen hatte.

Zur anschließenden Preisverteilung konnten sie nicht bleiben. Wir begleiteten sie zu ihrem Auto und machten noch ein paar letzte Fotos. Ich umarmte Rosemary und Jack. Der kleine David war schon ins Auto geklettert und beäugte uns mißtrauisch, offenbar immer noch besorgt, wir könnten ihm seinen Bruder rauben. Auch Mark schien erleichtert, als er sah, daß Jack sich tatsächlich hinter das Steuer des Wagens setzte und wir zurückblieben.

Der Kies knirschte, als der Kombi sich in Bewegung setzte. Jack fuhr langsam. Kurz bevor sie um die Ecke bogen, drehten sie sich noch einmal um und winkten, und wir winkten zurück.

Kip brach das Schweigen. »Da fährt dein Sohn, Mama.«

In seiner Stimme mischten sich ein Anflug von Zorn und beschützerische Fürsorglichkeit. Ich sah Kip und Brett an und erinnerte mich der verwirrten Gesichter von David und Mark. Ich konnte ihnen das alles nicht erklären.

Das Läuten des Telefons riß mich aus meinen Gedanken. Es war Jack. Er war gerade aus Virginia Beach zurückgekehrt, wo er fünf Tage bei Chris gewesen war. Schon als er mir erzählt hatte, daß er nach New York wollte, um seine Großmutter zu besuchen, hatte ich so eine Ahnung gehabt, daß er einem Abstecher nach Virginia nicht würde widerstehen können.

Er hatte Chris nach einem Anruf einfach überfallen. Ich versuchte, mir vorzustellen, wie Chris mit dieser Überraschung fertiggeworden war. Jack erzählte, er selbst sei völlig ruhig gewesen bis zur Landung der Maschine.

Dann hatten ihm die Knie so stark gezittert, daß er kaum aufstehen konnte. Sie hatten einander sofort erkannt und sich sehr wohl miteinander gefühlt. Er mochte Chris' Frau Emily und ihren Sohn Steve. Das Mädchen, das Jacks beste Freundin gewesen war, als sie neun Jahre alt waren und mit Steve zusammen zur Schule gegangen war, hatte sie häufig besucht. Wir sprachen anderthalb Stunden, und es kam mir wie zehn Minuten vor.

Unmittelbar nachdem wir aufgelegt hatten, rief Chris an, glücklich und erleichtert, daß Jack ihm keine Vorwürfe gemacht hatte und sie gleich Kontakt zueinander gefunden hatten. Es war ihm gegangen wie mir – er hatte das Gefühl gehabt, Jack seit Ewigkeiten zu kennen.

Wochen später erhielt ich eine Brief von Chris, dem er Fotos von Jacks Besuch beigelegt hatte. Ich war neugierig zu sehen, wie die Jahre Chris verändert hatten. Sie schienen beinahe spurlos an ihm vorübergegangen zu sein, nur sein Haar war grau geworden. Chris schrieb, er habe einen sehr lieben Brief von Jack erhalten, in dem dieser darüber klagte, daß es ihm unmöglich sei, mit seinen Eltern in aller Unbefangenheit über seine Gefühle für uns zu sprechen.

Ich wußte, daß er durchaus typisch reagierte. Adoptierte scheinen das Gefühl zu haben, jeden schützen zu müssen, selbst vor ihren eigenen Gefühlen, ob das nun notwendig ist oder nicht. So traurig es ist, häufig ist es tatsächlich notwendig, wenn das stimmt, was ich gehört und gelesen habe.

Ich hatte Elinor Green Fotos geschickt und ihr über unsere Wiedersehen berichtet. Sie gestand, es sei ihr schwergefallen, mir zu verschweigen, daß auch Jack in Kalifornien lebte. Als ich sie nach der ersten Familie fragte, bei der man Jack untergebracht hatte, sagte sie, es komme äußerst selten vor, daß ein Kind zurückgegeben werde. Aber, fügte sie hinzu, bei Durchsicht alter

Akten sei sie häufig auf die schlimmsten Geschichten gestoßen. Es waren damals so viele Kinder zur Adoption freigegeben worden, daß die Vermittlungsstellen bei der Auswahl nicht immer so sorgfältig gewesen waren, wie sie hätten sein müssen.

Daß ich über Jacks erste acht Lebensmonate überhaupt nichts wußte, bedrückte mich sehr. Ich wollte Jack Babybilder von sich besorgen, herausfinden, wie sein Leben damals gewesen war, und ihm etwas von den fehlenden Monaten zurückgeben. Lange Zeit glaubte ich, es stünde mir nicht zu, nähere Erkundigungen einzuziehen. Aber dann wurde mir klar, daß ich um meines eigenen Friedens willen ein Recht darauf hatte, mir Gewißheit zu verschaffen. Auch ich war Jacks Mutter.

Grace machte den Namen der Mutter des ersten Adoptivvaters für mich ausfindig. Der Katholische Sozialdienst hatte es abgelehnt, mir irgendwelche Auskünfte zu erteilen. So war dies die einzige Möglichkeit.

Die Frau, die sich am Telefon meldete, als ich anrief, war sichtlich erschrocken, als ich ihr erklärte, worum es ging, doch sie war nicht ablehnend. Sie versicherte mir immer wieder, daß Jack – sie nannte ihn Dennis – von allen sehr geliebt worden war. Er war ein entzückendes, überaus freundliches Baby gewesen. Leider hatte sie keine Fotos. Ich versprach, ihr einige Bilder von Jack zu schicken, und sie schickte mir zu Weihnachten eine Karte.

Sechs Monate lang sahen Jack und ich uns nicht, wenn wir auch mehrmals miteinander telefonierten. Er brauchte offensichtlich Zeit, und mir war klar, daß ich ihn nicht drängen durfte.

Über Neujahr waren wir bei Freunden in Los Angeles eingeladen. Ich rief erst von dort aus bei Jack an, aber Rosemary sagte mir, er sei nach Tahoe gefahren und sie wisse nicht, wann er zurückkomme. Kurz vor unserer Abreise meldete er sich. Er war gerade aus Tahoe heimgekommen. Als er hörte, daß wir schon im Aufbruch waren, fragte er, ob wir nicht noch ein wenig bleiben könnten. Natürlich konnten wir das.

Wir beschlossen, zusammen nach Santa Anita zum Pferderennen zu gehen. Ich hatte noch nie ein Pferderennen gesehen. Aber vielleicht würde Rosemary Angst haben, ich verdürbe Jack. Vielleicht würde sie glauben, ich sei eben doch eine leichtsinnige Person. Ich wußte, daß das nur Hirngespinste waren. Jack versicherte, Rosemary hätte nicht das geringste dagegen, daß er zum Pferderennen ging.

Wir nahmen es als gutes Omen, als *Virginia's Pride* gewann, obwohl er ein völliger Außenseiter gewesen war. Wir hatten auf ihn gesetzt, weil Jack in Virginia geboren war. Ich hatte das Gefühl, daß wir uns langsam näherkamen. Sein zwanzigster Geburtstag stand bevor. Natürlich suchte Jack mit zwanzig die Selbständigkeit des Erwachsenen. Mit einer zweiten Mutter im Schlepptau konnte dieses Unterfangen unter Umständen noch schwieriger werden, als es sowieso schon war, das war mir klar, darum bemühte ich mich, ihm liebevolle Unterstützung zu geben, ohne ihn in seinen Freiheitsbestrebungen zu hindern.

Wenn ein Kind sich vom Elternhaus löst, treten in

allen Familien Spannungen auf, aber in Familien, die durch Adoption zustandegekommen sind, fällt das Loslassen häufig allen Beteiligten besonders schwer. Manche Adoptiveltern fürchten, ihr Kind werde, da keine biologische Bindung besteht, nie zurückkehren. Und der oder die Adoptierte fürchtet sich in unbewußter Erinnerung an das Trauma des ersten Verlassenwerdens davor zu gehen. Ich wollte es Jack nicht noch schwerer machen.

Als ich ihm zum Abschied nachwinkte, bedauerte ich, daß so vieles unausgesprochen geblieben war. Ich würde ihn erst im Sommer wiedersehen, wenn meine Mutter zu Besuch kam. Jack hatte versprochen, daß er uns dann besuchen würde.

Wir waren wieder einmal umgezogen und lebten erst einen Monat in unserem neuen Haus, als meine Mutter kam. Ich saß mit ihr in der Sonne auf unserer Terasse, traurig, daß Jack es bisher nicht geschafft hatte, uns zu besuchen. In zwei Tagen mußte sie wieder abreisen; die Zeit wurde knapp. Ich sagte ihr, ich hätte die Hoffnung so ziemlich aufgegeben. Sie zeigte, wie ich das von ihr gewöhnt war, keine Gefühle. Ich hatte versucht, mit ihr über die Vergangenheit zu sprechen, um zwischen uns endlich klare Verhältnisse zu schaffen, aber meine Bemühungen waren vergeblich gewesen.

Ich stand von meinem Stuhl auf und ging in mein Zimmer hinauf. Ich konnte mir vorstellen, wie schwierig es für Jack sein mußte, hierher zu kommen, und sandte ihm eine stille Botschaft, um ihn wissen zu lassen, daß er nur kommen sollte, wenn er wirklich wolle, ja nicht aus schlechtem Gewissen oder Verpflichtung. Eine halbe Stunde später rief Jack an. Er käme mit der Drei-Uhr-Maschine, könne aber nur einen Tag bleiben. Wann er sich das überlegt habe, fragte ich. Erst vor einer halben Stunde, antwortete er mir.

Ich holte ihn am Flughafen ab, und wir fuhren den langen Weg über San Francisco nach Hause, um über die Golden Gate Brücke zu kommen. Jack erinnerte sich, wie oft er, als sie noch an der East Bay gewohnt hatten, hier in der Stadt gewesen war. Ich konnte es noch immer kaum fassen, daß wir so nahe beieinander gewohnt hatten. Wir hätten uns auf der Straße begegnen können. Wir hätten am selben Abend im Theater sein können, vielleicht nur wenige Reihen voneinander entfernt. Ich hätte – mein ewiger Alptraum – versehentlich auf der Straße mit ihm zusammenstoßen können, ohne ihn zu erkennen. Und vielleicht war das ja tatsächlich geschehen.

Meine Mutter und die Jungen waren in heller Aufregung, als wir zu Hause ankamen. Aus irgendeinem Grund ließ sich der Whirlpool nicht abstellen, und sie hatten Angst, der Motor könne durchbrennen. Brett war wütend, weil meine Mutter ihm befohlen hatte, sein Zimmer ordentlich aufzuräumen, damit er sich vor Jack nicht schämen müsse. Ich wollte auf keinen Fall, daß die Kinder Groll gegen Jack hegten, weil ihm hier der rote Teppich ausgelegt wurde. Sie konnten ja nicht begreifen, was für ein Ereignis Jacks Besuch für meine Mutter war. Aber der Wirbel um den Whirlpool reichte aus, um die ersten Momente des Beisammenseins zu lockern.

Jack sah sich die Sache an, drückte auf einen Knopf beim Motor, und schon war der Whirlpool abgeschaltet. Mit unserer Erleichterung löste sich ein Teil der allgemeinen Spannung. Dennoch merkte ich, daß meine Mutter von ihren Gefühlen beinahe überwältigt wurde, als sie die starke Ähnlichkeit zwischen Jack und mir sah. Dieser junge Mann war ihr erster Enkel, und sie sah ihn mit zwanzig Jahren zum ersten Mal. Aber sie erholte sich rasch.

Zum Abendessen hatte ich Cathie eingeladen. Seit wir uns bei PACER kennengelernt hatten, waren wir gute Freundinnen geworden. Ich hatte ihr bei der Suche nach ihrer Mutter geholfen. Sie hatte von meinem Haus aus zum ersten Mal mit ihrer Mutter gesprochen. Niemals würde ich Cathies Gesicht vergessen, als sie sich für diesen Anruf wappnete. Sie hatte Todesangst, daß sie erneut zurückgewiesen werden würde. Aber schon nach zwei Minuten sprach sie mit ihrer Mutter wie mit einer alten Freundin. Das, erklärte sie, war die tiefe innere Verbindung, die nicht einmal ihr kleiner Sohn Nick ihr hatte geben können. Ich war mit Cathie und ihrer Mutter Essen gegangen, einen Tag, nachdem sie sich zum ersten Mal getroffen hatten, und es faszinierte mich zu beobachten, wie bis in die kleinsten Gesten die eine ein Spiegel der anderen war. Werden Gesten vererbt?

Zu Beginn ihrer Suche hatte Cathie nur gewußt, daß sie fünfunddreißig Jahre zuvor in Chicago geboren und das Kind armenischer Eltern war. Als wir mit unseren Bemühungen an einem toten Punkt ankamen, schlug ich ihr vor, John aufzusuchen, den Hellseher. Er sagte ihr, daß ihre Mutter in Kalifornien lebe, vielleicht in der Nähe von Bakersfield. Er irrte sich nur um knapp fünfhundert Kilometer. Sie lebte in Los Angeles. Nach dem Wiedersehen mit ihrer Mutter meinte Cathie, wenn sie mehr über sich selbst gewußt und früher in ihrem Leben die Möglichkeit gehabt hätte, ihre Mutter kennenzulernen, hätte sie sich selbst besser verstanden und viele Fehler, die sie gemacht hatte, vermeiden können.

Für Jack und meine Mutter war es gut, die Geschichte einer anderen zu hören; es machte den Umgang mit der eigenen Geschichte ein wenig leichter.

Auf der Fahrt zum Flughafen am nächsten Tag konnten Jack und ich etwas offener über die Vergangenheit sprechen und darüber, was es uns bedeutete, einander wiedergefunden zu haben. Er mochte meine Mutter und schien sehr sensibel dafür zu sein, was Brett und Kip jetzt innerlich durchmachten. Dennoch hatte ich das verrückte Gefühl, daß wir, könnten wir unsere innere Kommunikation ausdrücken, feststellen würden, daß wir weit mehr voneinander wußten, als wir aussprachen. Wir brauchten beinahe gar nicht zu sprechen, um zu verstehen und zu wissen.

Jacks Begegnung mit meinem Vater verlief anders. Vielleicht war mein Vater weniger nervös. Nach der Scheidung und vor seiner Wiederverheiratung hatte er eine Zeitlang eine Beziehung zu einer Frau gehabt, die es ihm nicht durchgehen ließ, wenn er sich verschließen wollte. Er gestand, er sei entsetzt gewesen, als diese Frau ihm klar zu verstehen gegeben hatte, wie schlimm sie es fand, daß er seinen Enkel wildfremden

Menschen anvertraut hatte. Die Adoption, sagte sie, sei eine typische Mittelklassenkrankheit. Bei den Reichen wäre die Mutter des Mädchens mit ihrer Tochter weggefahren und hätte bei der Rückkehr behauptet, das Kind sei ihres. Zwar täuschte das niemanden, aber alle machten das Spiel mit, und das Kind blieb in der Familie. Bei den armen Leuten war im allgemeinen jemand da, der sich um das Kind kümmerte, und der Geburt eines unehelichen Kindes haftete kein soziales Stigma an; es gab da wichtigere Dinge, über die man sich Sorgen machen mußte.

Bis zu diesem Moment, erklärte mein Vater, habe er immer geglaubt, das unter den gegebenen Umständen einzig Mögliche getan zu haben. Ironischerweise hatte Lucy, die zweite Frau meines Vaters, zwei adoptierte Söhne, der eine ein Jahr älter als Jack, der andere einen Monat jünger. Sie hatte nicht den Eindruck, daß ihre Söhne das Verlangen hatten, ihre lieblichen Eltern zu suchen. Aber sie freute sich für Jack und mich, daß wir einander wiedergefunden hatten.

Ich konnte mit meinen Eltern noch immer nicht darüber sprechen, wie ich das empfunden hatte, was Jack und mir geschehen war. Es schien mir wichtiger, daß sie sich über ihre eigenen Gefühle klar waren. Sie hatten damals das getan, was ihrer ehrlichen Überzeugung nach das Beste gewesen war.

Kurz bevor Jack und ich zum Flughafen mußten, kam meine Freundin Morgan bei uns vorbei. Sie erzählte, wie es für sie gewesen sei, in ein Heim für ledige Mütter abgeschoben zu werden und ihre kleine Tochter weggeben zu müssen. Mein Vater und Jack hörten ihr aufmerksam zu. Die Geschichte war beinahe identisch mit meiner eigenen, aber es war die einer Fremden und daher für sie leichter anzuhören.

Viele von uns, die glaubten, sie könnten ihr Kind weggeben, und sich dazu schon vor der Geburt des Kindes verpflichtet hatten, hätten hinterher am liebsten alles rückgängig gemacht und hätten sich ganz anders entschieden, wenn man ihnen dazu Gelegenheit gegeben hätte. Aber das wußten die Behörden natürlich, und darum übten sie umso stärkeren Druck auf uns aus, die Papiere zu unterzeichnen und zu kapitulieren. Sie wußten sehr wohl, daß unser überwältigendes Verlangen nach unseren Kindern die Abwicklung gefährden würde. Der Entzug geschah rasch, die Kinder wurden schnellstens weggebracht.

Die meisten von uns konnten hinterher nicht einfach ›ihr Leben wieder aufnehmen‹. An die 60 Prozent bekamen keine weiteren Kinder. Einige konnten es nicht einmal ertragen, einen Säugling anzusehen. Mit dem Moment des Verzichts hatte das Leben aufgehört. Viele von uns blieben innerlich bei ihren Kindern, als sie von ihnen getrennt wurden, und die Kraft dieser seelischen Bindung hatte eine nicht zu ermessende Wirkung. Ebenso wie die erstaunlichen Zufälle, die für so viele Geschichten der Zusammenführung typisch sind, ist die seelische Zerstörung, die durch die körperliche Trennung von den Kindern angerichtet wurde, ein Beweis für die Kraft dieser inneren Bindung.

Dieses Mal konnten Jack und ich auf der Fahrt zum Flughafen endlich ganz direkt über die Zeit der

Schwangerschaft und seiner Geburt sprechen, jene kurze Zeit, die wir miteinander geteilt hatten. Ich erzählte ihm, wie ich mit ihm gespielt hatte, als ich ihn noch in mir trug, und wie er reagiert hatte; wie ich immer mit ihm gesprochen und gefühlt hatte, daß er bei mir war. Es waren Momente unglaublicher Nähe. Jack, das erkannte ich, mußte es ausgesprochen hören, daß ich ihn geboren hatte, um sich mit sich selbst wohlfühlen zu können.

Die Suche und das Wiedersehen mit meinem Kind hatten für mich mystische Dimensionen gewonnen. Ein ungestillter Hunger plagte mich, mehr zu wissen, da mir jetzt schien, es gäbe eine verborgene Realität, von der ich nur einen Schimmer wahrgenommen hatte. Ich begann, mit einem Hypnotherapeuten zu arbeiten.

Rob führte mich zurück, half mir, Türen zu meinen Erinnerungen aufzustoßen. Die Bilder und Empfindungen waren überwältigend. Während einer Meditation gelangte ich zur Wahrnehmung einer reinen Energie, die ich als mein Selbst erkannte.

Genau dieser Funke war am klarsten auf den Fotos zu erkennen, die mich als Säugling zeigten. Das erschien mir logisch: Kleine Kinder sind ihrem wahren Wesen am nächsten. Ich war froh und dankbar dafür, mich erinnern zu können, und dennoch unzufrieden, daß es kein Mittel gab, diese mystischen Erkenntnisse zu bestätigen. Bis Jack mich das nächste Mal besuchte. Er brachte seine Freundin Anna mit, ein sehr lebendiges, lebensfrohes junges Mädchen. Eine gute Freundin für Jack.

Ich hatte ihm von Rob und der Hypnotherapie erzählt und fragte ihn, ob es ihn interessiere, selbst einmal eine solche Sitzung zu erleben. Ein wenig unbehaglich war mir bei dem Gedanken an Rosemary. So etwas wurde von den meisten Leuten immer noch als ziemlich verrückt angesehen. In Wirklichkeit projizierte ich meine eigenen Bedenken auf sie. Ich wollte nicht verantwortlich sein. Ich hatte noch immer das Gefühl, nicht bedingungslos angenommen zu sein. Aber Jack war mittlerweile fast einundzwanzig und gewiß in der Lage, seine eigenen Entscheidungen zu treffen. Ich vertraute ihm, als er zusagte.

Während Jack am Samstag nachmittag bei Rob war, setzten Anna und ich uns in ein griechisches Restaurant. Sie stammte aus einer großen katholischen Familie mit neun Kindern. Anna besaß eine Direktheit und eine natürliche Wißbegier, die uns sehr dabei half, einige der Dinge zu besprechen, die besprochen werden mußten. Ich hatte den Eindruck, daß sie Jack die Unbefangenheit vermitteln konnte, mich als die zu sehen, die ich wirklich für ihn war, und sich über alle seine Eindrücke klar zu werden. Sie konnte mich gänzlich unbelastet sehen. Für sie war ich einfach ich.

Als wir Jack von seiner Sitzung bei dem Hypnotherapeuten abhholten, erzählte er uns, Rob habe ihn aufgefordert, in verschiedene Altersstufen seines Lebens zurückzukehren. Als sie bei einem halben Jahr angekommen waren, hatte sich Jack in einem Kinderbett in einem fremden Zimmer gesehen. Neben dem Bett hatte eine Frau mit langem braunen Haar gesessen. Auch sie war ihm fremd gewesen, und er war sehr verwirrt. Danach hatte Rob ihn aufgefordert, zu seiner Geburt zurückzugehen. Jack hatte erwidert, das könne er nicht, hatte sich aber augenblicklich als Neugeborenes gesehen. Ich, sagte er, hätte ihn in den Armen gehalten und ihn angelächelt. Er wußte, daß ich es war. Das Zimmer sei ganz weiß gewesen, mit hohen Fenstern und einem weißen Fußboden. Rob erklärte, Jack müsse diese Erinnerung sein Leben lang ganz tief in sich getragen haben. Ich war erschüttert.

»Ich weiß genau, von welchem Moment du sprichst«, sagte ich zu Jack. »Die Schwester hatte dich mir gebracht. Du hattest das erste Mal die Augen offen. Ich habe dir direkt in die Augen gesehen. Es war ein wunderbares Gefühl, als könnte ich deine Seele berühren. Und mir war, als hätte ich dich seit Ewigkeiten gekannt. Das Zimmer hatte hohe Fenster und einen weißen Linoleumboden.«

Im Herbst schrieb sich Jack an der Universität in Fresno ein. Er hatte diese Universität gewählt, weil er dort Wasserpolo spielen konnte. (Deshalb also hatte John mich nach Fresno fahren ›sehen‹.) Ich fuhr mit Morgan zusammen, ihn besuchen. Ihre Tochter Beth studierte ebenfalls dort. Wer hätte, als wir noch auf der Suche nach unseren Kindern gewesen waren, gedacht, daß sie einmal an der derselben Universität studieren würden? Beths Adoptivmutter ging mit uns allen zum Abendessen. Jack schien erleichtert, diesmal nur Beobachter sein zu können.

Anna studierte am College of Idaho wegen eines Volleyball-Stipendiums. Ich traf ein paarmal in San

Francisco mit Jack zusammen, wenn er dort auf dem Flug nach Idaho Aufenthalt hatte, und Anna übernachtete auf dem Rückweg nach Idaho bei mir, wenn sie auf ihren Anschlußflug warten mußte. Aber sie fand es gräßlich, so weit weg von Jack und ihrer Familie zu sein.

Jetzt, da Jack allein lebte, schien die Beziehung zwischen uns oft wie eine ganz normale Mutter-Sohn-Beziehung zu sein. Aber bei Familienfesten wie Weihnachten brach die Realität wieder ein. Dann fuhr er zu einer anderen Familie, in ein anderes Zuhause. Ich hätte es ganz natürlich gefunden, Weihnachten mit ihm zu verbringen. Aber für ihn waren wir vielleicht so etwas wie entfernte Verwandte. Ich wußte es nicht. Ich fragte niemals.

Zwei Muttertage waren vorbeigegangen, seit unserem ersten Gespräch. Mir tat es immer noch weh, wenn ich an diesem Tag nichts von Jack hörte, obwohl ich mir über die Realität der Situation völlig im klaren war. Am dritten Muttertag kam Jack über das Wochenende zu uns, weil sein Wasserpoloteam in einem Ort in der Nähe ein Spiel hatte. Am Samstag gingen Kip und Jack zusammen in eines meiner Lieblingsgeschäfte, um mir ein Muttertagsgeschenk zu besorgen. Die Tatsache, daß sie zusammen losgezogen waren, war mir Geschenk genug.

Am nächsten Tag, als alle noch schliefen, sah ich, wie Blackie, unsere Katze, die Treppe hinaufsprang, die zu Jacks Zimmer führte. Jack hatte eine Katzenallergie. Ich erwischte Blackie gerade noch, als sie die Zimmertür aufstoßen wollte.

Und da lag Jack und schlief. Seit er zwei Tage alt gewesen war, hatte ich ihn nicht mehr im Schlaf gesehen. Es war ein bewegender Moment für mich.

Anna fand, ein Jahr in Idaho sei genug, und schrieb sich mit Jack in Fresno ein. Im Oktober sahen sie sich dann nach einer etwas größeren Universität um und kamen zu uns, um sich über die San Francisco State University zu informieren. Aus dem geplanten Kurzbesuch wurden vier Tage, weil ihr kleiner VW-Käfer streikte. Ich hoffte, sie würden sich für eine Universität in meiner Nähe entscheiden.

Eine Woche vor Weihnachten saß ich Jack und Anna an einem Tisch bei Gatsby's in Sausolito gegenüber. Jack und ich tranken Bier, Anna hatte nichts haben wollen. Wir waren im Kino gewesen und hatten uns den Film *Der letzte Kaiser* angesehen. Mein erster Kinobesuch mit Jack. Und dies waren die ersten Weihnachtsferien, die wir seit jenen im Seton House miteinander verbrachten.

Während wir uns unterhielten, hatte ich ständig das Gefühl, sie hätten etwas auf dem Herzen. Aber sie sagten nichts. Ich hätte gern gewußt, ob sie sich schon entschieden hatten, an welche Universität sie wechseln würden. Aber wir sprachen von anderen Dingen. Anna begann, mich nach meiner ersten Schwangerschaft zu fragen. Wie ich mich körperlich gefühlt habe, wie ich in dem Heim gelebt habe, was ich empfunden hatte, als ich Jack weggab. Jack hörte gespannt zu. Es war ein sehr intensives Gespräch, und dennoch hatte ich immer noch den Eindruck, daß die beiden etwas bedrückte, worüber sie offenbar nicht sprechen konnten.

Am nächsten Abend war die ganze Familie zu einer Party bei Morgan und Patrick eingeladen. Anna und ich fuhren in meinem Wagen. Ich faßte mir ein Herz und fragte Anna ganz direkt, was sie bedrücke.

»Jack und ich sind schwanger«, sagte sie.

Ich wäre beinahe in den Straßengraben gefahren. Sie hätten schreckliche Angst davor, es ihren Eltern zu sagen, erklärte Anna. Jack schäme sich halb zu Tode.

Ich fand die Aussicht, Großmutter zu werden, höchst aufregend, auch wenn ich meine Zweifel hatte, ob ich für diese Rolle die nötige Weisheit und Reife besaß. Ich versuchte, Anna zu beruhigen. Es würde bestimmt alles gut werden. Sie würden ein prachtvolles Kind bekommen.

Jack konnte es kaum fassen, daß ich nicht wütend auf ihn war, und ich konnte es kaum fassen, daß er mir zugetraut hatte, ich könnte es sein. Sicher war das nicht der ideale Zeitpunkt für die beiden, eine Familie zu gründen, aber wie hätte gerade ich ihm böse sein können, weil ein Kind unterwegs war? Wie hätte gerade ich ihn verurteilen können?

Anna wartete bis nach ihrem Geburtstag Mitte Februar, ehe sie sich ihren Eltern anvertraute. Eine diffuse Angst veranlaßte auch sie zu warten, bis es zu spät war, um noch etwas zu ›unternehmen‹. Im ersten Moment waren ihre Eltern wenig begeistert. Aber nachdem die anfängliche Aufregung sich gelegt hatte, reagierten sie mit liebevollem Verständnis.

Jack schob die Aussprache mit seinen Eltern noch

weitere zwei Wochen hinaus. Rosemary reagierte zu Jacks Überraschung sehr souverän, und Don rannte sofort in den Speicher hinauf, um die alten Babysachen herauszusuchen. War das, was uns dreien geschehen war – Jack, Chris und mir – ein Grund für Jacks Angst? Steckte die Angst vor dem Verlust dahinter?

Nach Semesterschluß suchten sich Jack und Anna eine kleine Wohnung in Long Beach. Das Kind sollte Mitte August zur Welt kommen. In den letzten zwei Augustwochen wollte meine Mutter mich besuchen. Ich hoffte, Anna würde das Kind vor der Ankunft meiner Mutter zur Welt bringen. Ich wollte dieses Ereignis nicht mir ihr teilen, auch wenn ich dabei ein schlechtes Gewissen hatte.

Am Mittwoche, dem 17., fuhren meine Mutter und ich in die Stadt, um uns die Andrew-Wyeth-Ausstellung im de-Young-Museum anzusehen. Bevor die Führung begann, hetzte ich durch eine Buchhandlung und kaufte ein Kindertagebuch für Jack und Anna. Die Führung begann um zwei. Wir eilten in die Ausstellung, um nichts zu verpassen; aber ich konnte mich kaum auf ein Wort der Führerin konzentrieren. Ich fühlte mich körperlich unwohl und geistig abwesend. Manchmal starrte ich die Bilder an, ohne sie überhaupt zu sehen. Nach der Führung, die etwa eine Stunde gedauert hatte, setzten meine Mutter und ich uns in ein Café. Ich war kaum in der Lage, ein vernünftiges Gespräch mit ihr zu führen. Und dann plötzlich sah ich meine Umgebung klarer und deutlicher als jemals vorher. Es war sehr merkwürdig.

Wir verbrachten den Rest des Nachmittags im Museum und fuhren zum Abendessen nach Hause. Als ich gerade das Essen auf den Tisch stellte, klingelte das Telefon.

Kip ging hin. »Ein Junge!« rief er. »Das ist ja toll!«

Er sprach noch ein paar Worte mit Jack, dann ging ich an den Apparat.

»Herzlichen Glückwunsch, Großmutter«, sagte Jack. Das war die größte Freude.

Dylan war um 14 Uhr 59 geboren. Er wurde mit weit offenen Augen geboren und schaute alle Umstehenden an. Anna ging es gut. Wir konnten nicht lange miteinander sprechen; die Besuchszeit war vorbei, und er mußte gehen.

Wir machten eine Flasche Champagner auf und setzten uns. Da klingelte das Telefon wieder. Diesmal ging ich dran. Es war Rosemary.

»Wie fühlen Sie sich als Großmutter?«

»Großartig! Und wie ist es für Sie?«

»Wunderbar!«

Wir sprachen lange miteinander, und sie teilte jedes Detail mit mir.

Ich konnte erst am Montag mit meiner Mutter nach Los Angeles fahren, um Jack und Anna und das Kind zu besuchen. Gordon, der Freund meiner Mutter, hatte sich für das Wochenende mit einem Geschäftskollegen bei uns angesagt, und wir konnten die Pläne nicht einfach umstoßen. Aber ich wäre viel lieber in Los Angeles gewesen.

Nach dem Essen saßen wir eine Weile am Feuer, dann ging meine Mutter hinaus, um ein wenig frische

Luft zu schnappen. Gordons Freund Lamar machte eine Bemerkung über die Fotos meiner drei Söhne. Gordon sah mich erstaunt an. »Ich wußte gar nicht, daß Sie drei Söhne haben.«

Ich erzählte ihm in aller Kürze meine Geschichte. Lamar hakte weiter nach. »Machen Sie sich niemals Sorgen, daß Ihr Ältester jemanden schwängert? Ich mache mir ständig Sorgen um meine Töchter.«

Ich sah Gordon an und war hilflos. Meine Mutter hatte ihm nie von Jack erzählt. Es blieb mir überlassen, ihm zu sagen, daß sie gerade Urgroßmutter geworden war.

Als ich am Montag mit ihr zusammen nach Los Angeles fuhr, fragte ich sie, warum sie Gordon nie etwas gesagt hatte. Es hätte sich eben nie eine Gelegenheit ergeben, antwortete sie. Da begriff ich endlich, daß es keinen Sinn hatte, mit meiner Mutter über die Vergangenheit sprechen zu wollen. Das Beste war, das alles einfach ruhen zu lassen und das Beisammensein mit ihr zu genießen.

Sie fragte mich tatsächlich, ob es meiner Ansicht nach möglich war, daß außereheliche Schwangerschaften eine Veranlagung seien, die sich vererbte. Ich versicherte ihr, daß wir bestimmt keine entartete Rasse seien. Viele Menschen hätten Sex vor der Ehe. Wir seien vielleicht eine äußerst fruchtbare Familie, aber wir wären nicht abartig.

Meine Mutter hatte ein wenig Angst vor dem Besuch bei Jack und Anna. Würde sie als Dylans Urgroßmutter akzeptiert werden, oder würde man sie lediglich als irgendeine entfernte Verwandte betrachten?

Würden Brett und Kip als Onkel aufgenommen werden wie Mark und David? Oder würde unsere Familie sich im Hintergrund halten müssen?

Meine Schwester Janice hatte Dylan den kleinen Schaukelstuhl geschickt, den meine Eltern ihr zu ihrem dritten Geburtstag geschenkt hatten. Als sie erkannt hatte, daß sie kinderlos bleiben würden, beschloß sie, daß er ihn haben sollte. Ich wußte, Jack würde gerührt sein, daß eine Verwandte, die er nie kennengelernt hatte, so warmes Interesse zeigte.

Am späten Nachmittag hielten wir vor dem Haus, in dem Jack und Anna ihre Wohnung hatten. Jack kam uns entgegen und öffnete die Haustür. Ich wagte kaum zu atmen, als ich die Treppe hinaufging. Was für ein wunderbares Geschenk, ihr Kind sehen zu dürfen, meinen Enkel.

Meine Mutter ging zuerst hinein. Ihre Begabung, immer in der Gegenwart zu leben, erlaubte ihr, ganz spontan zu sein und ihre Freude offen zu zeigen. Ich hingegen blieb stumm, völlig gefangen von der Bedeutsamkeit des Augenblicks. Es war überwältigend.

Dylan lag in dem Kinderbettchen, das ich ihm geschenkt hatte, dasselbe, in dem schon Brett und Kip gelegen hatten. Zuerst sah ich nichts als eine Menge dunkles Haar, genau wie damals bei Jack.

Auf Zehenspitzen ging ich um das Bettchen herum, um mir sein Gesicht anzusehen. Er sah aus wie Jack, wie ein kleiner Indianer. Ich war unendlich glücklich. Endlich würde Jack sich ein Bild davon machen können, wie er in den verlorenen ersten acht Monaten seines Lebens ausgesehen hatte.

Als Dylan unruhig zu werden begann, nahm meine Mutter ihn hoch. Sie war schon immer verrückt nach Babys gewesen. Ich erinnerte mich, wie sie, als wir klein waren, immer die Babys in der Kirche angeschaut hatte. Sie brachte den Kleinen sofort zum Lächeln. Schließlich sagte ich: »Schluß jetzt, Mama. Jetzt bin ich an der Reihe.« Als ich Dylan hielt, fühlte sich der kleine Körper so vertraut an meinem Körper an. Und während ich ihn hielt, schien sich die Leere zu füllen, die zurückgeblieben war, als ich Jack weggeben hatte.

Am Ende des Abends, nachdem wir gegessen hatten und Dylan gestillt worden war, fragte ich Anna, ob sie etwas dagegen habe, wenn ich Dylan, während er schlief, in den Armen hielt. Wir saßen alle ruhig zusammen, ohne viel zu reden. Wir waren ziemlich müde.

Ich hielt Dylan fest an mein Herz gedrückt und sah zu Jack hinunter, der auf dem Boden saß. Im Schlaf breitete sich ein Lächeln uralten Wissens auf Dylans Gesichtchen aus, und ich fühlte, wie der Kreis sich um uns schloß.

Nachwort

Als ich meinem Sohn das erste Mal in die Augen sah, fühlte ich mich wie eine Verbrecherin. Als ich ihn aus seiner Decke nahm und den Geruch des Neugeborenen einatmete, fürchtete ich, die Schwestern und Nonnen würden hereinstürmen und mich beschuldigen, meinen eigenen Sohn zu beschmutzen. Nach drei Monaten in dem Heim für ledige Mütter war ich überzeugt, meines eigenen Kindes unwürdig zu sein.

Und dennoch war ich tief getroffen von der Kraft seines Blicks, als ich ihm in die Augen sah. Ich fühlte, daß ich seine Seele seit Ewigkeiten kannte. Gleichzeitig aber hörte ich rundherum immer nur das eine: »Wenn du dein Kind liebst, gib es weg. Es wäre egoistisch, es zu behalten. Du wirst schnell vergessen. Du hast noch das ganze Leben vor dir. Du wirst andere Kinder bekommen.«

Neunzehneinhalb Jahre später trafen sich unsere Blicke zum zweiten Mal. Mein Sohn kam mir über den Rasen vor dem Haus seiner Eltern entgegen. Es war ein magischer Moment. Als unsere Blicke sich trafen und aneinander festhielten, wußte ich, daß unsere Verbindung niemals abgerissen war.

Unzählige Frauen, die auch ledige Mütter waren und von denen die meisten ihre Kinder zur Adoption freigegeben hatten, teilen meine Geschichte. Durch die allgemeine Geheimnistuerei, die um die ledige Mutterschaft gemacht wird, ist es unmöglich, festzustellen, wie viele Millionen von uns es gibt. Aber meine Geschichte ist auch die Geschichte jener, die diesem Schicksal entgangen sind.

Es dürfte schwer sein, eine Frau zu finden, die in den Fünfzigern oder Sechzigern aufgewachsen ist und sich der Existenz solcher Heime für ledige Mütter nicht ängstlich bewußt war. Ob wir die Erfahrung, in so ein Heim abgeschoben zu werden, durchmachen mußten oder nicht, wir waren alle betroffen. Und solche Heime gibt es noch heute.

Mein Sohn Jack hat mich dazu überredet, unsere Geschichte aufzuschreiben. Viele Male hätte ich am liebsten aufgegeben, weil die Emotionen, die dadurch wieder wach wurden, mit solcher Gewalt über mich hereinbrachen. Und jedes Mal begegnete ich dann im Rahmen meiner Arbeit mit Adoptiveltern, leiblichen Eltern und Adoptierten einer Frau, die ihr Kind weggegeben hatte. Was sie mir erzählte, war meine eigene Geschichte – mein Schmerz, mein Unvermögen zu begreifen, wieso ich nicht vergessen konnte, meine Angst, ich sei die einzige, der es so erging, und daher verrückt, meine Scham darüber, auf mein Kind verzichtet zu haben.

Ich weiß, es gibt so viele Frauen, die Lektüre zu diesem Thema brauchen, um ihre eigenen Erfahrungen bestätigt sehen zu können, um Rat zu finden, wie sie sich selbst helfen oder wie und wo sie Hilfe suchen können.

Obwohl beinahe 25 Jahre vergangen sind, wird auch heute noch von vielen Autoritäten die Adoption als *einfache* Lösung bei lediger Mutterschaft propagiert. Und das Neugeborene ist für allzu viele zur kostbaren Ware geworden. Wenn auch die Mutter, die ihr Kind freigibt, heute mehr Einfluß hat als zu meiner Zeit und oft eine Art der ›offenen‹ Adoption erreichen kann, falls sie das wünscht, sind selbst die offenen Adoptionen keine einfache Lösung.

Wenn die Leute, die die Mutter beraten, nicht selbst erlebt haben, was es heißt, ein Kind aufzugeben, können sie die Tragweite ihrer Ratschläge nicht in vollem Umfang begreifen. Adoption mag in vielen Fällen die richtige Antwort sein, aber sie kann nicht leichten Herzens als schlichte Alternative zu Schwangerschaftsabbruch oder lediger Mutterschaft angeboten werden. Mütter, die auf ihre Kinder verzichten, verändern unvermeidbar ihr Leben auf tiefgreifende Weise. Viele sind unfähig, ein erfülltes Leben zu führen, sind vielmehr ständig geplagt von der Furcht um das Wohl ihres Kindes, von Schuldgefühlen, es weggegeben zu haben und dennoch innerlich nicht loslassen zu können, und auch von Scham darüber, den ›leichten‹ Weg gewählt zu haben. Trotz ihrer verzweifelten Bemühungen, ihr Erlebnis zu verbergen, wiederholen manche es wie unter einem Zwang, während andere feststellen müssen, daß sie keine Kinder mehr bekommen können. Manche begeben sich zur Selbstbestrafung in Situationen, die nur in einer Katastrophe enden können, andere gehen Ehen ein, in denen sie mißhandelt werden, um sich ihr Gefühl der Wertlosigkeit bestätigen zu lassen. Manche greifen zu Alkohol und Drogen, um zu vergessen. Viele werden suizidal. Gerade die, denen es am besten zu gelingen scheint, ihre Gefühle zu verdrängen, müssen oft feststellen, daß sie auf indirekte Weise wieder hervorbrechen. Ein solches Geheimnis kann einfach nicht verborgen werden. Trotz all ihrer Bemühungen zu vergessen und trotz aller Bemühungen der Adoptivfamilie, sie zu vergessen, lebt die andere Mutter, die leibliche Mutter weiter.

In den USA gibt es eine starke Bewegung, die derzeit geltenden Gesetze, die die Geheimhaltung der Adoptionsakten vorschreiben, zu ändern. Wenn die Akten einmal geöffnet werden sollten, wird es noch wichtiger sein, daß die Menschen auf die wesentlichen Fragen, mit denen sie sich auseinandersetzen müssen, vorbereitet sind, damit die Zusammenführungen, die stattfinden werden, für alle glücklich verlaufen.

Ich hoffe, die Lektüre dieses Buchs wird den Menschen helfen, sich in Liebe zu finden, nicht in Furcht.